高等职业教育数字商务高水平专业群系列教材
编写委员会

总主编

张宝忠　　浙江商业职业技术学院原校长
　　　　　全国电子商务职业教育教学指导委员会副主任委员

执行总主编

王　慧　　浙江同济科技职业学院

副总主编（按姓氏拼音排序）

曹琳静	山西职业技术学院	王庆春	昆明冶金高等专科学校
陈　亮	江西外语外贸职业学院	吴洪贵	南京城市职业学院
景秀眉	浙江同济科技职业学院	徐林海	南京奥派信息产业股份公司
金渝琳	重庆工业职业技术学院	张枝军	浙江商业职业技术学院

编　委（按姓氏拼音排序）

陈　宏	黑龙江建筑职业技术学院	毛卓琳	江西外语外贸职业学院
陈煜明	上海电子信息职业技术学院	孟迪云	湖南科技职业学院
顾玉牧	江苏航运职业技术学院	宋倩茜	潍坊工程职业学院
关善勇	广东科贸职业学院	童晓茜	昆明冶金高等专科学校
胡晓锋	浙江同济科技职业学院	王斐玉	新疆能源职业技术学院
皇甫静	浙江商业职业技术学院	王　皓	浙江同济科技职业学院
蒋　博	陕西职业技术学院	魏　頔	陕西能源职业技术学院
金玮佳	浙江同济科技职业学院	吴　凯	绍兴职业技术学院
李晨晖	浙江同济科技职业学院	余　炜	杭州全新未来科技有限公司
李洁婷	云南交通职业技术学院	张栩菡	浙江同济科技职业学院
李　乐	重庆工业职业技术学院	张宣建	重庆交通职业学院
李　喜	湖南商务职业技术学院	张雅欣	山西职业技术学院
李　瑶	北京信息职业技术学院	张子扬	浙江同济科技职业学院
李英宣	长江职业学院	赵　亮	武汉船舶职业技术学院
刘　丹	武汉外语外事职业学院	赵　琼	广东科贸职业学院
刘　红	南京城市职业学院	郑朝霞	赤峰工业职业技术学院
林　莉	南充职业技术学院	周　聪	浙江同济科技职业学院
刘婉莹	西安航空职业技术学院	周　蓉	武汉职业技术大学
柳学斌	上海中侨职业技术大学	周书林	江苏航运职业技术学院
卢彰诚	浙江商业职业技术学院	周月霞	杭州新雏鹰知识产权代理有限公司
陆春华	上海城建职业学院	朱林婷	浙江商业职业技术学院
罗天兰	贵州职业技术学院	朱柳栓	浙江商业职业技术学院

高等职业教育数字商务高水平专业群系列教材

总主编：张宝忠

知识产权与标准化实务

主　编 / 皇甫静　景秀眉
副主编 / 秦　蕾　杨亚娟　龚小凤

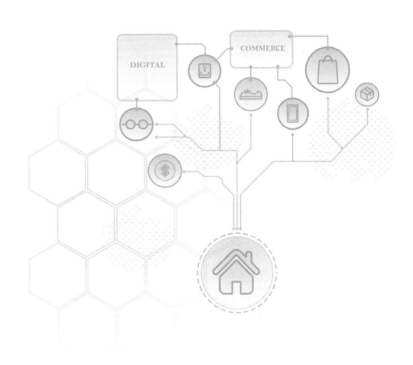

华中科技大学出版社
http://press.hust.edu.cn
中国·武汉

内容提要

本教材由知识产权和标准化两部分共九章组成。在知识产权部分深入系统地讨论了知识产权的概念、特点、知识产权制度的发展趋势、知识产权的取得、知识产权的运用、知识产权的保护，以及知识产权管理体系等。在标准化部分，从人才需求和职业技能出发，系统地介绍了标准化的基本概念、标准的价值和使用价值、我国的标准化工作、标准种类、标准的制定、标准化与知识产权的融合，构成了较为完整的标准化基础知识体系。

本教材体系新颖，内容充实、浅显易懂。各章均配有思维导图和学习效果测评，同时以数字资源形式呈现部分案例分析、拓展内容，以便提高学生的实践能力。本教材可作为财经商贸大类、公安与司法大类专业的师生使用，也可作为通识类教材使用。

图书在版编目（CIP）数据

知识产权与标准化实务/皇甫静，景秀眉主编. —武汉：华中科技大学出版社，2024.4
ISBN 978-7-5772-0080-4

Ⅰ.①知… Ⅱ.①皇… ②景… Ⅲ.①知识产权-研究-中国 Ⅳ.①D923.404

中国国家版本馆 CIP 数据核字（2023）第 214611 号

知识产权与标准化实务　　　　　　　　　　　　　　　皇甫静　景秀眉　主编
Zhishi Chanquan yu Biaozhunhua Shiwu

策划编辑：宋　焱　张馨芳
责任编辑：林珍珍
封面设计：廖亚萍
版式设计：赵慧萍
责任校对：张汇娟
责任监印：周治超
出版发行：华中科技大学出版社（中国·武汉）　　电话：（027）81321913
　　　　　武汉市东湖新技术开发区华工科技园　　邮编：430223
录　　排：华中科技大学出版社美编室
印　　刷：湖北金港彩印有限公司
开　　本：787mm×1092mm　1/16
印　　张：17.25　插页：2
字　　数：388千字
版　　次：2024年4月第1版第1次印刷
定　　价：49.90元

本书若有印装质量问题，请向出版社营销中心调换
全国免费服务热线：400-6679-118　竭诚为您服务
版权所有　侵权必究

网络增值服务

使用说明

欢迎使用华中科技大学出版社人文社科分社资源网

1 教师使用流程

（1）登录网址：http://rwsk.hustp.com （注册时请选择教师用户）

注册 → 登录 → 完善个人信息 → 等待审核

（2）审核通过后，您可以在网站使用以下功能：

浏览教学资源　建立课程　管理学生　布置作业　查询学生学习记录等

教师

2 学员使用流程

（建议学员在PC端完成注册、登录、完善个人信息的操作）

（1）PC端学员操作步骤

① 登录网址：http://rwsk.hustp.com （注册时请选择普通用户）

注册 → 完善个人信息 → 登录

② 查看课程资源：（如有学习码，请在个人中心 - 学习码验证中先验证，再进行操作）

首页课程 > 课程详情页 > 查看课程资源

（2）手机端扫码操作步骤

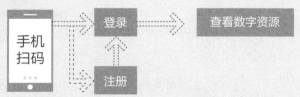

如申请二维码资源遇到问题，可联系编辑宋焱：15827068411

总 序

以数字经济为代表的新经济已经成为推动世界经济增长的主力军。数字商务作为先进的产业运营方法，以前沿、活跃、集中的表现方式，助推数字经济快速增长。在新的发展时期，我国数字商务的高速发展能有效提升产业核心竞争力，对我国经济的高质量发展有重要的意义。在此背景下，数字商务职业教育面临愈加复杂和重要的育人育才责任。

（一）新一代信息技术推动产业结构快速迭代，数字经济发展急需数字化人才

职业教育最重要的特质与属性就是立足产业与经济发展的需求，为区域经济转型和高质量发展提供大量高素质技术技能人才。以大数据、云计算、人工智能、区块链和5G技术等为代表的新一代信息技术全方位推动整个社会产业经济结构由传统经济向数字经济快速迈进。数字经济已经成为推动世界经济增长的主力军。

产业数字化是数字经济中占比非常大的部分。产业数字化中管理学和经济学领域新技术、新方法、新业态、新模式的应用带来了较快的产业增长和效率提升。过去十年，中国数字经济发展迅速，增长速度远远高于同期GDP增长率。

持续发展的通信技术、庞大的人口基数、稳固的制造业基础以及充满活力的巨量企业是中国数字经济持续向好发展的基础与保障，它们使得中国数字经济展现出巨大的增长空间。数字经济覆盖服务业、工业和农业各领域，企业实现数字化转型成为必要之举，数字场景应用的高素质人才将成为未来最为紧缺的要素资源，因此，为企业培养和输出经营、管理与操作一线人才的职业教育急需做出改变。

（二）现代产业高质量发展，急需明确职业教育新定位、新目标

2019年以来，人力资源和社会保障部联合国家市场监督管理总局、国家统计局正式发布一批新职业，其中包括互联网营销师、区块链工程技术人员、信息安全测试员、在线学习服务师等市场需求迫切的38个新职业。这些新职业具有明确的培养目标和课程体系，对培养什么样的人提出了明确的要求。

专业升级源自高质量发展下的产业升级。在全球数字化转型的背景下，如何将新一代信息技术与专业、企业、行业各领域深度融合，对新专业提出了新要求。2021年

3月，教育部印发了《职业教育专业目录（2021年）》。该专业目录通过对接现代产业体系，主动融入新发展格局，深度对接新经济、新业态、新技术、新职业。同时，新专业被赋予新内涵、新的一体化知识体系、新的数字化动手能力，以有效指导院校结合区域高质量发展需求开设相关专业。

具备基本的数字经济知识基础将成为职业院校培养高素质技术技能人才的基本要求。职业院校要运用新一代信息技术，通过知识体系重构向学生传授数字化转型所需要的新知识；要学习大数据、云计算、人工智能、区块链、5G等新技术，让学生适应、服务、支持新技术驱动的产业发展；要与时俱进地传授数字技能，如数据采集与清洗、数据挖掘与分析、机器人维修与操作、数字化运营、供应链管理等，因为学生只有具备数字技能才能在未来实现高质量就业。

为什么要在这个时间节点提出"数字商务专业群建设"这一概念，而不是沿用传统的"电子商务专业群建设"概念？可以说，这是时代的需要，也是发展的选择。电子商务是通过互联网等信息网络销售商品或者提供服务的经营活动，它强调的是基于网络；而数字商务是由更新颖的数字技术，特别是将大数据广泛应用于商务各环节、各方面形成的经营活动，它强调的是基于数据。

1. 数字商务包括电子商务，其内涵更丰富、概念更宽广

商务部办公厅于2021年1月发布的《关于加快数字商务建设 服务构建新发展格局的通知》，将电子商务理解为数字商务最前沿、最活跃、最重要的组成部分。与2009年北京市商务局部署数字商务工作时对二者关系的理解一样，数字商务除了电子商务外，还包括电子政务、运行监测、政府储备、安全监督、行政执法、电子口岸等方面与商务相关的更广泛的内容。

2. 数字商务比电子商务模式更新颖

无论是实践发展还是理论的流行，数字商务都要比电子商务晚一些。数字商务是电子商务发展到一定阶段的产物，是对电子商务的进一步拓展。这种拓展不是量变，而是带有质变意义的新的转型与突破，可以带来更新颖的商务模式。

3. 数字商务更强调新技术，特别是大数据赋能

上述新颖的商务模式是由5G、物联网、大数据、人工智能、区块链等较为新颖的技术及其应用，特别是大数据的应用催生而来的。数据驱动着更前沿的数字技术广泛应用于实体经济中商务活动的各环节、各方面，可以进一步突破先前电子商务的边界，包括打破数字世界与实体世界的边界，使数字技术更深入地融于实体经济发展之中。

4. 数字商务更强调数字技术跨领域集成、跨产业融合的商务应用

相比电子商务，数字商务不仅包括基于互联网开展的商务活动，还将数字化、网络化的技术应用延展到商务活动所连接的生产与消费两端；不仅包括电子商务活动的直接关联主体，而且凭借物联网等技术延展到相关的客体以及与开展商务活动相关的所有主

体和客体，其主线是产商之间的集成融合。这种跨界打通产供销、连接消费和生产、关联服务与管理的应用，是数字商务提升商务绩效的基础。

5. 数字商务结合具体的应用场景更深度地融入实体经济

与电子商务相比，数字商务是更基于应用场景的商务活动，即在不同的产业应用场景之下，以多种数字技术实现的集成应用具有不同的内容与形式。实际上，这正是数字商务更深度地融入实体经济的体现。换个角度来理解，如果没有具体应用场景的差别，在各行各业各种条件之下数字技术的商务应用都是千篇一律的，那么，商务的智能化也就无从谈起。从特定角度来看，数字商务的智能化程度越高，就越能灵敏地反映、精准地满足千差万别的应用场景下不同经济主体的需要。

大力发展数字商务，不断将前沿的数字技术更广泛、更深入地应用于各种商务活动，必将进一步激发电子商务应用的活力和功效，不断推动电子商务与数字商务的整体升级。更重要的是，范围更广、模式更新的数字商务应用，必将为自电子商务应用以来出现的商务流程再造带来新的可能性，从而为商务变革注入新的发展动能。

本系列教材的理念与特点是如何体现的呢？专业、课程与教材建设密切相关，我国近代教育家陆费逵曾明确提出"国立根本在乎教育，教育根本实在教科书"，由此可见，优秀的教材是提升专业质量和培养专业人才的重要抓手和保障。

第一，现代学徒制编写理念。教材编写内容覆盖企业实际经营过程中的整个场景，实现教材编写与产业需求的对接、教材编写与职业标准和生产过程的对接。

第二，强化课程思政教育。教材是落实立德树人根本任务的重要载体。本套教材以《高等学校课程思政建设指导纲要》为指导，推动习近平新时代中国特色社会主义思想进教材，将课程思政元素以生动的、学生易接受的方式充分融入教材，使教材的课程思政内容更具温度，具有更高的质量。

第三，充分体现产教融合。本套教材主编团队由全国电子商务职业教育教学指导委员会委员，以及全国数字商务（电子商务）学院院长、副院长、学科带头人、骨干教师等组成，全国各地优秀职教教师参与了教材的编写工作。教材编写团队吸纳了具有丰富的教材编写经验的知名数字商务产业集群行业领军人物，以充分反映电子商务行业、数字商务产业集群企业发展最新进展，对接科技发展趋势和市场需求，及时将比较成熟的新技术、新规范等纳入教材。

第四，推动"岗课赛证"融通。本套教材为"岗课赛证"综合育人教材，将电子商务证书的考核标准与人才培养有机融合，鼓励学生在取得电子商务等证书的同时，积极获取包括电商直播师、全媒体运营师、网店运营推广职业技能等级（中级）、商务数据分析师等多个证书。

第五，教材资源数字化，教材形式多元化。本套教材构建了丰富实用的数字化资源库，标准化配套专家精讲微课、数字商务实操视频、拓展阅读资料、电子教案等资源，形成图文声像并茂的格局。部分教材根据教学需要以活页、工作手册、融媒体等形式呈现。

第六，数字商业化和商业数字化加速融合。以消费者体验为中心的数字商业时代，商贸流通升级，制造业服务化加速转型，企业追求快速、精准响应消费者需求，最大化品牌产出和运营效率，呈现"前台—中台—后台"的扁平化数字商业产业链，即前台无限接近终端客户，中台整合管理全商业资源，后台提供"云、物、智、链"等技术以及数据资源的基础支撑。数字商业化和商业数字化的融合催生了数字商业新岗位，也急需改革商科人才供给侧结构。本套教材以零售商业的核心三要素"人、货、场"为依据，以数字经济与实体经济深度整合为出发点，全面构建面向数字商务专业群的基础课、核心课，以全方位服务高水平数字商务专业群建设，促进数字商业高质量发展。

根据总体部署，我们计划在"十四五"期间，将本系列教材按照两大板块进行规划和构架。第一板块为数字商务专业群基础课程，包括数字技术与数据可视化、消费者行为分析、商品基础实务、基础会计实务、新媒体营销实务、知识产权与标准化实务、网络零售实务、流通经济学实务等。第二板块为数字商务专业群核心课程，包括视觉营销设计、互联网产品开发、直播电商运营、短视频制作与运营、电商数据化运营、品牌建设与运营等。当然，在实际执行中，可能会根据情况适当进行调整。

本系列教材是一项系统性工程，不少工作是尝试性的。无论是编写系列教材的总体构架和框架设计，还是具体课程的挑选以及内容和体例的安排，都有待广大读者来评判和检验。我们真心期待大家提出宝贵的意见和建议。本系列教材的编写得到了诸多同行和企业人士的支持。这样一群热爱职业教育的人为教材的开发提供了大量的人力与智力支撑，也成就了职业教育的快速发展。相信在我们的共同努力下，我国数字商务职业教育一定能培养出更多的高素质技术技能人才，助力数字经济与实体经济发展深度整合，助推数字产业高质量发展，为我国从职业教育大国迈向职业教育强国贡献力量。

丛书编委会

2024 年 1 月

前 言

习近平总书记在党的二十大报告中提出，加快实施创新驱动发展战略，加快实现高水平科技自立自强。技术标准与知识产权是实现技术创新的桥梁和载体。推动技术标准与知识产权协同创新，是我国塑造发展新动能和新优势、实现高水平科技自立自强的关键抓手，也是加快建设世界科技强国、实现中华民族伟大复兴的重要驱动力量。同时，"十四五"时期是我国从知识产权引进大国向知识产权创造大国转变、知识产权工作从追求数量向提高质量转变的关键五年。因此，培养知识产权专业理论扎实，知识产权实务技能丰富，熟练掌握和运用知识产权规则，具有一定外语能力和国际化视野的高层次、复合型、应用型知识产权人才，已经成为我国经济全球化和社会高质量发展的迫切需求。随着科技的发展和全球化的深入推进，物联网、大数据、人工智能等领域的快速发展，标准化人才将与新兴领域和技术紧密相连，大力发展标准化教育，推动标准化人才的专业化、职业化发展，对于加快建设全国统一大市场，推进高水平对外开放，扩大规则、规制、管理、标准等制度型开放具有重要的作用。

2019年国务院颁布的《国家职业教育改革实施方案》提出"深化复合型技术技能人才培养培训模式改革"，将知识产权与标准化技能人才培养纳入职业教育体系，符合复合型技术技能人才的形成规律。在国际国内都非常重视知识产权与标准化人才培养的大背景下，积极推动知识产权与标准化课程纳入职业院校必修课程，建设高水平师资队伍和课程体系，打造知识产权与标准化精品课程显得十分迫切。

面对"三新"（新产业、新业态、新商业模式）经济驱动的新形势，我们一直在思考如何建立具有职业教育特色的知识产权与标准化人才培养模式、设置怎样的课程、选用什么样的教材、选择怎样的教学方式等，以使培养的知识产权与标准化人才适应社会经济发展的客观需要。在不断思考和反复酝酿中，我们编写了这本《知识产权与标准化实务》教材。本教材在内容、结构和体例方面力求体现以下特色。

第一，突出管理内容。基于知识产权代表核心竞争力的无形资产的理念，本教材强化了知识产权的取得和运用，在知识产权保护方面增加了保护策略和技术保护的内容，强化了管理特色，克服了一些知识产权管理教材过分强调法律保护的缺陷，具有系统性、实时性、易读性。

第二，重视案例分析。根据社会需求、行业发展和教育教学规律，从人才需求和职业技能出发，突出知识产权与标准化职业实践特色。本教材在每章都设置了案例分析题。案例分析题以知识产权管理与标准实操为主，强调知识产权有效取得和合理运用对知识产权权利人的作用，兼顾对知识产权法律保护的介绍。标准化实务围绕标准化的核心领域展开，理论与实践相结合，培养学生的实际操作能力和解决问题的能力。

第三，知识产权与标准融合创新。尽管近年来知识产权管理和标准化得到了学术界的重视，但是没有形成独特的教材体系，在职业教育中更是空白。因此，把知识产权与标准相融合，形成创新人才培养体系更是一种新的尝试。本教材中知识产权的相关知识以导论、取得、运用、保护和管理体系的顺序展开介绍，标准化包括标准化概论、标准种类、标准的制定、标准化与知识产权等，旨在培育知识产权和标准化复合型技术技能人才。

本教材由皇甫静、景秀眉担任主编，秦蕾、杨亚娟、龚小凤担任副主编。全书共9章，第一章、第五章、第九章由皇甫静编写，第二章、第三章、第四章由杨亚娟编写，第六章、第七章、第八章由秦蕾编写。本教材大纲的编写、内容的总体设计以及统稿、定稿工作由皇甫静、景秀眉完成。

本教材在编写过程中得到了国家知识产权培训（浙江）基地和浙江省标准化研究院的大力支持，得到了中国最早成立、华南首批获涉外专利代理资格的专利事务所之一三环知识产权杭州分公司副总经理龚小凤的专业指导，还有参与教材编写的同行专家和相关领域院校教师的倾情奉献，在此致以真诚的感谢。希望大家的辛勤付出能够结出丰硕的果实，我们期待与教育界同仁共同推动知识产权与标准化职业教育发展的辉煌明天！

尽管我们做出了最大努力，希望能打造一本高质量、高水平的教材，但本教材难免存在不足之处，欢迎读者和同行提出宝贵意见，以便我们继续研究与探讨，使得教材日臻完善，更好地为职业教育和广大从业人员服务。

目 录

第一篇 知识产权篇

第一章 知识产权导论 　　2
　思维导图 　　2
　学习目标 　　3
　情境导入 　　3
　第一节　知识产权概述 　　4
　第二节　知识产权的分类 　　9
　第三节　知识产权管理概述 　　14
　第四节　知识产权制度的发展趋势 　　18
　本章小结 　　22
　练习题 　　22
　学习效果测评 　　23

第二章 知识产权的取得 　　25
　思维导图 　　25
　学习目标 　　26
　情境导入 　　26
　第一节　技术开发与专利申请 　　27
　第二节　商标标志的设计与商标注册申请 　　34
　第三节　著作权的产生与软件的登记 　　42
　第四节　其他知识产权的取得 　　49
　本章小结 　　58
　练习题 　　58
　学习效果测评 　　59

第三章　知识产权的运用　61

思维导图　61

学习目标　62

情境导入　62

第一节　知识产权许可　63

第二节　知识产权转让　69

第三节　知识产权资本化　73

本章小结　85

练习题　85

学习效果测评　86

第四章　知识产权的保护　88

思维导图　88

学习目标　89

情境导入　89

第一节　侵犯知识产权的行为　90

第二节　知识产权的行政保护　96

第三节　知识产权的司法保护　101

第四节　知识产权纠纷解决的途径选择　111

本章小结　116

练习题　117

学习效果测评　118

第五章　知识产权管理体系　119

思维导图　119

学习目标　120

情境导入　120

第一节　知识产权管理机构及其职能　121

第二节　知识产权管理体系与发展　128

第三节　知识产权战略　136

本章小结　142

练习题　142

学习效果测评　144

第二篇 标准化篇

第六章 标准化概论 — 148
- 思维导图 — 148
- 学习目标 — 149
- 情境导入 — 149
- 第一节 标准化概述 — 150
- 第二节 标准的价值和使用价值 — 164
- 第三节 我国的标准化工作 — 166
- 本章小结 — 176
- 练习题 — 177
- 学习效果测评 — 178

第七章 标准种类 — 179
- 思维导图 — 179
- 学习目标 — 180
- 情境导入 — 180
- 第一节 按制定标准的宗旨划分 — 181
- 第二节 按制定标准的主体划分 — 183
- 第三节 按标准化对象的基本属性划分 — 194
- 第四节 按标准实施的约束力划分 — 198
- 本章小结 — 200
- 练习题 — 201
- 学习效果测评 — 201

第八章 标准的制定 — 203
- 思维导图 — 203
- 学习目标 — 204
- 情境导入 — 204
- 第一节 标准制定概述 — 204
- 第二节 制定标准的程序 — 207
- 第三节 标准的结构和编排层次 — 214
- 本章小结 — 231
- 练习题 — 232
- 学习效果测评 — 232

第九章　标准化与知识产权　234

思维导图　234

学习目标　235

情境导入　235

第一节　标准与知识产权的冲突与融合　236

第二节　标准化中的专利权问题　240

第三节　标准化中的商标权问题　246

第四节　标准化中的著作权问题　250

本章小结　253

练习题　253

学习效果测评　254

参考文献　256

数字资源目录

第一章　知识产权导论	2
数字资源1-1　权利人就哪些客体享有知识产权	10
数字资源1-2　"4·26"世界知识产权日	17
数字资源1-3　知识产权科普微讲堂	21
数字资源1-4　第一章即测即评	23
数字资源1-5　何为《巴黎公约》	23

第二章　知识产权的取得	25
数字资源2-1　案例分析	30
数字资源2-2　案例分析	30
数字资源2-3　案例分析	30
数字资源2-4　《民法典》后续技术成果的归属	30
数字资源2-5　我国商标的历史与现在	37
数字资源2-6　案例分析	39
数字资源2-7　案例分析	41
数字资源2-8　企业破产应如何处置商标？	42
数字资源2-9　第二章即测即评	59
数字资源2-10　知识产权那些事儿	59

第三章　知识产权的运用	61
数字资源3-1　案例分析	67
数字资源3-2　案例分析	67
数字资源3-3　"著作权许可使用合同"要点归纳	68
数字资源3-4　知识产权价值评估方法分析	77
数字资源3-5　案例分析	79

数字资源 3-6	20个知识产权质押融资及保险典型案例	84
数字资源 3-7	第三章即测即评	86
数字资源 3-8	我国知识产权质押融资发展状况	86

第四章　知识产权的保护　88

数字资源 4-1	案例分析	92
数字资源 4-2	案例分析	92
数字资源 4-3	案例分析	93
数字资源 4-4	案例分析	93
数字资源 4-5	案例分析	94
数字资源 4-6	案例分析	95
数字资源 4-7	这些行为都侵犯了知识产权	96
数字资源 4-8	第四章即测即评	118
数字资源 4-9	浙江知识产权在线	118

第五章　知识产权管理体系　119

数字资源 5-1	第五章即测即评	144
数字资源 5-2	《创新管理——知识产权管理指南》	144

第六章　标准化概论　148

数字资源 6-1	汉字的起源	157
数字资源 6-2	国家宝藏国宝展示	158
数字资源 6-3	案例分析	162
数字资源 6-4	现代标准化的主要特征	163
数字资源 6-5	《国家标准化发展纲要》图解	168
数字资源 6-6	案例分析	172
数字资源 6-7	国家级标准化法律法规汇总	175
数字资源 6-8	第六章即测即评	177
数字资源 6-9	数字时代的标准化	177

第七章　标准种类　179

数字资源 7-1	区分公标准与私标准的意义	183
数字资源 7-2	案例分析	184
数字资源 7-3	联盟标准	192
数字资源 7-4	华为的标准革命	193
数字资源 7-5	技术标准对企业的作用	196

数字资源7-6	21个管理标准体系	196
数字资源7-7	企业的"7S"管理	197
数字资源7-8	第七章即测即评	201
数字资源7-9	《电子商务平台知识产权保护管理》国家标准	201

第八章　标准的制定　203

数字资源8-1	制定标准的对象——重复性事物	205
数字资源8-2	一图读懂标准编写的依据	205
数字资源8-3	案例分析	206
数字资源8-4	GB/T 1.1标准化文件的结构和起草规则	209
数字资源8-5	《标准编写规则第10部分：产品标准》	209
数字资源8-6	《服务业组织标准化工作指南 第3部分：标准编写》	209
数字资源8-7	企业标准的备案流程	213
数字资源8-8	如何制定国家标准	213
数字资源8-9	附录的编写	217
数字资源8-10	资料性引用	228
数字资源8-11	《限制商品过度包装要求生鲜食用农产品》	231
数字资源8-12	第八章即测即评	232
数字资源8-13	《电子商务平台知识产权保护管理》国家标准解读	232

第九章　标准化与知识产权　234

数字资源9-1	诺基亚与OPPO标准必要专利许可纠纷案	239
数字资源9-2	第九章即测即评	254
数字资源9-3	重点行业领域中国标准"走出去"典型案例分析	254

第一篇 知识产权篇

第一章　知识产权导论

思维导图

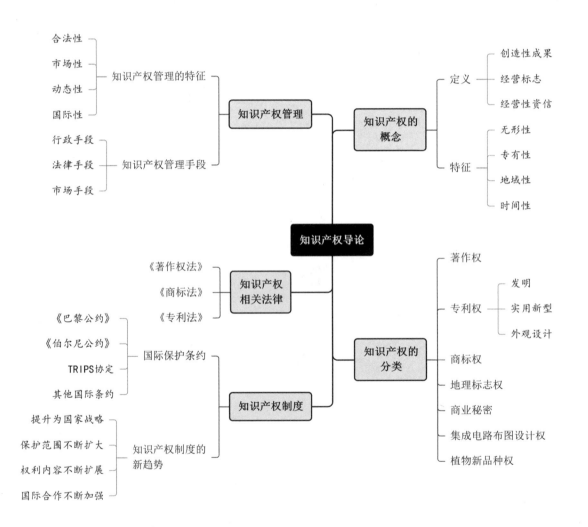

学习目标

- 掌握知识产权的概念；
- 了解知识产权的分类；
- 了解知识产权管理的特征；
- 熟悉国际条约在知识产权保护中的作用；
- 了解我国知识产权在过去20年间突飞猛进的发展。

情境导入

北京2022年冬奥会和冬残奥会组织委员会（以下简称北京冬奥组委）设计了吉祥物"冰墩墩"（见图1-1）、"雪容融"的形象并申请了著作权。冬奥吉祥物是冬奥会的重要象征，凝结了创作者非凡的创作智慧，具有极强的艺术美感。吉祥物"冰墩墩""雪容融"受到公众的广泛关注，甚至出现一"墩"难求的现象。2021年11月至12月期间，任某未经北京冬奥组委许可，以营利为目的，在河北省保定市容城县住地自行制作2022年冬奥会吉祥物形象玩偶，后通过网店销售至北京市丰台区等地，非法经营数额共计人民币6万余元。任某于2022年1月1日被北京市公安局抓获，其行为已构成侵犯著作权罪，依法给予惩处。本案在北京冬奥会开幕前审结，以刑事手段追究严惩侵犯冬奥会知识产权的犯罪行为，有力地提升了我国保护知识产权的国际形象。

图1-1　冰墩墩

> **漫说知产**
>
> 据有关文献记载,"知识产权"作为一个名词提出,到目前只有三百多年的历史;而将其作为法学领域的学术概念或者法律规范中的法律概念的时间则更短;被赋予目前的含义的时间大约只有一百年。相对于已有数千年历史的民商法中的物权、债权等基本概念,"知识产权"这个概念的历史甚至可以说是相当短暂。
>
> >>>>>

第一节 知识产权概述

一、知识产权的概念

(一) 知识产权的定义

"知识产权"一词来自英文 intellectual property。17 世纪中叶,法国学者卡普佐夫最早将一切来自知识活动领域的权利概括为"知识产权"。后来,比利时法学家皮卡第提出,知识产权不同于对物的所有权,而是一种特殊的权利范畴。我国在 20 世纪 70 年代至 80 年代初曾称之为"智力成果权"。1986 年公布的《民法通则》(现已废止,被我国《民法典》替代)正式将其确定为"知识产权"。我国台湾地区称之为"智慧财产权"。在日本曾称之为"无体财产权",现在称之为"知的所有权"。

当今社会对知识产权的定义主要采用列举式和概括式两种,国际公约主要采用列举式定义,我国学者多采用概括式定义。《建立世界知识产权组织公约》第 2 条第 8 款规定,"知识产权"包括有关下列项目的权利:文学、艺术和科学作品;表演艺术家的表演以及唱片和广播节目;人类一切活动领域内的发明;科学发现;工业品外观设计;商标、服务标记以及商业名称和标志;制止不正当竞争;在工业、科学、文学或艺术领域内由于智力活动而产生的一切其他权利。《与贸易有关的知识产权协定》(TRIPS 协定) 第 1 部分第 1 条规定,知识产权包括:版权与邻接权;商标权;地理标志权;工业品外观设计权;专利权;集成电路布图设计(拓扑图)权;未披露过的信息专有权。

我国学者对知识产权的定义有以下几种代表性观点。郑成思教授在 1993 年出版的《知识产权法教程》中提出,知识产权是人们对其创造性的智力成果所依法享有的专有权利;刘春田教授在 2000 年出版的《知识产权法》中认为,知识产权是基于创造性智力成果和工商业标记依法产生的权利的统称;吴汉东教授在 2000 年出版的《知识产权法学》中认为，知识产权是人们对自己的智力活动创造的成果和经营管理活动中的标记、信誉依法享有的权利。由这三位学者的不同定义可知，人们对知识产权概念的认识和理解，是逐步发展变化的。

（二）如何准确理解"知识产权"的概念

"知识产权"并无公认的统一定义。其实，知识产权是一个动态的概念。知识产权概念的内涵不断受到技术、经济和国际贸易等诸多因素的影响。从技术角度看，一方面，知识产权制度是保障社会技术进步的重要法律制度；另一方面，技术的进步对知识产权制度提出了挑战，推动知识产权概念更新和发展。在当今信息时代，传统知识产权概念与信息技术进步的矛盾日益突出。TRIPS协定将"未披露过的信息"纳入知识产权保护体系，欧盟对无独创性的数据库给予特殊的权利保护，以及目前人们正热烈讨论的生物基因和传统知识的知识产权保护，已经突破了知识产权是智力成果或工商业标记的专有权利的传统概念。事实上，知识产权的客体就是一定的信息。智力成果是一种知识信息，工商业标记是一种识别信息，未披露过的信息显然也是一种信息，而对无独创性的数据库的特殊权利保护的实质是对录入数据库中的信息的保护。当然，这些信息均具有一定的商业价值。因此，我们对于知识产权可以简单地做如下理解：知识产权是民事主体对具有商业价值的信息依法享有的权利。在当代信息社会，知识产权有向信息产权发展的趋势。

要准确理解"知识产权"的概念，应抛弃仅仅从定义本身进行分析的教条主义。没有定义并不影响对知识产权概念的理解。准确理解知识产权概念，完全可以从知识产权的范围和特征出发。通俗地说，我们难以准确回答"知识产权是什么"，但我们完全能回答"知识产权有哪些"以及"知识产权有哪些特征"。

（三）知识产权的保护对象

1. 知识产品的分类

知识产权的保护对象是在科技或文化等活动中创造或创作的、以发明创造或文艺作品等方式存在的产品，简称知识产品。知识产品大致可以分为三类。

一是创造性成果，包括作品及其传播媒介、工业技术。其中，作品及其传播媒介泛指文学艺术领域中以不同表现形式出现并且具有原创性的创造成果（著作权客体），以及在作品传播过程中产生的与原创作品相关的各种产品、物品或其他传播媒介（邻接权客体）；工业技术一般是指在工业、农业、商业等产业领域中能够物化在物质载体上的知识和技能。

二是经营标记，即在工业、农业、商业等产业领域中能够标示产品来源和厂家特定人格的商标、商号、产品名称等区别性标记。

三是经营性资信，即工商企业在经营活动中具有的经营资格、经营优势以及在社会上所获得的特许专营资格、特许交易资格、信用及商誉等。

2. 知识产品的基本特征

（1）创造性

创造性又称独创性，是指知识产品对现有技术或已有作品的创新程度。一般来说，专利对创造性的要求最高，享有著作权的作品对创造性的要求次之，而商标对创造性的要求只需达到能够区别不同产品或服务的程度。

（2）非物质性

非物质性是指知识产品没有形态、不占空间，且可以被不同主体同时占有和使用的性质。知识产品的非物质性通过其载体表现。例如，作品表现为文字著述、音乐、绘画等，发明表现为技术方案、形状和构造，商标表现为图案、色彩和符号等。

（3）公开性

公开性是知识产权所有人必须将知识产品公之于众的性质。专利申请人只有将其发明的技术方案公开，才有可能获得专利权。尽管作品在完成之时即可获得著作权，但是如果作品不公开，其权利的意义便无从谈起；如果商标不公开，便无法与他人的商品或服务区分开来，就更谈不上商标权。

（四）知识产权的特征

知识产权虽然在性质上属于私权，但是其独特的起源导致其与传统的民事权利相比有着鲜明的特征。具体来说，知识产权具有无形性、专有性、地域性、时间性等基本特征。

1. 无形性

知识产权的无形性实际上是指作为知识产权客体的信息具有无形性。一般认为，知识产权的客体是智力成果（或者称之为知识产品），例如作品、发明创造、商标等。它们作为人类创造性智力劳动的产物，本质是一种信息，是无形的、非物质的。

2. 专有性

知识产权的专有性又称独占性、排他性或垄断性，是指知识产权属于权利人专有，并受相关法律严格保护，没有法律规定或者知识产权人的许可，任何人不得利用该项知识产权，否则将承担相应的法律责任。

3. 地域性

知识产权的地域性是指某一知识产权只在授予或确认其权利的国家或地区才具有法律效力、受到法律保护。地域性具有双重意义：一方面，地域性体现了权利人的权利在一定空间范围之内将得到切实的保护；另一方面，地域性限制了权利人的权利空间范围，知识产权的法律保护不具有域外效力。

4. 时间性

知识产权的时间性是指法律对知识产权的保护存在时间限制，依法产生的知识产权只在法律规定期限内有效，一旦保护期限届满，该权利就自行终止，该知识产品进入公有领域，人人皆可自由利用。

二、知识产权法概述

知识产权法是调整民事主体之间因知识产品的产生、归属、利用与保护而产生的社会关系的法律规范的总称。

（一）知识产权法的性质与地位

知识产权的私权属性决定了知识产权法的私法性质。知识产权法调整的社会关系具有主体平等性，知识产权的权利内容、权利的转移皆遵循民法的基本规则。虽然知识产权法也包含了一部分具有公法色彩的法律规范，例如专利与商标的申请、审批等，但是这些规范只是知识产权法中的程序性规范，并非知识产权法的核心部分，因此并不会改变它的私法属性。

知识产权法的地位是指其在整个法律体系中的位置，即知识产权法是一个独立的法律部门还是归属于某个法律部门。有些国家认为知识产权法是一个独立的法律部门，因而单独制定了知识产权法典，例如法国1992年的《知识产权法典》。更多的国家是制定相关的单行法。我国目前没有制定统一的知识产权法典，而是以特别法的形式分别制定了《著作权法》《商标法》《专利法》等知识产权的相关法律。

在知识产权法领域，根据实用与非实用的二分法原则，传统的知识产权法被分为著作权法和工业产权法。著作权法所调整的对象包括作者权、邻接权等。无论在世界上哪个国家，著作权法所提供的保护原则上都不延伸到实用功能，而工业产权法则完全不同于著作权法。工业产权法所保护的对象全都在一定意义上具备实用性或功能性价值，而且其权利效力在一定程度上可以延伸到实现相关实用功能的结构或元素上。按照这种分类所划分的工业产权法的内容十分丰富，它包括专利法、商标法、原产地名称保护法、商号保护法、反不正当竞争法等。这种根据实用与非实用的二分法原则来划分的格局，一百多年来已为世界各国所接受。

（二）知识产权法的作用

人类社会已经进入知识经济时代。在这个全新的时代，科学技术与文化艺术既是人类智慧的结晶，也是财富的源泉，甚至已经逐渐取代土地和资本成为最重要的生产要素。知识产权法的完善必将对社会经济文化的发展产生重大的积极影响。

1. 有利于实现国家保护知识产权的战略目的

在知识经济时代,保护知识产权已经不仅仅是保障智力成果创造者利益的手段,更成为世界各国维护国家利益的一个战略问题。国家保护知识产权是为了充分鼓励人们进行知识产品的生产和创新,增加社会财富,促进科学、文化事业的发展,从而最终提升国家在世界上的竞争力。例如,我国已于 2005 年 6 月正式启动国家知识产权战略工作。为了实现国家保护知识产权的战略目的,必须加强知识产权法的立法和执法工作。

2. 有利于鼓励知识产品的创新创造

知识产品的生产具有个体性,知识产品的传播和利用具有公共性。知识产权法以法律的形式要求知识及与知识有关成果的使用必须得到知识产权所有人的许可,并支付相应的实施费。这就使得创造者的劳动消耗能够通过实施费的形式予以收回,并获得相应收益。知识产权保护制度借助强有力的法律,使得知识创造的个人收益与社会收益趋于一致,提高了知识创造的投资积极性。

3. 有利于推动智力成果及时、广泛的应用

发明创造者可以通过申请知识产权获得相应的法律保护,实现保护责任的有效分担和转移。这一方面确保了创造者在一定时期内的独占权,维护了创造者的创新收益;另一方面,通过保护期限届满时独占权的自动终止,使得科技信息向社会迅速公开,加速了科技成果的及时推广与应用,形成发明创造的累积效应,从而缩短科技进步的周期。知识产权法在协调各方利益、维护国家主权的过程中发挥了积极有效的保障作用。

案例分析 1-1

出版社甲出版了《全国图书发行商名录》一书。在编写该书的过程中,编者直接从书商乙处获取了大量分布于全国各地的图书发行商的名称或姓名以及地址、电话号码等资料。这些资料是乙在其日常业务往来中逐渐积累的。该书有很大一部分内容直接照录了从乙处获得的资料。该书出版发行后,书中没有提及乙的姓名,编者和出版者也没有向乙支付任何报酬。乙对此愤愤不平,便向法院起诉,要求维护其著作权。在这里,乙对该书编者提供的资料拥有什么权利?这种权利是否属于著作权?该书是否是著作权法意义上的作品,是否受著作权法保护?

知识产权的保护对象之一是智力成果。作为著作权保护对象的作品必须具备独创性,而关于图书发行商有关信息的简单排列难以具备独创性,不宜作为作品受著作权法保护,故乙很难依照著作权法获得保护。但是乙

毕竟为收集有关数据付出了劳动，法律对此还是予以肯定的，乙对其劳动成果是有权要求获得报酬的。欧盟已经颁布了关于数据库保护的指令，世界知识产权组织也正着手起草关于数据库的保护条约，其共同特点是淡化对数据库的创造性要求，在理念上不再强调智力创造。

思考：目前，我国尚无保护数据库的专门法律，如果你是乙，该如何维护自己的权益？

第二节 知识产权的分类

一、知识产权的划分依据

无论是世界知识产权组织，还是世界贸易组织，都在有关国际公约中对知识产权的范围做出了具体规定。我们可以据此将知识产权的范围分为广义和狭义两种。

世界知识产权组织给出的是广义的范围。《建立世界知识产权组织公约》将知识产权分为文学、艺术和科学作品，表演艺术家的表演以及唱片和广播节目，人类一切活动领域内的发明、科学发现、工业品外观设计、商标、服务标记以及商业名称和标志，在工业、科学、文学或艺术领域内由于智力活动而产生的一切其他权利。该分类的最后一项作为兜底条款，包括了所有需要保护的客体，也就是说，该分类包括的知识产权范围最广。

世界贸易组织给出的是狭义的范围。《与贸易有关的知识产权协定》将知识产权分为版权与邻接权、商标权、地理标志权、工业品外观设计权、专利权、集成电路布图设计（拓扑图）权和未披露过的信息专有权。可以看出，该协议涉及的主要是与贸易有关的知识产权，所以比《建立世界知识产权组织公约》包括的知识产权范围要小一些。

知识产权依据其适用领域可划分为工业产权、著作权和其他（见图1-2）。著作权是计算机软件、文学艺术作品等的创作者和传播者所享有的权利。工业产权是指工业、商业、林业和其他产业中具有实用经济意义的知识产权，其内容已超出"工业"的范围，也称为产业产权，主要包括专利权、商标权、名称标记权等。

二、知识产权的主要种类

在我国，2020年5月28日颁布的《民法典》第123条明确规定："民事主体依法

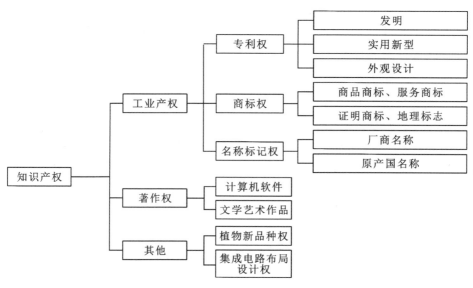

图 1-2　知识产权的分类

享有知识产权。知识产权是权利人依法就下列客体享有的专有的权利：（一）作品；（二）发明、实用新型、外观设计；（三）商标；（四）地理标志；（五）商业秘密；（六）集成电路布图设计；（七）植物新品种；（八）法律规定的其他客体。"本教材中对不同类型知识产权的阐释，如无特别说明，则采用的是我国现行法律中的相关定义。

1. 著作权

著作权是指文学、艺术和科学作品的创作者对其创作的作品所享有的权利。其中，作品包括各种形式的表达，如小说、诗歌、散文、戏剧、绘画、音乐、舞蹈、电影等。广义的著作权除了包括作者享有其创作作品的相关权利外，还包括作品的传播者如表演者、录音制品制作者和广播组织的权利，即邻接权或相关权。也就是表演者、录音制品制作者和广播组织在传播作品的过程中，就自己的创造性劳动成果享有一定的权利。狭义的著作权仅指作者就其创作的作品享有的权利。

数字资源 1-1
权利人就哪些
客体享有知识产权

2. 专利权

我国《专利法》所称的专利包括发明、实用新型和外观设计三种智力成果。专利权的主体主要是发明人或者设计人等。职务发明创造是指在执行本单位的任务或者主要是利用本单位的物质技术条件所完成的发明创造。非职务发明创造则是职务发明创造之外的发明创造。职务发明创造申请专利的权利属于发明人或者设计人的工作单位。非职务发明创造的专利申请权属于发明人或者设计人。1985 年 12 月 28 日，中国专利局在人民大会堂举行大会，颁发首批中华人民共和国专利证书。航天工业部 207 研究所工程师胡国华拿到了编号为"85100001.0"的第一张专利证书（见图 1-3）。图 1-4 为目前的发明专利证书式样。

图 1-3 中国第一张专利证书

图 1-4 目前的发明专利证书式样

（1）发明

我国《专利法》规定，发明是指对产品、方法或者其改进所提出的新的技术方案。据此，我们可以将发明分为产品发明和方法发明。产品发明是指以有形形式出现的一切发明，如机器、仪器、设备、装置、用具和各种物品等。方法发明是指与某种活动有关的发明，具体可分为：制造产品方法的发明，如机械方法、物理方法、化学方法；其他方法，如通信方法、测试与计量方法、操作方法等。

（2）实用新型

实用新型是指对产品的形状、构造或者其结合所提出的适于实用的新的技术方案。实用新型只适用于产品，不适用于方法。第一，实用新型仅限于产品，工艺方法不属于实用新型；第二，实用新型必须具备一定的形状或构造，或者是两者的结合；第三，实用新型的创造性要求低于发明，而实用性高于发明。

（3）外观设计

外观设计也称工业品外观设计，是指对产品的整体或者局部的形状、图案或者其结合以及色彩与形状、图案的结合所做出的富有美感并适于工业应用的新设计。外观设计专利应当符合以下要求：其一，必须是对产品的外表所做的设计；其二，必须是针对产品形状、图案、色彩或者其结合做出的设计；其三，必须适于工业应用；其四，必须富有美感。

3. 商标权

商标是指能够将不同的经营者所提供的商品或者服务区别开来的显著性标记。它一般由文字、图形、字母、数字、三维标志、颜色组合和声音，以及上述要素的组合构成，附注在商品、商品包装、服务设施或相关的广告宣传品上，有助于消费者将特定的商品或服务与特定的经营者联系起来，使其与其他经营者的同类商品或服务项目相区别，便于消费者认牌购物，经营者之间展开正当竞争。根据我国《商标法》相关规定，商标权的主体是有资格申请商标注册的自然人、法人或者其他组织，或者转让注册商标中的受让人。申请注册的商标除了必须有合格的主体、适当的商品或服务及恰当的标志外，还应当具有合法性、显著性、非功能性及在先性。图1-5为一些国际著名商标。

图1-5　国际著名商标

4. 地理标志权

地理标志是指标示某商品来源于某地区，该商品的特定质量、信誉或其他特征，主要由该地区的自然因素或人文因素所决定的标志，如图1-6所示。其特征包括以下三点：一是指示性，即标示特定的地域；二是凝质性，即凝聚着商品特定的质量、信誉或其他特征；三是附属性，即特定的质量、信誉或其他特征附属于特定地域的自然或人文因素。

国家知识产权局

农业部

图1-6　地理标志

5. 商业秘密

商业秘密是指不为公众所知悉、具有商业价值，并经权利人采取相应保密措施的技术信息、经营信息等商业信息。采取保密措施的技术信息即技术秘密，指未公开的与产品生产和制造有关的技术诀窍、生产方案、工艺流程、化学配方等专有知识。采取保密措施的经营信息即经营秘密，指未公开的与生产经营销售活动有关的经营方法、管理方法、产销战略、货源情报、客户名单等专有知识。

6. 集成电路布图设计权

集成电路是以半导体材料为基片，将至少一个是有源元件的两个以上元件和部分或全部互联线路集成在基片上，以执行某种电子功能的中间产品或最终产品。布图设计又称掩膜作品或拓扑图，是附着于各种载体之上的电子元件和连接这些元件的连线的有关设计。集成电路布图设计权包括复制权和商业利用权。这两种权利都可以向他人转让和许可。

7. 植物新品种权

植物新品种是指经过人工培育的或者对发现的野生植物予以开发，具备新颖性、特异性、一致性和稳定性并有适当命名的植物品种。《保护植物新品种国际公约》规定，成员国可以自由选择专门法或专利法或二者并用的方式对植物新品种给予保护。《与贸易有关的知识产权协定》中也有类似规定。植物新品种培育完成后，不能自动取得品种权，需要申请授权。我国《植物新品种保护条例》规定，完成育种的单位或者个人对其授权品种享有排他的独占权。

案例分析 1-2

1998年，王蒙、张抗抗、刘震云等六位作家发现一网站上全文上载了他们各自创作的小说。该网站并未在事前征得各位作者同意，也未向权利人支付任何报酬，于是六位作家同时向人民法院提起了侵犯著作权之诉。由于当时我国著作权法中并未专门规定针对互联网上使用作品的网络传播权，因此经过细致的研究并征求各方意见后，法院最后根据法律的基本原则和立法宗旨判定这种行为侵犯了作者的著作权，并判决停止侵害、赔偿损失。此案的判决反映了知识产权制度的产生和发展与技术进步有着非常密切的关系。从总体上讲，知识产权制度尚且年轻，因为其发展历史尚且短暂；同时知识产权制度也将永远年轻，因为知识产权保护的对象是直接反映人类文明的文学艺术和科学技术。而人类文明的脚步永远不会停歇，文学艺术和科学技术的发展永远没有止境。为紧跟人类文明的脚步，知识产权制度也就必须不断发展进步，因而也将永葆青春。

思考：网络时代，发在网上的图片可以随意使用吗？公众号上的文章可以直接复制转发吗？

第三节 知识产权管理概述

随着经济全球化不断加深和知识经济日益彰显,知识产权竞争越来越激烈。为了在市场竞争中获得并保持优势,获得更多的经济效益,加强知识产权管理成为创新主体提升整体管理水平的重中之重。首先,有效的知识产权管理不仅有助于增强创新主体的创新意识、知识产权意识,建立知识产权激励机制,而且有助于借助外部力量进行创新和研发,从而增强创新主体的创新能力;其次,有效的知识产权管理有助于建立知识产权侵权预防机制和被侵权时的快速反应机制,从而增强创新主体的知识产权保护能力;再次,有效的知识产权管理可以提升创新主体的知识产权运营能力和应对知识产权纠纷及其相关事务的能力;最后,有效的知识产权管理有助于创新主体的各职能部门在知识产权事务中的配合与协调,从而提高创新主体的组织协调能力。

一、知识产权管理的概念和特征

(一)知识产权管理的概念

管理是协调工作活动,使之有效率和有效果的过程,是同别人一起或通过别人使工作活动完成得更有效率、更有效果的过程,也是管理者对管理对象加以计划、组织、协调和控制,使其发展符合组织目标的活动和过程。知识产权管理是政府机构、高校、科研院所、企业或者其他组织等主体计划、组织、协调和控制知识产权相关工作,并使其发展符合组织目标的过程,是协调知识产权事务的宏观调控和微观操作活动的总和。

(二)知识产权管理的特征

1. 合法性

知识产权管理的合法性是指管理主体所从事的知识产权管理活动不得违反相关法律法规,特别是知识产权法律法规或规章制度的性质。从"法"的位阶来看,知识产权管理的合法性具体包括两个方面:一是管理活动必须符合国家法律法规、地方法规和部门规章;二是管理活动必须符合组织内部规章制度。从管理要素来看,知识产权管理的合法性包括五个方面:一是管理者的主体资格合法;二是管理对象即相关知识产权合法;三是管理行为合法;四是管理方法合法;五是管理制度合法。

2. 市场性

知识产权管理的市场性是指知识产权管理活动必须遵循市场经济规律,知识产权的转让、许可等交易活动必须符合价值规律，知识产权交易价格由创造该知识产权客体的社会必要劳动时间决定并受市场供求关系影响的性质。知识产权制度是市场经济的产物，所以知识产权管理活动应当遵循市场经济原则，以市场机制为导向，以市场效益为目标。与法律制度的相对稳定不同，市场是善变的，因此，有效的知识产权管理活动不但可以激励人们创造更多的创新成果，提高创新主体的竞争能力，而且有利于维护较好的市场竞争秩序，同时促使国家采取适度的知识产权保护制度，强化企业、高等院校、科研院所等组织对其知识产权的保护措施。

3. 动态性

知识产权管理的动态性是指知识产权管理活动应该随着市场环境、知识产权法律状态、知识产权制度、组织内部环境及具体管理制度的变化而变化的性质。知识产权管理的动态性主要体现在以下四个方面：一是知识产权管理的市场性特点要求企业根据市场环境的变化，对其知识产权管理做出相应的调整；二是知识产权管理活动应该随知识产权法律状态（如有效期限、权利的有效性等）的变化而变化；三是知识产权管理活动应该随知识产权制度的调整而变化；四是知识产权管理活动应该随组织内部环境及具体管理制度的变化而变化。

4. 国际性

知识产权制度是一种涉及双边或多边条约的国际化制度。不同国家的知识产权管理活动不仅具有一定的相似性，而且具有紧密的相关性。知识产权管理不仅涉及国内法，还涉及国际公约以及相关国家的法律。知识产权交易不仅涉及国内市场，也涉及国际市场。随着经济全球化的深入，知识产权管理国际化趋势越来越明显。

二、知识产权管理的分类

知识产权管理是一种对知识产权工作的宏观调控和微观操作进行全面系统协调的活动。

依据管理内容，知识产权管理可以分为知识产权工作的宏观调控管理和微观操作管理两个方面。宏观调控管理主要是知识产权战略管理，具体包括国家知识产权战略管理、区域知识产权战略管理、行业知识产权战略管理和企业知识产权战略管理等。微观操作管理主要包括知识产权管理机构的设置、知识产权管理制度的制定、专利管理、著作权管理、商标管理、商业秘密管理、集成电路布图设计管理、地理标志管理及其他内容的管理。

依据管理主体，知识产权管理可以分为六种类型：一是政府行政部门的知识产权管理，即知识产权行政管理部门依据相关法律的授权对知识产权进行的接受申请、审查、授权、登记等管理活动；二是企业知识产权管理，即企业根据自身条件和市场变化情况对其知识产权事务进行管理的相关活动；三是事业单位知识产权管理，即高等院校、科研院所等事业单位根据自身特点和法律法规，参考市场需求对其知识产权进行管理的活动；四是行业知识产权管理，即行业协会或组织依据自己的权力范围对知识产权进行相关管理的活动；五是中介机构的知识产权管理，即知识产权中介机构依法对其从事的知识产权相关事务的管理活动；六是个人知识产权管理，即个人对自己拥有的知识产权或者相关权利的管理，如作者对其精神权利的管理活动。

依据管理客体，知识产权管理可以分为专利管理、商标管理、著作权管理和其他知识产权管理。

三、知识产权管理的目标和手段

（一）知识产权管理的目标

知识产权管理的总体目标是管理主体利用相关资源，依据知识产权相关制度，强化知识产权意识，完善知识产权法治环境，实现知识产权资源的优化配置，提高知识产权的创造、运用、保护能力，提升自主知识产权的水平和拥有量，促进创新型国家建设。

知识产权管理的具体目标是强化创新主体的知识产权意识，提高创新主体的知识产权产出效率和质量，提升创新主体的知识产权运用能力，提高创新主体的知识产权管理水平，完善知识产权管理组织或机构的规章制度，培养知识产权管理人才，奠定知识产权文化基础。

（二）知识产权管理的手段

知识产权管理的手段主要包括行政手段、法律手段和市场手段。知识产权管理的行政手段主要是指知识产权行政管理机关开展知识产权申请的审查、授权、登记等活动时所采取的手段，也包括企业、高等院校、科研院所等机构依托自身内部的知识产权管理部门制定有关人员聘用、奖励或惩罚，以及知识产权的利用、保护等方面的管理制度，构建企业的知识产权管理体系，以保证其有效运作的手段。知识产权管理的法律手段主要是指政府知识产权行政机构等运用知识产权的相关制度、政策来处理其职权范围内的知识产权事务的方式。知识产权管理的市场手段主要是指企业、高等院校、科研院所等知识产权经营或研究主体以市场为导向、以市场竞争为内容、以市场效益为目标，运用市场手段对其知识产权工作进行管理的方式。

当然，知识产权管理的行政手段、法律手段和市场手段并不是各自独立的，而是相辅相成的。

四、知识产权管理的作用

知识产权管理贯穿知识产权的创造、运用和保护的整个过程。从宏观管理角度来看，知识产权管理应该包括国家知识产权战略的实施及其绩效评价、知识产权法律法规和规章制度的构建、知识产权行政执法和行政许可等涉及知识产权政治、经济、法制和文化的管理活动。从微观管理角度来看，知识产权管理应该包括创新主体的知识产权的取得、运用、保护等各项活动。强化知识产权的科学管理，有利于激励知识产权的创造、提高知识产权运用能力和完善依法保护知识产权的措施。

1. 强化知识产权的科学管理，有利于激励知识产权的创造

首先，强化行政机构的知识产权管理，能够提高政府知识产权行政管理机构的工作效率，缩短专利和商标的审查周期，在单位时间里产出数量更多、质量更高的知识产权。其次，强化企业的知识产权管理，有助于企业产出更多的、价值更高的知识产权，提升企业竞争力，节约企业研发成本。最后，强化高等院校、科研院所的知识产权管理，有助于增强它们产出的知识产权的实用性，促进产学研的有机结合。

2. 强化知识产权的科学管理，有利于提高知识产权运用能力

提高知识产权运用能力是创新主体的目的，也是各种层次知识产权战略的核心。只有提升创新主体的知识产权运用能力，才能产生巨大的经济价值。换句话说，知识产权只有运用才有存在的价值。因此，强化知识产权的科学管理，一定要围绕提高知识产权运用能力这个核心。

3. 强化知识产权的科学管理，有利于完善依法保护知识产权的措施

适度的知识产权保护是有效运用知识产权的保障，也是使已经产生的知识产权为创新主体带来经济价值的前提。只有通过对知识产权执法活动进行有效管理，完善相关执法措施，才能完整、准确地维护知识产权财产。

数字资源 1-2
"4·26"世界知识产权日

案例分析 1-3

2014 年 8 月 15 日，美国国际贸易委员会（ITC）对美国交互数字集团诉中兴通讯专利侵权案做出最终裁决，认定中兴通讯没有违反"337 条款"，没有侵犯美国交互数字集团的专利权。这使中兴通讯在"337 调查"中获"四连胜"。至此，重视知识产权管理，依托知识产权实力成功"走出去"的中兴通讯，再次成为业界关注的焦点。

> 中兴通讯在知识产权管理方面可谓不遗余力。2014年之前的近五年中，中兴通讯的研发投入超过400亿元。截至2013年年底，中兴通讯已授权专利超过1.6万件。2011年、2012年，中兴通讯的PCT（专利合作条约）申请量均为全球第一，2013年申请量为全球第二、中国第一。与此同时，中兴通讯强化知识产权运用，加强在海外市场的专利布局，尤其是在欧美市场的专利布局，这提升了其在全球市场的知识产权竞争能力。
>
> **思考**：通过调查了解，举例说明还有哪些企业通过加强知识产权管理提升了国际竞争力。

第四节 知识产权制度的发展趋势

一、知识产权国际保护条约

19世纪中后期，各国逐渐认识到知识产权在促进本国经济、文化的发展和科学技术进步方面的重要作用，纷纷通过知识产权立法保护知识产权。这堪称知识产权制度上的又一次飞跃。从19世纪末开始，有关知识产权的国际多边公约、地区公约或双边协定纷纷出台，其中1883年签订的《巴黎公约》和1886年签订的《伯尔尼公约》成为知识产权领域国际保护制度的基本法律框架。知识产权保护从此呈现国际化的特点，而且知识产权保护和协调的国际化趋势愈来愈明显。特别是进入20世纪70年代以来，随着各国在经济、科学技术、文化领域交流与合作的不断扩大，知识产权的国际化又迈上了一个新台阶。

（一）《巴黎公约》

《巴黎公约》的全称为《保护工业产权巴黎公约》，是在1880年的巴黎外交会议上起草，1883年由11个国家签字，1884年7月7日生效的。各国订立《巴黎公约》的目的就是协调成员方有关工业产权的保护问题。《巴黎公约》的第1条第2款明确规定，工业产权的保护对象有专利、实用新型、工业品外观设计、商标、服务标记、厂商名称、货源标记或原产地名称和制止不正当竞争。该公约将专利与实用新型、外观设计分别规定，是因为在国际社会发明与专利常被作为同义词，类似地，服务标记在这里也未被当作商标处理，故这里的商标仅指产品商标。我国在1984年加入该公约，目前《巴黎公约》正涵盖世界上绝大多数国家和地区。这些国家和地区的国内法都应当满足《巴黎公约》的要求。

(二)《伯尔尼公约》

《伯尔尼公约》的全称为《保护文学和艺术作品伯尔尼公约》,是于 1886 年 9 月 9 日在瑞士伯尔尼签订的,该公约分别于 1896 年在巴黎、1908 年在柏林、1914 年在伯尔尼、1928 年在罗马、1948 年在布鲁塞尔、1967 年在斯德哥尔摩、1971 年在巴黎等地进行了修订或补充。最近一次的修改是在 1979 年。我国于 1992 年参加了《伯尔尼公约》,并为弥补 1990 年《著作权法》与公约间的差距,专门颁布了《实施国际著作权条约的规定》。2001 年我国修正了《著作权法》,使我国《著作权法》在条文上满足了《伯尔尼公约》的要求。

(三) TRIPS 协定

TRIPS 协定是世界贸易组织下的一个国际条约,是《与贸易有关的知识产权协定》的简称。该协定于 1993 年年底形成最后文本,是在关税与贸易总协定的乌拉圭回合谈判中为世界贸易组织成立而订立的一系列协定中的知识产权分协定。1994 年 4 月乌拉圭回合谈判结束,世界贸易组织同时诞生,该协定转为世界贸易组织下的知识产权协定。该协定在实体权利的规定上有一个特点,即大量援引既有的国际公约。比如,《伯尔尼公约》《巴黎公约》《罗马公约》《集成电路知识产权条约》等都被该协定大量引用。2001 年年底,我国加入世界贸易组织,TRIPS 协定也因此对我国的国内立法产生了约束力。

(四) 其他国际条约

除前述国际条约外,有关知识产权的国际条约还有很多。不算区域性的国际条约,仅全球性的知识产权条约就有几十个。它们分别归世界知识产权组织、联合国教科文组织、世界贸易组织等机构管理。这其中我国参加的公约,除前述《巴黎公约》、《伯尔尼公约》、TRIPS 协定外,还有《建立世界知识产权组织公约》,这是我国参加的第一个知识产权国际公约;此外,我国还是《世界版权公约》《保护录音制品制作者防止未经许可复制其录音制品公约》《专利合作条约》《商标国际注册马德里协定》《国际植物新品种保护公约》等公约的成员。

二、知识产权制度的新趋势

19 世纪中后期,知识产权制度逐渐形成了三大支柱体系,即专利权、著作权和商标权制度。20 世纪中后期,随着科学技术的迅猛发展,传统的知识产权制度发生了巨大的变化，植物新品种、计算机软件、生物技术等相继进入知识产权制度保护的行列。1993年12月15日，关税与贸易总协定乌拉圭回合谈判通过的 TRIPS 协定，将当代知识产权保护推到了前所未有的高度。当代知识产权制度逐渐呈现以下趋势。

（一）知识产权保护已提升为国家发展战略

知识经济时代，知识产权日益成为国家发展的战略性资源和国际竞争力的核心要素。知识的产权化和商品化有助于将本国的文化、技术、品牌等要素优势转化为产权优势，并最终形成在国际市场的竞争优势。许多国家已将知识产权保护问题提升至国家大政方针和发展战略的高度。2010年，温家宝在夏季达沃斯论坛上郑重提出："中国高度重视知识产权保护，已将保护知识产权提升为国家战略，中国也愿意与世界各国进行知识产权交流和对话。"[①] 实施知识产权保护战略，可以进一步提升我国文化"软实力"，为建设创新型国家提供有力的支撑。

（二）知识产权的保护范围不断扩大

随着高新技术的不断涌现，知识产权的保护范围不断扩大，已经从传统的专利、商标、作品扩展到计算机软件、数据库、集成电路、植物品种、商业秘密、生物技术等新对象。尤其是发达国家，由于其在高新技术方面占有绝对的优势，它们为了维护自身利益，更是不断扩大电子、通信、网络、生物等领域的知识产权保护范围。这些新的客体的保护方法主要有两种：一是纳入传统的知识产权范围；二是设立一种新的权利。

（三）知识产权的权利内容不断扩展

知识产权的权利内容随着科技的进步而不断扩展，传统的知识产权保护制度落后于知识产权新趋势，带来一系列不良后果。首先，知识产权保护制度内在的不协调性因素增加，知识产权保护的保护范围、保护期限与保护力度之间的平衡被打破。现有的知识产权法中，保护范围迫切需要扩大，保护期限需要缩短，保护力度需要进一步与客观经济社会环境相适应。其次，产生了知识产权保护地域性与国际性的冲突。随着网络技术的进步，传统的空间概念变得模糊，依附于空间边界的知识产权地域性也随之趋弱。

基于此，各国都对知识产权法做了相应调整，大大扩展了知识产权的权利内容，增添了一些以前没有的权利内容，例如，我国的《专利法》增加了许诺销售权；《著作

---

① 温家宝在2010年夏季达沃斯论坛上的讲话（全文）[EB/OL].（2010-09-13）[2023-11-28]. https://www.gov.cn/ldhd/2010-09/13/content_1701794.htm.

权法》增加了信息网络传播权、禁止规避技术措施权等；《商标法》增加了禁止恶意使用他人的注册商标（尤其是驰名商标）作为域名等内容。

（四）知识产权保护的国际合作不断加强

随着经济全球化的深入和网络时代的到来，智慧创作物的可传播性与知识产权效力的地域性之间的矛盾在网络化平台下更加凸显，各国传统的各自为政的知识产权制度遭遇严峻挑战。因此，各国纷纷谋求国际协调与合作，将知识产权保护从平面提升至立体，致力于在全球范围内建立一个基本一致的国际尺度和标准。截至2020年，向全球开放的知识产权国际条约有将近30个，几乎涉及知识产权各个领域，包括发明、实用新型、集成电路布图设计、植物新品种、商业秘密、商标、商号、原产地名称、作品、印刷字体、科学发现、奥林匹克会徽等。随着世界贸易组织的介入，知识产权问题与国际贸易问题直接联系起来，各国在知识产权保护的国际合作由自主性转向强制性，WTO成员必须全部接受包括TRIPS协定在内的一揽子协议。知识产权保护与国际贸易多边制裁挂钩，大大强化了知识产权保护的执法力量。

数字资源 1-3
知识产权
科普微讲堂

科学技术在不断进步，知识产权制度必然会随其发展，有关知识产权的国际公约自然也会越来越多。目前，世界知识产权组织正在起草、研究、讨论关于数据库保护和广播者权利的两个国际条约以及传统知识的保护问题等；世界贸易组织已经就公共健康和知识产权的关系等问题达成框架性协议。这些都将对知识产权制度的进一步发展产生重大影响。

案例分析 1-4

中国公民A发明了一种折叠自行车，并在中国申请了专利。美国公司B在美国获得了一种关于无线数字通信协议的技术实现方案的专利。A、B均未在日本申请专利。日本公司C、D分别在日本境内生产这两种产品。中国、美国、日本都是《巴黎公约》成员方，都是世界贸易组织缔约方。问题一：如果C、D两个公司仅在日本国内销售这两种产品，A、B能否在日本主张权利？问题二：如果C、D将其产品销往日本以外的地区，是否可能侵犯A、B的权利？

第一，专利权有地域性，如果未获得日本专利，则无法保护日本市场，既然A、B没有在日本申请专利，自然谈不上主张权利。第二，如果C的这种产品销到中国，则C侵犯了A的权利；如果D的这种产品销售到美国，则D犯了B的权利；否则不侵权。知识产权的地域性是指各国司法独立，因此仅在本国提供专利保护，也就是说，如果想获得专利保护，就得进入这个国家，获得由该国专利局授权的专利，比如中国专利仅保护中国市场，而不会去保护美国市场或日本市场。

思考：在竞争日益激烈的市场环境下，企业想申请国际专利来保护自身知识产权，需要具备哪几个条件？

本章小结

知识产权是指关于创造性智力成果和区别性商业标志的专有权利，其保护对象既包括智力创造成果，又涵盖商业标志。

知识产权的范围主要包括著作权、专利权、商标权以及反不正当竞争法中有关商业秘密、商业信誉等方面的权益。具体地讲，主要包括有关作品、表演、音像制品、广播节目、技术发明创造、工业品外观设计、商标、商号、电子数据库、集成电路布图设计等方面的权利，以及商业秘密、地名等相关保护对象所凝结的权益。

知识产权法是调整在保护创造性智力成果和区别性商业标志专有权过程中所生成的社会关系的法律规范的总称，主要包括著作权法、专利法、商标法、反不正当竞争法等。

练习题

1. 名词解释

知识产权　知识产权法　TRIPS协定

2. 思考题

（1）简述知识产权的概念。

（2）知识产权的保护对象有哪些？

（3）我国知识产权相关法律有哪些？

（4）知识产权管理的特征是什么？

（5）我国参加了哪些国际知识产权条约？

3. 案例分析题

1991年1月，某甲与乙饭店签订合作开办饭店协议一份。同年3月，乙饭店开业后，未悬挂店名，但在该店门上方悬挂"正宗厚味美包子第四代传人赵某第五代传人甲"为内容的牌匾一块。其中"厚味美包子"为大字，其余为小字，并聘请甲为该店厨师。该店自1991年3月起经营包子。1980年12月，多年经营厚味美包子的丙公司取得"厚味美"牌商标注册证，当其发现乙饭店及甲的行为后，立即向法院提起诉讼，要求保护其商标专用权。甲与乙饭店辩称，制作悬挂的牌匾是对"厚味美"创始人及传人赵某和甲个人身份的宣传，且丙公司的商标已过有效期，所以法院应予以驳回。

请回答：
(1) 丙公司是否具有"厚味美"牌商标专用权，为什么？
(2) 甲与乙饭店的行为是否构成侵权？为什么？

数字资源1-4
第一章即测即评

数字资源1-5
何为《巴黎公约》

学习效果测评

项目测评表

知识测评		
知识点	评价指标	自评结果
知识点1	掌握知识产权的概念	□A⁺ □A □B □C □C⁻
	了解知识产权的种类	□A⁺ □A □B □C □C⁻
	了解知识产权法的内容	□A⁺ □A □B □C □C⁻
知识点2	了解知识产权管理的特征	□A⁺ □A □B □C □C⁻
	了解知识产权管理的作用	□A⁺ □A □B □C □C⁻
	熟悉知识产权国际保护条约	□A⁺ □A □B □C □C⁻
能力测评		
技能点	评价指标	自评结果
技能点1	熟悉知识产权权利范围	□A⁺ □A □B □C □C⁻
	能区分知识产权的种类	□A⁺ □A □B □C □C⁻

续表

能力测评		
技能点	评价指标	自评结果
技能点 2	熟悉知识产权管理的内容	□A+ □A □B □C □C-
	了解知识产权管理的手段	□A+ □A □B □C □C-
	熟悉国际条约在知识产权保护中的作用	□A+ □A □B □C □C-
素养测评		
素养点	评价指标	自评结果
素养点 1	了解知识产权发展历程	□A+ □A □B □C □C-
素养点 2	提升知识产权管理意识	□A+ □A □B □C □C-
薄弱项记录		
我掌握得不太好的知识		
我还没有掌握的技能		
我想提升的素养		
教师签字		

第二章　知识产权的取得

思维导图

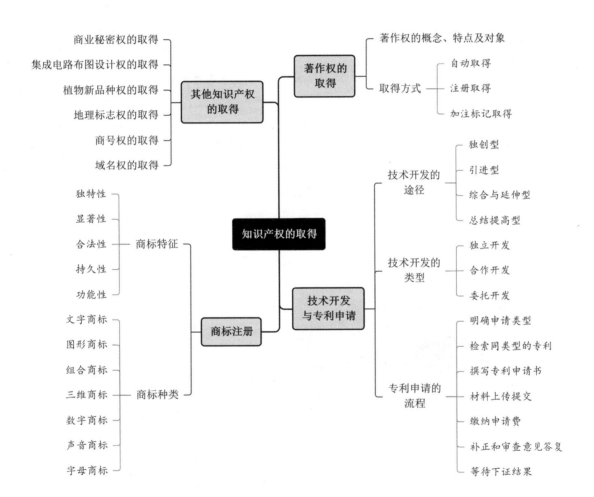

学习目标

- 熟悉与知识产权相关的基本概念；
- 比较各种知识产权的权利取得方式；
- 了解各种知识产权的权利取得流程；
- 掌握知识产权取得过程中的注意事项；
- 了解我国有效专利量及在全球创新指数中的增长情况。

情境导入

2012年，喜茶起源于广东省江门市一条名叫江边里的小巷，其通过使用真奶、真茶首创芝士茶，开创了大家熟悉的"新茶饮时代"。但它一开始并不叫"喜茶"，而是叫"皇茶"。由于缺乏商标保护意识，已经迈出品牌化和商业化第一步的皇茶，在经营初期没有提前申请注册商标。皇茶依靠产品创新打开了当地市场，但也引来了大批效仿者。很多山寨店铺的产品质量低下，严重影响了皇茶的声誉，但皇茶创始人聂云宸苦于没有"皇茶"商标的拥有权，无法进行维权。为了不让山寨产品毁掉皇茶的品牌形象，聂云宸以70万高价购得"喜茶"商标，由此改名为"喜茶"（见图2-1）。有了法律层面的保护，该品牌的商标危机才逐渐解除，步入发展的快车道。

图2-1　喜茶店铺

除著作权外(著作权是自作品完成时自动取得的),知识产权一般需要当事人向主管部门进行申请,否则就难以得到法律层面的保护。知识产权的取得可分为原始取得和继受取得。对于知识产权的原始取得,我国《商标法》《专利法》《著作权法》《民法典》都有明确的规定。知识产权的取得是知识产权得以运用、管理和保护的前提,对于社会创新和发展具有至关重要的作用。

>>>>>

第一节 技术开发与专利申请

一、技术开发的概念、作用及类型

(一)技术开发的概念

技术开发(technical development)又称科技开发,是指在基础研究和应用研究的基础上,将新的科研成果应用于生产实践的开拓过程,也就是利用已有知识或从外部引进技术,为生产新的产品、装置,建立新的工艺和系统而进行实质性的改进工作。技术开发是科学技术研究中不可或缺的一个阶段。

2023年2月6日,中共中央、国务院印发《质量强国建设纲要》,其针对"加快质量技术创新应用",提出"强化企业创新主体地位,引导企业加大质量技术创新投入,推动新技术、新工艺、新材料应用,促进品种开发和品质升级"。

技术开发的对象是多方面的,主要包括产品开发、设备与工具的开发、生产工艺开发、能源和原材料的开发、改善生产环境的开发等。

技术开发的途径主要包括以下四种。

1. 独创型的技术开发

独创型的技术开发是指以科学技术开发为先导,在企业独立进行科学技术研究的基础上创造发明的新技术,如宇航技术、计算机技术、核技术等。这些技术的产生都经历了"基础研究—应用研究—试验发展"的过程,最终得以推广和应用。

2. 引进型的技术开发

引进型的技术开发内容包括技术知识、技术装备、工业产权的使用权,引进的方式包括移植、嫁接、插条、交配等,具体如图2-2所示。

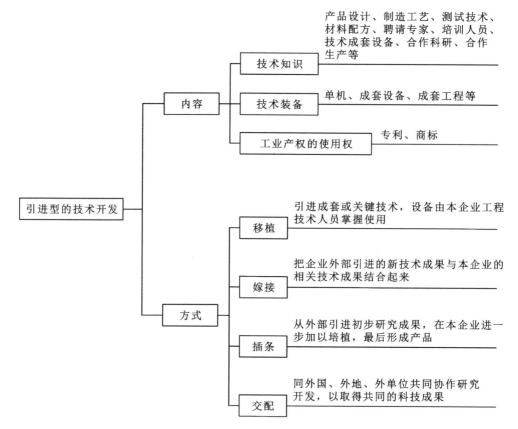

图 2-2　引进型的技术开发内容与方式介绍

3. 综合与延伸型的技术开发

综合与延伸型的技术开发是指通过对现有技术的综合和延伸，进行技术开发，形成新的技术。

4. 总结提高型的技术开发

总结提高型的技术开发是指通过生产实践经验的总结、提高来开发新技术。一般是指以小革新、小建议、小发明等为主体的小改小革活动。这类活动大多建立在生产实践经验总结的基础之上。

案例分析 2-1

目前，我国有效发明专利实现量质齐升，企业创新主体地位进一步巩固，数字技术领域专利所占比重快速提高。截至 2022 年 9 月，我国发明专利有效量为 408.1 万件，其中，国内（不含港澳台）发明专利有效量 315.4 万件。2023 年 9 月，世界知识产权组织发布的 2023 年全球创新指数显示，中国的排名已上升至第 12 位，稳居中高收入经济体之首。

中国创新指数的提高离不开国家整体的战略布局。改革开放以来，我国高度重视科技创新在经济社会发展中的作用，围绕实施创新驱动发展战略、加快推进以科技创新为核心的全面创新，提出一系列新思想、新论断、新要求。从2012年到2021年，全社会研发投入从1.03万亿元增长到2.79万亿元，研发强度从1.91%增长到2.44%，积极融入全球创新网络，严格保护知识产权，走出了一条具有中国特色的知识产权发展道路。

思考：政府决策和激励措施对于促进创新有何作用？

（二）技术开发的作用

当今社会市场竞争愈发激烈，技术进步、技术创新成为经济发展的原动力，而技术进步、技术创新离不开技术开发。总体来说，技术开发具有如下作用。

1. 提升产品质量

技术开发可以提升企业的产品质量，更新技术可以提升产品的性能，提高产品的功能价值，更好地满足消费者的需求。

2. 巩固市场地位

随着科学技术的飞速发展和市场竞争的日趋激烈，产品的生命周期变得越来越短，只有不断进行技术优化和新产品研发，才能在同行业中脱颖而出，巩固产品市场地位，进一步扩大市场份额。

3. 推动经济发展

企业通过技术开发可以改善产品的生产工艺，极大地提高生产效率，从而推动经济快速发展，提高经济效益。

4. 增强核心竞争力

对于企业来说，技术开发是企业发展的重要支柱，是企业发展的根本动力，有利于帮助企业保持其核心竞争力；从国家角度来看，技术开发能够促进生产力的解放与发展，把国民经济搞上去，增强国家的综合竞争力。

5. 推动社会的全面进步

技术开发能够开发出新产品、新工艺和新技术，这些科技成果可以转变为现实的生产力，并且能使现实的生产力得到加速发展。生产力的发展必然会使生产关系发生变革，进而引起上层建筑的变化。因此，技术开发最终会推动社会的全面进步。

（三）技术开发的类型

技术开发主要有以下三种类型。

1. 独立开发

独立开发是指企业在进行技术开发时，完全依靠自身的科研和技术力量，组织、协调企业内部技术开发人员为取得技术成果而进行技术开发活动。技术开发所需要的人员、设备、资金、场地等由企业独自承担。独立开发不仅要求企业拥有数量众多、实力雄厚的技术人员，而且要求企业能够调动足够多的资金。独立开发的好处在于若能获得成功，企业可在一定时期内垄断性地利用新技术来组织生产，形成其他企业难以模仿的竞争优势，从而获得高额的垄断利润。

数字资源 2-1
案例分析

2. 合作开发

合作开发是指企业在进行技术开发时，联合企业之外的其他技术开发力量，如其他企业、高校、科研机构和政府等，在技术、资金、人员上进行合作，取得技术成果的技术开发活动。合作开发的好处在于当企业在技术、资金和运营方面有所欠缺时，通过与其他企业或投资人合作，可以在项目开发中共享技术、资源和风险，从而降低项目的成本和风险。同时，企业可以充分利用合作方的优势，提高研发效率和成果质量。市场竞争的白热化趋势促使企业趋向于参与合作，从而促进企业技术革新、创新发展，增强竞争优势。

数字资源 2-2
案例分析

3. 委托开发

委托开发是指企业将所需的技术开发工作通过协议委托给外部的企业或机构来完成，委托人以支付报酬的形式获得被委托人的研发成果的所有权或使用权。这种技术开发方式主要发生在自身不具有技术研发能力、无力取得所需的技术成果的企业，它们委托他人进行技术开发，取得自己希望获得的技术成果。委托开发的特点是研发经费受委托人支配，项目成果必须体现委托人的意志、实现委托人的使用目的。在委托开发过程中，受托方投入开发的知识和技术，委托方投入资金，开发的失败风险和成本不是共担的。而合作开发是合作伙伴共同投入资金、知识、技术，共同承担研发的失败风险和成本风险。

数字资源 2-3
案例分析

数字资源 2-4
《民法典》后续技术成果的归属

二、申请专利的意义

在技术开发过程中产生的技术成果是一种无形资产。这种技术成果可分为专利技术成果和非专利技术成果。多数技术成果享有知识产权,但并不要求技术成果必须能够或者已经依法取得知识产权。因此,技术成果与知识产权是两个既有所交叉又不完全等同的概念。

企业或个人在取得技术开发成果之后,如果希望以独占的方式来行使对该技术成果的权利,应选择申请专利,以保护其技术成果。对于合作开发和委托开发产生的技术成果,按照法律规定,当事人可以按照互利的原则,在合同中约定实施专利、使用技术、后续改进的技术成果的分享办法。

申请专利具有以下意义。

1. 保护创新成果

申请专利可以防止竞争对手在一定时间内(通常为 20 年)使用、生产或销售本企业的发明。这有助于确保本企业的独特技术不被竞争对手盗用或仿制。

2. 提高市场竞争力

拥有专利可以使企业的产品或技术在市场上具有独特性,从而增强竞争优势。这有助于吸引顾客、提高销售额、增强盈利能力。

3. 增加企业价值

拥有专利可以提高企业的整体价值。对于潜在投资者、合作伙伴和收购者来说,专利组合是衡量企业创新能力和市场地位的重要指标。

4. 促进技术交流与合作

专利可以作为知识产权交易的基础,帮助企业与其他公司、研究机构或个人建立技术合作关系。企业可以通过专利许可、转让或合作开发来获取额外收入。

5. 提高研发投入回报

申请专利可以帮助企业保护其研发成果。通过专利保护,企业可以确保在竞争激烈的市场环境中获得研发投入的回报。

6. 提升企业形象

拥有专利可以展示企业的创新能力,提高企业在市场上的知名度和声誉。这有助于吸引更多客户、合作伙伴和投资者。

7. 税收优惠

一些国家和地区为拥有专利的企业提供税收优惠政策,以鼓励创新和技术进步。例如,我国设立了对授予专利权的发明创造给予奖励的政府部门奖——中国专利奖。获得中国专利奖的企业不仅可以享受政府补贴,还可以增加无形的价值资源。

三、申请专利的流程

申请专利是获得专利权的必要程序。一项发明创造必须由申请人向国家专利机关提出专利申请,经国家专利机关依照法定程序审查批准后,才能取得专利权。在专利的申请方面,世界各国专利法的规定基本一致,可以自己申请,也可以找代理事务所申请。在我国申请专利的主要流程如下。

1. 明确申请类型

在我国,专利主要分为发明专利、外观设计专利以及实用新型专利三种。企业在申请专利前,要确认适合申请的专利类型,对于不同的产品要选择对应的专利类型,如果选错会被驳回,企业也可能因此错失申请专利的最佳时机。

2. 检索同类型的专利

申请人可以自主检索同类型的专利,也可以委托代理机构进行更全面的检索,主要分析有无同类型专利、是否会造成侵权等,为后续专利申请打好基础。

3. 撰写专利申请书

申请人在撰写专利申请书时,需要突出新颖性和创造性,并归纳出专利的保护范围,保护范围的宽窄会直接影响到专利的授权情况。

4. 材料上传提交

申请人在向国务院专利行政部门提出专利申请时,应提交一系列的申请文件,如专利请求书、权利要求书、说明书、附图和摘要等。目前,我国提交专利申请书一般采取电子提交的方式,通过国家知识产权局官网(见图 2-3),进行专利业务办理,也可以委托代理机构代为提交。

图 2-3　国家知识产权局官网界面

5. 缴纳申请费

申请人提交专利申请文件后，会接到国务院专利行政部门发出的受理通知书和缴纳申请费通知书。只有申请人按照缴费通知书上的规定缴纳相关申请费用，国务院专利行政部门才会启动审查程序。

6. 补正和审查意见答复

申请的专利种类不同，专利的审查程序也会有所不同。外观设计专利和实用新型专利只需要初步审查，发明专利的审查则需要经过"初步审核—早期公布—实质审核"三个阶段。国务院专利行政部门进行审查后，对于存在问题的专利申请书，会下发补正通知书或审查意见通知书，申请人要在规定时间内补正及进行意见答复。

7. 等待下证结果

国务院专利行政部门根据最终的审查情况将会做出授权或驳回审查结论。专利申请经批准后，下发专利授权通知书。申请人按照要求办理登记手续，领取专利证书。

不同类型的专利，除了发明专利申请流程和需要的资料步骤等不同外，从申请到授权下证所需要的时间也是不同的，发明专利需要2~3年，外观设计专利为6~8月，实用新型专利为10~12月。具体流程如图2-4所示。

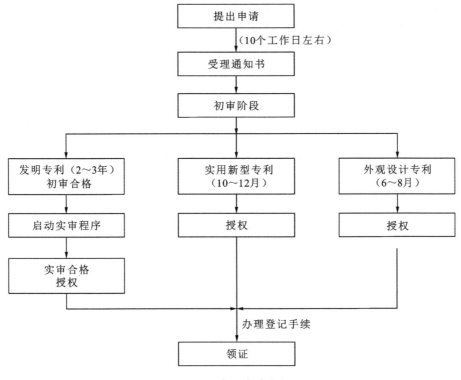

图2-4 专利申请流程

> **案例分析 2-2**
>
> 2012年9月，李某入职卫邦公司生产、制造部门，担任该公司生产制造部门总监，负责研发"输液配药机器人"相关产品。2013年4月，李某与卫邦公司解除劳动关系，并于2013年7月向国家知识产权局申请"机器人完成静脉注射用药配制过程的配药装置"的发明专利。2016年2月，李某将涉案专利权转移至其控股的远程公司。随后，卫邦公司向法院提起诉讼，请求追回该发明的专利权。最终，法院判决确认卫邦公司为涉案专利的专利权人。
>
> 本案的争议焦点为涉案专利是否属于李某在卫邦公司工作期间的职务发明创造。我国《专利法》第六条规定："执行本单位的任务或者主要是利用本单位的物质技术条件所完成的发明创造为职务发明创造。职务发明创造申请专利的权利属于该单位，申请被批准后，该单位为专利权人。该单位可以依法处置其职务发明创造申请专利的权利和专利权，促进相关发明创造的实施和运用。"《专利法实施细则》进一步规定：退休、调离原单位后或者劳动、人事关系终止后1年内作出的，与其在原单位承担的本职工作或者原单位分配的任务有关的发明创造，属于职务发明创造。因此，李某申请的发明专利属于职务发明创造，应归属于单位。
>
> **思考**：职务发明与非职务发明是怎样界定的？

第二节 商标标志的设计与商标注册申请

一、商标的概念、特征及种类

（一）商标的概念和特征

在我们的日常生活中，商标随处可见。商标在我们的生活中发挥着举足轻重的作用，对人们商品或服务的购买行为具有引导作用，人们一般通过商标来区分不同的经营者和服务者。品牌是企业的核心竞争力，而商标承载着品牌的文化、理念、商誉、品质等精神价值。商标是商品上使用的标记，也是商品生产与商品交换的产物。

各国的法律对商标的定义并不一样，但对商标实质的理解是基本一致的。商标是指区别不同生产者或经营者在其商品或服务上使用的具有显著性的标志。商标一般由文字、图形、字母、数字、三维标志、颜色组合和声音，以及上述要素的组合构成。按商标是否经过商标主管部门核准注册，可以将商标分为注册商标和未注册商标。只有注册商标才受《商标法》保护。

商标作为一种重要的商业标识，具有以下特征。

1. 独特性

商标应该具有独特性，能够与其他竞争对手的商标区分开来。如果两个商标过于相似，可能会让消费者混淆和误解。

2. 显著性

商标应该具有显著性，能够让消费者轻松识别和记忆。如果商标过于普通或难以记忆，将难以达到宣传效果。

3. 合法性

商标必须符合法律规定，不得侵犯他人权益。商标注册机关会对商标进行审查，确保其合法性。

4. 持久性

商标应该具有持久性，能够长期使用并保持不变。如果商标经常变更，将难以建立品牌形象，也难以获得消费者信任。

5. 功能性

商标应该具有功能性，能够准确传达商品或服务的特点和优势。如果商标与商品或服务没有关联，将难以促进商品的销售。

（二）商标的种类

按照商标构成的元素，常见的商标有以下七种类型。

1. 文字商标

文字商标指的是仅仅使用文字构成的商标。这里的文字可以是汉字、少数民族文字、外国文字等，也可以是这些文字的组合。文字商标更能体现企业的名称，譬如娃哈哈、可口可乐等（见图 2-5）。

图 2-5　文字商标：娃哈哈和可口可乐

2. 图形商标

图形商标不受语言文字的限制，可以根据某种形象的图形组成通俗易懂的标识。如果细分的话，图形商标又分为记号商标、几何图形商标、自然图形商标等。其中，记号商标是指用某种简单符号构成的图案商标;几何图形商标是指用比较抽象的图形构成的图案商标;自然图形商标是指用人物、动植物、自然风景等自然的物象为图案构成的图形商标。图形商标具有直观、艺术性强和富有感染力的特点,譬如耐克、奔驰、肯德基等(见图2-6)。

图 2-6　图形商标:耐克、奔驰、肯德基

3. 组合商标

组合商标是将文字、数字、图形等两个或两个以上的元素任意组合而成的一种商标。值得注意的是,虽然组合商标在表达上更生动形象,但是组合方式一定要讲究协调感,不然提交此类申请可能会被驳回,消费者也可能会对这种类型的商标存在辨识误差。同时,如果组合商标中有一个元素与现有商标相似,则整个商标就会被驳回,所以建议拆分成单个元素进行注册。组合商标综合了文字商标、图形商标、三维商标等商标的不同特点,形象生动,引人注目,既易于识别又便于体现企业名称,譬如中国石油、阿迪达斯、汇源等(见图2-7)。

图 2-7　组合商标:中国石油、阿迪达斯和汇源

4. 三维商标

三维商标也称立体商标,它可以是单纯的立体形状,也可以是商品容器的立体形状。申请人申请三维商标时一定要在申请书中声明所申请的是三维商标(或立体商标),不然会被驳回。

5. 数字商标

数字商标就是由数字构成的商标。这类商标的特点是方便记忆,但是由于商标注册审查越来越严格,申请人在注册数字商标时要注重从赋予数字具体含义的角度出发。譬如361°、999、360等(见图2-8)。

361° 999 360

图 2-8　数字商标：361°、999、360

6. 声音商标

声音商标是非传统商标的一种。具有显著特征的、能为识别产品或服务提供方便的一段声音可以注册成商标。譬如酷狗的"hello kugou"、新闻联播的片头音等（见图 2-9）。

图 2-9　声音商标：酷狗的"hello kugou"和新闻联播片头音

7. 字母商标

字母商标既可以是汉语拼音，也可以是外文字母。在申请注册这类商标时要特别注意不能包含国名、地名的字母等禁忌，避免被驳回。

数字资源 2-5
我国商标的历史与现在

案例分析 2-3

2021 年 3 月 30 日，小米创始人、董事长兼 CEO 雷军在新品发布会上宣布，小米正式启用全新 logo（商标）（见图 2-10）。新 logo 由著名设计师原研哉操刀设计。据悉小米为此花了 200 万元。同时，小米公司申请注册近 90 个"xiaomi"字样及小米新 logo 图案类型的商标。小米新 logo 的发布在网上引起广泛热议，网友普遍认为新旧 logo 并没有明显变化，其是否值 200 万元？

图 2-10　小米的新旧 logo

通过此次事件，小米成功将用户的注意力吸引到品牌身上，商标所带来的广告效应远超 200 万。同时，小米申请注册商标也体现了公司对于商标知识产权的重视。按我国《商标法》相关规定，注册商标在使用时不得随意修改商标的元素。小米公司原先的商标都是以方形图形注册的,即《商标法》只能保护方形图形的商标,而不保护变圆之后图形的 logo,因此小米新 logo 图案类型需要重新注册。

思考: 商标对企业的价值和意义是什么?

二、商标的取得方式

商标的取得是指法人或者自然人依法取得商标专用权。商标权作为无形财产权,其取得方式依其来源的不同,可分为原始取得和继受取得。这两种取得方式的主要区别在于商标权的取得是否以原商标所有人的商标权及其意志为依据。

(一)原始取得

原始取得是指商标由商标权取得人创设,其取得的商标权是最初直接取得的,而不是基于他人已存在的权利。当前,各国商标权的原始取得通常采用以下三种原则。

1. 注册原则

注册原则是按申请注册的先后确定商标权的归属问题,即谁最先申请注册,商标权就授予谁。按照这一原则,只有经过商标局核准注册的商标,该商标的申请人才能取得商标权。采用商标注册原则有利于增强企业的商标意识,督促他们及时申请商标注册,也利于商标管理工作的开展。因而,现今包括我国在内的大多数国家采用商标注册原则。我国《商标法》第 3 条第 1 款规定:"经商标局核准注册的商标为注册商标,包括商品商标、服务商标和集体商标、证明商标;商标注册人享有商标专用权,受法律保护。"

商标注册是一种法律事实。一旦商标所有人通过注册取得了商标权,就会受国家法律保护,而且未经注册的商标不受法律保护。根据这一原则,首先使用商标的人如不及时申请注册,而被他人抢先注册,就无法取得已使用商标的商标权。采用注册原则确定商标权的归属问题,并不排除使用原则在特定条件下所具有的意义。我国《商标法》第 31 条规定:"两个或者两个以上的商标注册申请人,在同一种商品或者类似商品上,以相同或者近似的商标申请注册的,初步审定并公告申请在先的商标;同一天申请的,初步审定并公告使用在先的商标,驳回其他人的申请,不予公告。"这一法律体现了特定条件下的使用原则。

2. 使用原则

使用原则是按使用商标的先后确定商标权的归属。根据这一原则,商标权属于首先使用该商标的人。通常是谁先使用该商标，只要有首先使用的事实，该当事人即享有商标权。有些采用使用原则的国家也办理商标注册手续，但它在法律上只起声明作用，而不能确定商标权的归属。采取使用原则确定商标权的归属，不利于商标的管理工作和争议的处理，所以世界上只有少数国家的商标法采用使用原则。

3. 混合原则

混合原则是注册原则和使用原则的折中适用原则。根据这种原则，企业或个人只要首先使用了某一商标，即使没有注册，也可以在规定的期限内，以使用在先为理由，对抗他人相同或相近的注册商标。如果这种对抗成立，已注册的商标就会被撤销；如果对抗不成立，商标注册人即取得了无可辩驳的稳定的商标专用权。也就是说，只有经过规定期限后，无先使用人主张权利，核准注册的商标才取得稳定的商标权。这一原则被一些国家采用，如美国、英国、西班牙等。只是各国规定期限不同，如美国为5年，英国为7年，西班牙为3年。

（二）继受取得

继受取得也称传来取得，即商标权的取得不是最初产生的，而是以原商标所有人的商标权及其意志为依据，通过一定的法律途径实现商标权的转移。继受取得的方式主要有两种：一种是根据转让合同，由受让人向出让人有偿或无偿地取得商标权；另一种是根据继承程序，在原商标所有人死亡后，由法定继承人继承商标权。依据我国《商标法》的规定，商标权的继受取得，必须按照转让和继承注册商标的程序办理。

数字资源 2-6
案例分析

三、商标的注册

申请人通过申请商标注册来取得商标权，必须按照《商标法》规定的程序提出商标注册申请。商标注册是一种商标法律程序。由商标注册申请人提出申请，经商标局审查后予以初步审定公告，没有人提出异议或提出异议经裁定不成立的，该商标即注册生效，受法律保护，商标注册人享有该商标的专用权。一个商标从申请到核准注册，大约需要1年的时间。

由于各国法律、国情不同，申请商标注册的手续亦有所不同。国内的申请人办理各种商标注册事宜有两种途径：一是直接到商标局办理；二是委托国家认可的商标代理机构办理。两种途径发生联系的方式不同，提交的书件也稍有差别。在发生联系的方式方面，直接到商标局办理的，在办理过程中申请人与商标局直接发生联系；委托商标代理机构办理的，在办理过程中申请人通过商标代理机构与商标局发生联系，而不直接与商标局发生联系。在提交的书件方面，直接到商标局办理的，申请人除应提交的书件外，还应提交经办人本人的身份证复印件；委托商标代理机构办理的，申请人除应提交的书件外，还应提交委托商标代理机构办理商标注册事宜的授权委托书。

国内商标注册申请流程主要包括以下步骤。

1. 商标查询

首先到国家知识产权局商标局官网，选择商标网上查询，进入商标网上检索系统，选择商标近似查询进行查询，确定该商标是否已经被注册。

2. 资料准备

以公司名义申请的，须提供营业执照复印件；以个人名义申请的，须提供身份证复印件和个体工商户营业执照。除此之外，还须提供商标的图样，并确认自身的产品所属的国际分类，选择详细的商品项目。若委托代理机构办理，还须对委托书予以盖章或签字。

3. 申请注册

提供相关资料并填写相应的联系人和联系地址。流程提交成功之后，现场缴费或等待缴费通知书。

4. 缴纳注册费用

目前国内一个商标一个类别的费用是300元，并限定本类10个商品（10个以上商品，每超过1个商品，加收30元）。

5. 等待审查结果

商标局会进行形式审查、实质性审查和初步审定等审查流程，审查结果一般有三种：初审公告（全部商品项目通过审查），全部驳回（全部商品项目无法注册），部分驳回（部分商品项目可注册，部分不可注册）。

6. 进行公告

商标审查通过后，进行为期3个月的商标公告。

7. 核准注册

公告期内无人提出异议，核准注册、颁发商标证书。

四、商标注册的注意事项

申请商标注册时，应当注意下列问题。

（一）商标注册人名义

我国市场主体类型很多，企业形式各异，既包括组织机构比较正规的有限责任公司和股份有限公司，也包括设立形式相对灵活的合伙企业以及独资企业。另外，我国《公司法》允许设立一人有限责任公司。不同的企业形式在注册商标时应注意到底以谁的名义进行商标注册。商标注册人名义不同，意味着商标权归属不同，这对企业和企业经营者有特别的意义。

有些合伙企业、独资企业的投资人或者一人有限责任公司的股东往往以个人名义进行注册，然后再将商标许可给企业进行使用，这样商标权既可以为个人所拥有，又不影响企业运作。我国很多合资企业所使用的商标是外国合资者注册的商标，然后由外国商标权人许可合资企业使用，这在短期内对合资企业有利，同时对中方合资者也有利，但是从长远来看，由于合资经营一直使用的是外国品牌，合资期满之后，并不能形成我国的民族品牌。

数字资源 2-7
案例分析

（二）商标注册商品类别

商标注册是按照商品与服务分类表进行注册的。按照国际条约规定，目前所有商品与服务一共分为 45 大类，每类商品或服务都必须单独注册。对于没有注册的商品或者服务类别，商标权人并不能对其注册的标志享有商标权。因此，企业在申请商标注册的时候，必须根据本企业生产经营的类别及今后发展的方向，在相关商品或服务类别上进行注册。

（三）联合商标和防御商标的注册

企业在注册了自己需要使用的商标之后，可以根据具体情况进行联合商标和防御商标的注册，从而更好地保护自己注册的主商标的正常使用和商标权。联合商标注册是将与主商标相近的一些标志在主商标注册的商品类别上注册，一般仅使用主商标，而联合商标并不使用。例如，娃哈哈公司注册了"娃哈哈"商标之后，还注册了"哈哈娃"商标，"哈哈娃"商标就是联合商标。注册联合商标的目的主要是更有效地防止他人在同类商品上注册或使用类似商标。防御商标注册是指在一类商品上注册一个商标之后，在其他商品上就相同标志注册同样的商标，以便于今后在该商品类别上用相同的商标进行经营，有利于企业实施自己的商标战略。

联合商标和防御商标的注册是商标注册人转变商标保护思路，将商标权侵权的事后保护、被动保护变为商标注册时的事前保护、主动保护。这样将免除商标侵权案件发生后烦琐、困难的举证要求，即不需要判断两个商标是否构成近似，而直接以商标相同来进行判定。也就是说，如果侵权人使用的是权利人的联合商标，则不需要拿主商标与侵权人所使用的商标进行对比，而是用联合商标与侵权人的商标进行比较，这样就比较容易确认侵权。

（四）其他注意事项

目前国际上比较通行的商标注册原则是"申请在先原则"，我国也采用这一原则，即按照申请商标注册的时间先后来决定最终的商标注册归属。所以，如果企业打算将商标使用一段时间之后再注册，将冒较大的风险。如果他人在企业提出商标注册申请之前已经在相同商品或服务类别提出了商标注册申请，则此时该企业将无法获得商标注册。虽然该企业可以在先权利为由要求商标局对他人的申请不予注册，或者要求商标评审机关撤销他人的商标注册，但是这种在先权利的维护事实上比较困难，先使用商标并不必然构成对他人商标注册撤销或者禁止注册的绝对理由。因此，企业在使用商标之前必须谨慎从事，不要贸然对未注册商标进行宣传，而要及早提出商标注册申请。

在我国企业纷纷走出国门之际，到外国申请商标注册已经成为越来越多企业的自主选择。对这些企业来说，到哪些国家申请商标注册、什么时候申请商标注册，都是非常关键的问题。《巴黎公约》规定，凡在一个缔约国申请注册的商标，可以享受自初次申请之日起为期 6 个月的优先权。我国企业可以充分利用《巴黎公约》中商标注册的优先权原则，在我国首次提出商标注册申请之后，在 6 个月的时间内充分考虑选择在哪些国家注册商标。优先权能够使商标

数字资源 2-8
企业破产应
如何处置商标？

注册申请人在优先权期限内免除他人先于自己提出商标注册申请而使商标权旁落的后顾之忧，因为只要在规定的优先权期限内在《巴黎公约》成员所在地提出商标注册申请，该申请就相当于申请人最初提出商标注册申请，也就是说，最早的申请日视为在他国申请商标注册的申请日。

第三节　著作权的产生与软件的登记

一、著作权的概念、特点及对象

（一）著作权的概念

著作权是指著作权人对其创作的文学、艺术和科学作品等智力成果依法享有的专有权利。著作权通常有广义和狭义之分。狭义的著作权仅指民事主体对作品所享有的一系列专有权利；广义的著作权既包括狭义的著作权内容，还包括著作邻接权，即作品传播者依法享有的权利。根据我国《著作权法》相关规定，邻接权特指表演者对其表演、录音录像制品制作者对其制作的录音录像制品、广播组织对其播放的节目信号和出版者对其设计的版式享有的专有权利。

具体来说，著作权具有以下几方面的含义。

第一，著作权的主体是著作权人，即依法享有著作权的人。著作权的主体不仅包括直接进行作品创作的作者，还包括依法享有著作权的其他人，如作品改编者、作品翻译者、著作权的被许可使用者、著作权的合法继承人等。此外，国家在特殊情况下也可成为著作权的主体，如作者或其他著作权人把其著作赠予、捐献给国家后，国家即成为该著作权的主体。

第二，著作权的客体是基于创作活动而产生的作品，即通过人的思维的分析、概括而产生的、以一定形式表现出来的脑力劳动成果。

第三，著作权区别于其他知识产权的一个特点是它同时包括人身权利（又称精神权利）和财产权利（又称经济权利）。《著作权法》不仅规定了著作权包括发表权、署名权、修改权和保护作品完整权等人身权利，还规定了复制权、发行权、出租权、展览权、表演权、放映权、广播权、信息网络传播权、摄制权、改编权、翻译权和汇编权，以及许可或转让他人行使上述权利并依照约定或者《著作权法》有关规定获得报酬等财产权利。

（二）著作权的特点

著作权作为知识产权的一种，除了具有知识产权的一般特征外，还具有以下特点。

1. 著作权主体范围具有广泛性

与专利权、商标权相比，著作权主体的范围更广。根据我国《著作权法》的规定，自然人、法人、非法人单位以及国家都可以成为著作权的主体。同时，由于法律对著作权主体的限制并不严格，因此未成年人和外国人也可以成为著作权的主体。

2. 著作权的客体具有多样性和广泛性

作为著作权客体的作品的表现形式多样，范围广泛，包括文字作品、口头作品、音乐作品、戏曲作品、曲艺作品、舞蹈作品、美术作品、计算机软件、民间文学艺术作品等，比专利权、商标权的客体种类多、范围广。

3. 著作权的内容具有丰富性和复杂性

著作权中所包含的人身权利和财产权利方面的具体内容比较多：从人身权利看，主要有署名权、发表权、修改权、保护作品完整权等；从财产权利看，主要有复制权、发行权、出租权、展览权、表演权、放映权、广播权、信息网络传播权、摄制权、改编权、翻译权和汇编权。同时，由于著作权客体具有多样性和广泛性，不同的著作权的内容不尽相同，具有复杂性。

4. 著作权的产生和保护具有自动性

当今各国著作权法大多对著作权采取"创作保护主义"原则，即作品一经创作产生,不论是否发表,著作权即自动产生,开始受著作权法保护,这与须经国家主管机关审查批准方能得到法律保护的专利权、商标权不同。

(三) 著作权的对象

著作权的对象指著作权法律关系中权利义务共同指向的对象,即作者就其享有权利而除作者之外的其他人就其承担法定义务的对象——作品。《著作权法实施条例》第2条规定:"著作权法所称作品,是指文学、艺术和科学领域内具有独创性并能以某种有形形式复制的智力成果。"我国《著作权法》和《著作权法实施条例》将作品分为以下几类。

① 文字作品,即小说、诗词、散文、论文等以文字形式表现的作品。

② 口述作品,即即兴的演说、授课、法庭辩论等以口头语言形式表现的作品。

③ 音乐作品,即歌曲、交响乐等能够演唱或者演奏的带词或者不带词的作品。

④ 戏剧作品,即话剧、歌剧、地方戏等供舞台演出的作品。

⑤ 曲艺作品,即相声、快书、大鼓、评书等以说唱为主要形式表演的作品。

⑥ 舞蹈作品,即通过连续的动作、姿势、表情等表现思想或情感的作品。

⑦ 杂技艺术作品,即杂技、魔术、马戏等通过形体动作和技巧表现的作品。

⑧ 美术作品,即绘画、书法、雕塑等以线条、色彩或者其他方式构成的有审美意义的平面或者立体的造型艺术作品。

⑨ 建筑作品,即以建筑物或者构筑物形式表现的有审美意义的作品。

⑩ 摄影作品,即借助器械在感光材料或者其他介质上记录客观物体形象的艺术作品。

⑪ 视听作品,即通过机械装置直接为人的视觉和听觉所感知的作品。视听作品包括有声电影、电视、录像作品和其他录制在磁带、唱片或类似这一方面材料上的配音图像作品等。

⑫ 图形作品,即为施工或生产绘制的工程设计图、产品设计图,以及反映地理现象、说明事物原理或者结构的地图、示意图等作品。

⑬ 模型作品,即为实现展示、试验或者观测等用途,根据物体的形状和结构,按照一定比例制成的立体作品。

⑭ 计算机软件,即计算机程序及其有关文档。由于计算机软件具有特殊性,计算机软件作品按照《计算机软件保护条例》的有关规定进行保护。

⑮ 符合作品特征的其他智力成果。

二、著作权的取得

著作权的取得指著作权作为一项私权,获得法律的确认和保护,成为权利人依法可以行使和处分的权利。各国法律对著作权的取得条件有不同规定,可分为自动取得、注册取得和加注标记取得。

（一）自动取得

自动取得是指著作权自作品创作完成时自动产生，不需要履行任何批准或登记手续。著作权"自动产生原则"也可以称为著作权"自动保护原则"。1886年9月诞生的《伯尔尼公约》已经明确，一件作品一经创作完成，即自动享有著作权，受著作权法保护，不需要办理任何手续，也不需要满足任何形式上的要求。采用这个原则确定著作权对著作权人比较有利。作品一旦完成，不会因为任何人为因素而丧失著作权，能够更好地保护著作权人的利益。世界上大多数国家采取这种自动取得制度，我国采取的也是这种制度。

根据我国《著作权法》的规定，著作权是自作品创作完成之日起自动产生的，无须经过任何批准或登记手续。此外，无论作品是否发表，只要作品已经创作完成，就能获得法律保护。此处的"完成"指依据《著作权法》的规定，某种思想已纳入保护范围，成为权利人著作权指向的对象。至于作品本身处于创作的哪个阶段、作品是否发表，并不影响著作权的取得。

（二）注册取得

注册取得是指以登记注册为取得著作权的条件，作品只有登记注册或获得批准后才能产生著作权，而不是自动产生的。世界上有一些国家和地区对著作权的取得有特别要求，即作品创作完成之后，作者必须将作品拿到有关部门进行登记，将登记作为著作权取得的依据。当然，不同国家对此规定稍有不同，如有的国家要求作品无论是否发表都必须登记；而有的国家则要求已发表作品必须登记才能使原来所享有的著作权得以延续，否则将停止原有的著作权；也有的国家规定作品发表之后在登记宽限期内登记，如果没有登记则永久丧失著作权。

另外，还有一些国家也有著作权登记要求，但是这种登记并不是作为著作权取得的依据，而是作为登记者享有著作权的初步证明或作为著作权在司法诉讼中享受保护的前提。

（三）加注标记取得

有些国家和地区规定，作品创作完成之后，作者只有在作品出版时的每份复制件上加注著作权标记才能取得著作权。按照《世界版权公约》的规定，著作权标记包括三项内容："著作权所有"或者加注"C"（copyright的缩写）或"P"（音像出版物中phonogram的缩写）；著作权人的姓名或名称；作品出版年份。如果作者没有添加上述标记，就不能享有著作权。我国也加入了《世界版权公约》，因此在《世界版权公约》成员国国内，如果它们并没有加入《伯尔尼公约》，我国作者就要注意在自己出版的作品上添加相应的著作权标记。

虽然我国国内法并没有要求在作品上添加著作权标记，更没有以此作为取得著作权的依据，但是国内许多出版物都包含了这些著作权标记，这也可以看到国内出版企业以及著作权人对著作权的重视。

三、软件著作权登记

我国《计算机软件保护条例》规定，软件著作权人可以向国务院著作权行政管理部门认定的软件登记机构办理登记，申请登记获准后，由软件登记机构发放登记证明文件，并向社会公告。软件著作权包括软件著作权登记、软件著作权专有许可合同登记和转让合同的登记。软件著作权登记只是证明登记主体享有软件著作权以及订立许可合同、转让合同的重要书面证据，并不是软件著作权产生的依据。未经登记的软件著作权或软件著作权专有许可合同和转让合同仍受法律保护，软件著作权登记具有证据的效力。计算机软件著作权登记证书如图 2-11 所示。

图 2-11　计算机软件著作权登记证书

（一）软件著作权登记的作用

虽然软件自完成之日起就享有著作权，登记并不是软件著作权的生效要件，但是软件经过著作权登记后，软件著作权人即享有发表权、开发者身份权、使用权、使用许可权、获得报酬权。具体说来，软件著作权登记具有如下作用。

1. 作为软件得到重点保护的依据

2000 年，国务院印发的《鼓励软件产业和集成电路产业发展的若干政策》第 32 条规定："国务院著作权行政管理部门要规范和加强软件著作权登记制度，鼓励软件著作权登记，并依据国家法律对已经登记的软件予以重点保护。"软件版权受到侵权时，对于软件著作权登记证书，司法机关可不必经过审查，直接作为有力证据使用；此外，软件著作权登记也是国家著作权管理机关惩处侵犯软件版权行为的执法依据。

2. 作为税收优惠的依据

1999年，财政部、国家税务总局发布的《关于贯彻落实〈中共中央 国务院关于加强技术创新，发展高科技，实现产业化的决定〉有关税收问题的通知》中，对软件产品的税收优惠进行了详细的规定。该通知并不要求强制登记，但是规定"对经过国家版权局注册登记，在销售时一并转让著作权、所有权的计算机软件征收营业税，不征收增值税"。因此，软件著作权登记是企业获得税收优惠的依据。

3. 提升企业品牌价值

1997年，国家科学技术委员会、国家工商行政管理局印发的《关于以高新技术成果出资入股若干问题的规定》规定，计算机软件可以作为高新技术出资入股，而且作价的比例可以突破公司法规定的20％的限制，达到35％。现在有的地方甚至规定软件可以作价100％作为技术出资。不过这一般都要求登记软件著作权。软件著作权和商标、专利一样，是企业的无形资产，可作为增资、融资、抵押、技术入股等，提升企业品牌价值。

4. 高企申报、双软认证、游戏上线必备条件

根据《国家高新技术产业开发区外高新技术企业认定条件和办法》规定，高新企业申报条件中的必要条件之一就是拥有自主知识产权，而软件著作权是最为广泛申请的知识产权类别。同时，双软认证（指软件企业的认定和软件产品的认证）中的软件产品认证也要求必须进行软件著作权登记。企业申报高企（即高新技术企业）及双软认定后，可享受国家税收减免、政策资金扶持（高企最高可获得政府200万元的奖励）等各类优惠政策。另外，在游戏行业，一款游戏上架运营的前提条件之一是必须拥有软件著作权，也就是必须进行软件著作权登记。

（二）软件著作权登记的部门

按照我国《计算机软件保护条例》，软件登记机构由国务院著作权行政管理部门认定。按照《计算机软件著作权登记办法》的规定，国家版权局认定中国版权保护中心为软件登记机构。经国家版权局批准，中国版权保护中心可以在地方设立软件登记办事机构。中国版权保护中心是国家设立的综合性著作权社会管理机构和社会服务机构，其指导思想和根本宗旨是认真贯彻《著作权法》及其他保护著作权的法律法规，以维护著作权人及相关权利者的权益为中心，帮助他们正确地行使自己的权利，促进著作权在社会文化和经济生活中发挥作用，促进中国著作权产业的发展。同时，中国版权保护中心受国家版权局委托，行使机构改革前部分由国家版权局版权司行使的职能。

中国版权保护中心的主要职责有以下几点。

① 著作权登记。受国家版权局委托，进行计算机软件著作权登记；台、港、澳地区作品的著作权登记；涉外作品著作权登记和认证；著作权质押合同登记；涉外音像、电子出版物的出版合同登记。

② 著作权法律服务。主要包括著作权法律咨询、调解著作权纠纷、代理著作权诉讼、为著作权人或著作权产业单位提供常年法律顾问服务等。

③ 著作权使用报酬收转。

④ 著作权鉴定。应司法和著作权行政管理部门的要求，对作品的权利归属、侵权性质进行技术鉴定。

⑤ 其他与著作权有关的事务。

（三）软件著作权登记的流程

软件著作权登记一般会经历以下流程：填写申请表—提交申请文件—登记机构受理申请—审查—获得登记证书。

1. 填写申请表

登录中国版权保护中心网站（网址：https：//www.ccopyright.com.cn/），中国版权保护中心著作权登记系统如图2-12所示。首先进行用户注册，然后登录，在线按要求填写申请表后确认、提交，并在线打印。

图 2-12　中国版权保护中心著作权登记系统

2. 提交申请文件

申请人或代理人按照要求提交纸质登记申请文件。

3. 登记机构受理申请

登记机构对于符合受理要求的申请文件，在规定的期限内予以受理，并向申请人或代理人发出受理通知书；对不符合受理要求的申请文件，发放补正通知书。

《计算机软件著作权登记办法》规定，"中国版权保护中心要求申请人补正其他登记材料的，申请人应当在 30 日内补正，逾期未补正的，视为撤回申请"；符合《计算机软件著作权登记办法》第 21 条有关规定的，登记机构将不予登记并书面通知申请人。

4. 审查

经审查符合《计算机软件保护条例》和《计算机软件著作权登记办法》规定的，予以登记；不符合规定的，发放补正通知书。

5. 获得登记证书

申请受理之日起 30 个工作日后，申请人或代理人可登录中国版权保护中心网站，查阅软件著作权登记公告。

第四节 其他知识产权的取得

一、商业秘密权的取得

（一）商业秘密的概念

商业秘密是指不为公众所知悉、能为权利人带来经济利益、具有实用性并经权利人采取保密措施的技术信息或经营信息。因此，只要技术信息或经营信息满足相应条件就可以构成商业秘密，比如设计、程序、产品配方、制作工艺、制作方法、管理诀窍、客户名单、货源情报、产销策略、招投标中的标底及标书内容等信息。

商业秘密必须具备以下条件。一是秘密性，即该信息不为公众所知悉。二是价值性，即该信息能够给持有商业秘密的权利人带来现实的或者可以实现的经济利益。这里的价值性是指其具有经济价值，而不是其他的价值。三是实用性，即该信息能为权利人带来经济利益，具有确定的可应用性。四是保密性，即权利人对该信息已经采取了保密措施。

由于商业秘密不具有传统知识产权对象公开性的特点，所以将之纳入知识产权的保护范围颇费了一番周折。现在，知识产权国际条约和一些国家的法律已经承认了商业秘密的知识产权属性，但立法模式上有一定的差异。在我国，商业秘密属于《反不正当竞争法》保护的对象。

(二) 如何确定商业秘密

在经营管理过程中所取得的上述经营信息和技术信息,在经过综合权衡之后,企业如果决定不采取专利等公开的知识产权保护方式加以保护的话,可以考虑将这些信息作为商业秘密来加以保护。一方面,这些信息不能在公开的市场中轻易获取,增加了竞争对手获得相同信息的难度和成本,维持了企业自身的竞争力;另一方面,企业也能通过对这些信息的专有性使用,获得相应的收益。相关企业在确定商业秘密时,应注意以下两个方面。

1. 信息的选择和甄别

企业经营管理中涉及的经营信息和技术信息众多,如果将所有的信息一概以商业秘密的方式加以保护,无疑会增加企业的管理成本。对企业信息进行取舍,针对不同的情况采取不同的保护利用方式,会对企业的经营管理活动有很大的益处。IBM 公司曾经就将其所获得的相关技术,部分申请专利保护,部分作为商业秘密保护,剩余部分在经过评估之后进行有针对性的公开,从而降低了相关保护费用,同时在一定程度上制造了竞争对手的进入障碍。尽管理论上企业可以将一切经营管理的相关信息都作为商业秘密加以保护,同时对相关各方提出商业秘密保护的要求,但这样做有可能将那些本来不构成商业秘密的信息错误地归类到商业秘密的行列,反而会造成混乱。明智的企业一般会对企业的相关信息进行商业秘密的等级划分,如绝密级、秘密级、公开级等,按照不同的密级划分来确定不同的保护力度和保护方式。

作为商业秘密保护的信息必须是在获取过程中没有被公开的,那些产生之后被公开的信息或者是从公开的渠道能够获得的信息,则不能被认为是商业秘密,除非从这些公开渠道获取的信息经过了企业的再加工、再整理。

2. 对信息的保密

获取上述未公开的信息之后,企业还必须采取相应的保密措施来对其加以保护,防止信息被公开或者泄露。一旦这些信息被公开或者泄露,商业秘密的属性将不复存在。对于已被纳入商业秘密范畴的信息,企业应当注意从多个方面进行保护。

首先,企业要制定对商业秘密进行保护的规章制度,规定商业秘密的认定程序、使用规则、责任人、相关合同的签订、相关人员的培训等一系列问题,从制度上予以保障。其次,要确定相关商业秘密的管理人员。重要商业秘密的信息无关人员不得获知,这样不仅能够降低商业秘密泄露的风险,也便于清查商业秘密泄露的责任人员。最后,要有相应的商业秘密保护的具体措施,比如文件柜加锁、商业秘密的文件归档处理、保安人员的设置等。

随着产业转型升级和技术创新发展,商业秘密越来越受到企业的重视,但员工跳槽导致的商业秘密外泄始终是主要风险点。作为企业,一方面要建立健全商业秘密保护制度，采取合理的保密措施；另一方面要加强员工入职离职管理，强化员工的保密意识。一旦发现商业秘密泄露，及时启动维权机制，最大限度地减少损失。

（三）商业秘密保护方式的不足

商业秘密是企业在自身经营管理中所取得的相关经营信息和技术信息，对这种信息提供保护只能限于防止他人不正当地从企业内部获得这些信息，而不能扩展到其他企业通过自身努力以及合法渠道获得相同信息。也就是说，商业秘密权是不具有专利权那样的专有性和对抗性的。更重要的是，如果他人将合法取得的相关信息予以披露，或者申请专利并取得授权的话，前述商业秘密的权利人就无法继续保留该商业秘密的权利，甚至可能承担专利侵权的责任。

二、集成电路布图设计权的取得

（一）集成电路布图设计的概念

集成电路是指半导体集成电路，即以半导体材料为基片，将至少有一个是有源元件的两个以上元件和部分或者全部互连线路集成在基片之中或者基片之上，以执行某种电子功能的中间产品或者最终产品。

集成电路布图设计是集成电路中最为核心的部分，是指集成电路中至少有一个是有源元件的两个以上元件和部分或者全部互连线路的三维配置，或者为制造集成电路而准备的上述三维配置。集成电路布图设计直接决定了集成电路的模块大小以及所实现的功能。集成电路布图设计的设计能力能够反映一个国家集成电路产业的水平。因此，从20世纪90年代开始，许多国家开始重视对集成电路布图设计的保护。

（二）集成电路布图设计的主要特点

集成电路布图设计作为人类智力劳动的成果，具有知识产权客体的许多共性特征，应当成为知识产权法保护的对象。集成电路布图设计的特点主要表现在以下几个方面。

1. 无形性

集成电路布图设计是指集成电路中各种元件的连接与排列，它本身是设计人员智慧的体现，是无形的。只有当这种设计固化到磁介质或掩膜上时，才具有客观的表现形式，才能够被人们感知、复制，从而得到法律的保护。

2. 创造性

集成电路布图设计具有创造性，它是设计人自己创作的，有自己的独特之处。当今社会，要使每次的集成电路布图设计都实现显著的进步是不可能的，新的集成电路布图设计仅表现为集成度的提高。所以,已颁布集成电路保护法的国家,均未直接采纳专利法中的创造性和新颖性的相关标准,而是降低要求,以适应实际情况。

3. 可复制性

集成电路布图设计具有可复制性。对于集成电路成品,复制者只需打开芯片的外壳,利用高分辨率照相机,拍下顶层金属连接,再腐蚀掉这层金属,拍下下面那层半导体材料,即可获得该层的掩膜图。

由以上特点可以看出,集成电路布图设计是独立的知识产权客体,有自身的特点。集成电路布图设计的无形性是知识产权客体的共性,创造性是专利权客体的特性,可复制性是著作权客体的必要特性,传统的知识产权法律保护体系难以对集成电路布图设计进行保护,因此,世界各国基本不引用著作权法或专利法来保护它,而是依据其特点,单独制定法规,将之作为独立的客体予以保护。

(三)集成电路布图设计权的取得

目前我国以集成电路布图设计的登记作为取得集成电路布图设计权的前提,没有经过登记的集成电路布图设计在国内不受保护。这一点和版权体系下的计算机软件保护不同,软件版权按照自动保护原则,即软件创作完成后自动享有版权,受版权法保护。在我国,由国务院知识产权行政部门负责集成电路布图设计的登记。此时,申请人应当提交集成电路布图设计登记申请表和该集成电路布图设计的复制件或者图样,如果在申请日以前已经投入商业利用,还应当提交含有该集成电路布图设计的集成电路样品。该申请经过国务院知识产权行政部门的初步审查没有发现驳回理由的,由国务院知识产权行政部门予以登记,发放登记证明文件,并予以公告。如果集成电路布图设计在世界任何地方首次商业利用之日起 2 年内,未向国务院知识产权行政部门提出登记申请,国务院知识产权行政部门不再予以登记。

我国集成电路布图设计研发企业必须注意,集成电路布图设计研发成功之后,应当及时到国务院知识产权行政部门进行登记。经过登记的集成电路布图设计,其保护期限为 10 年,自集成电路布图设计登记申请之日或者在世界任何地方首次投入商业利用之日起计算,以较前日期为准。但是,无论是否登记或者投入商业利用,集成电路布图设计自创作完成之日起 15 年后,不再受保护。这与版权保护存在明显的不同。

三、植物新品种权的取得

(一)植物新品种的概念

植物新品种是指经过人工培育的或者对发现的野生植物加以开发,具备新颖性、特异性、一致性和稳定性并有适当命名的植物品种。一般来说，一个新的植物品种要得到确认，需要满足以下几个条件。

1. 新颖性

新颖性是指申请品种权的植物新品种在申请日前该品种繁殖材料未被销售，或者经育种者许可，在中国境内销售该品种繁殖材料未超过 1 年；在中国境外销售藤本植物、林木、果树和观赏树木品种繁殖材料未超过 6 年，销售其他植物品种繁殖材料未超过 4 年。

2. 特异性

特异性是指申请品种权的植物新品种应当明显区别于在递交申请以前已知的植物品种。

3. 一致性

一致性是指申请品种权的植物新品种经过繁殖，除可以预见的变异外，其相关的特征或者特性一致。

4. 稳定性

稳定性是指申请品种权的植物新品种经过反复繁殖后或者在特定繁殖周期结束时，其相关的特征或者特性保持不变。

5. 适当的命名

授予品种权的植物新品种应当具备适当的名称，并与相同或者相近的植物属或者种中已知品种的名称相区别。该名称经注册登记后即为该植物新品种的通用名称。下列名称不得用于品种命名：仅以数字组成的；违反社会公德的；对植物新品种的特征、特性或者育种者的身份等容易引起误解的。

在我国，能够申请保护的植物新品种应当在国家植物品种保护名录中列举的植物属或者种的范围内，不在名录范围内的植物品种不能申请植物新品种权。

（二）植物新品种权的取得

个人或者企业通过自主培育、委托培育或者合作培育的方式取得植物新品种后，可以考虑申请植物新品种权来对植物新品种进行保护。申请的流程主要包括以下步骤。

① 资料准备。不管是单位还是个人申请，都需要提供相应的申请资料，一般包括这个植物新品种的授权请求书、相应的说明书和清晰的照片。

② 提出申请。在准备好上述所有资料之后，申请人向指定的法定机关提出申请。我国植物新品种权的审批机关是农业、林业行政部门，前者负责审批农业植物新品种权，后者负责审批林业植物新品种权。

③ 缴纳申请费。法定机关受理申请后，申请人须缴纳申请费。

④ 审查。法定机关按照一定的标准进行严格的初步审核和实质性审查。

⑤ 登记公告。审查合格之后，审批机关应当做出授予植物新品种权的决定，发放植物新品种权证书，并予以登记公告。

在申请植物新品种权时，要注意遵从先申请原则，即不同的申请人分别就同一植物新品种提出要求授予植物新品种权的申请时，植物新品种权授予最先申请的单位或者个人。另外，如果不同申请人同时提出申请，则植物新品种权授予最先完成该植物新品种育种的单位或个人。植物新品种权的保护期限，自授权之日起，藤本植物、林木、果树和观赏树木为 20 年，其他植物为 15 年。

植物新品种的申请权和品种权可以依法转让。中国的单位或者个人就其在国内培育的植物新品种向外国人转让申请权或者品种权的，应当经审批机关批准。国有单位在国内转让申请权或者品种权的，应当按照国家有关规定报经有关行政主管部门批准。转让申请权或者品种权的，当事人应当订立书面合同，并向审批机关登记，由审批机关予以公告。

四、地理标志权的取得

（一）地理标志的概念

地理标志又称原产地名称。按照《商标法》第 16 条的规定，地理标志是指标示某商品来源于某地区，该商品的特定质量、信誉或者其他特征，主要由该地区的自然因素或者人文因素所决定的标志，如"龙井茶""涪陵榨菜""镇江香醋"等。地理标志不仅能够表示商品或者服务的出处，而且具有表示和保证商品质量、信誉或者其他特征的作用，表明商品与特定地区的自然因素或人文因素的密切关联，即商品一旦脱离了上述特定地理区域，其品质或者其他特征就和该地域内的同种商品有显著的区别。

地理标志专用标志是官方标志，其可以证明在商品和其原产地之间存在某种必然联系，正是其原产地的地理因素造就了该商品的特定质量、声誉和其他特征。常见的地理标志主要有两种表现形式：一种由产地和产品名称组合而成，如"金华火腿""库尔勒香梨"；另一种直接将产地名称作为该产品的标志，如"香槟（Champagne）"既是法国一个地区的名称，又是该地区白葡萄酒的品牌名称。

（二）地理标志权的取得

地理标志权是指地理标志所有人对其地理标志所享有的专有监控权，以及地理标志使用人对地理标志所享有的专有使用的权利，其具体表现为对和地理区域密切联系所产生的特有质量、信誉、特征的利用。地理标志权作为一种新型知识产权，具有知识产权的一般性特征，同时具有自身的一些特性，主要体现为地理标志权有一个由公权和私权相互融合、相互渗透的内容丰富的权利体系，是一种对国际市场失灵和国家间政府失灵进行双重矫正的产物，是市场调节和国家宏观调控关联耦合的结果。

2019 年以前，我国对地理标志的保护分别由原国家工商行政管理总局、国家农业农村部、原国家质量监督检验检疫总局三个部门进行注册、登记和管理，对应的地理标志保护模式分别为地理标志商标（GI）、农产品地理标志（AGI）、国家地理标志保护产品（PGI）（见图 2-13）。

图 2-13　2019 年前我国地理标志商标、农产品地理标志、国家地理标志保护产品

三个部门各自为政，在制度和管理上存在一定的差异性和重复性。直至 2019 年 10 月 16 日，国家知识产权局发布地理标志专用标志官方标志（GI）。根据商标法、专利法等有关规定，国家知识产权局对地理标志专用标志（也被称为"红标"）予以登记备案，并纳入官方标志保护。原相关地理标志产品专用标志同时废止，原标志使用过渡期至 2020 年 12 月 31 日，这之后大家就只能在市面上看到两种地理标志（见图 2-14）。

图 2-14　地理标志专用标志、农产品地理标志

对消费者而言，地理标志专用标志会成为影响购买决策的重要因素。因为地理标志产品往往有一定的品质保证，即使价格比普通商品高一些，仍然会成为不少消费者的首选。

对生产者来说，规范使用地理专用标志可以享受地理标志的集体知名度，提高自身产品的市场竞争力和价格水平。从区域角度来讲，更能够保护地道特色产品，有效推动区域经济发展，促进地区生产。

五、商号权和域名权的取得

（一）商号权的取得

商号和企业名称联系紧密，但不完全等同于企业名称，是商事主体之间相互区别而使用的具有显著特征的文字标志。企业在进行登记注册之前，必须首先确定其企业名称，并将该名称在工商登记部门进行预登记，预登记通过之后，才能最终确定企业的名称。企业名称一般由行政区划、商号、行业、企业组织形式四个部分组成。这四个部分中，最具区别价值的是商号。商号也是企业在登记注册以及后续经营管理中极为看重的一项商业标记。由此可见，商号的确立是以企业名称在工商登记部门成功登记为前提的。

相对于商标，商号除了必须以文字形式表现之外，在符合法律禁止性规定的情况下，商号选择的自由度更大一些，但同样应满足区分不同商事主体的要求。

具体来说，商号名称不得含有下列内容和文字：有损于国家、社会公共利益的；可能对公众造成欺骗或者误解的；外国国家名称、国际组织名称；政党名称、党政机关名称、群众组织名称、社会团体编号及部队番号；汉语拼音字母、阿拉伯数字；行政区划名称，但县级以上行政区划的地名具有其他含义的除外；明示或者暗示有超越其经营范围的业务；与同一工商行政管理机关核准或者登记注册的同行业企业名称字号相同，有投资关系的除外；与同一工商行政管理机关核准或者登记注册的符合《企业名称登记管理实施办法》第 18 条的企业名称字号相同，有投资关系的除外；与其他企业变更名称未满 1 年的原名称相同；与注销登记或者被吊销营业执照未满 3 年的企业名称相近或者近似；与被撤销未满 3 年的企业名称相同或近似；侵犯他人合法权益的；商标重点文字和企业名称中的字号相同或近似，使他人对市场主体及其商品或者服务的来源产生混淆，从而构成不正当竞争；其他法律、行政法规规定禁止使用的情形。

（二）域名权的取得

域名又称网域，是由一串用点分隔的名字组成的 Internet 上某一台计算机或计算机组的名称，用于在数据传输时对计算机的定位标识（有时也指地理位置）。从技术角度来说，域名与 IP 地址之间存在一种映射关系。由于 IP 地址具有不方便记忆并且不能显示地址组织的名称和性质等缺点，人们设计出了域名，并通过网域名称系统（domain name system，DNS）使得域名和 IP 地址相互映射，让人们更方便地访问互联网，而不用去记住能够被机器直接读取的 IP 地址数串。如 www.baidu.com，就比 202.108.22.142 要好记得多。

一个完整的域名由两个或两个以上的部分组成，各部分之间用英文的句号"."来分隔，最后一个"."的右边部分称为顶级域名（TLD），也称为一级域名，其包含一个合法字符串和一个域名后缀；顶级域名的左边部分字符串到下个"."称为二级域名（SLD）；二级域名的左边部分称为三级域名；……以此类推，每一级的域名控制它下一级域名的分配。以浙江省教育厅网址（https://jyt.zj.gov.cn/）为例，".cn"为顶级域名，".gov"为二级域名，".zj"为三级域名。

顶级域名又分为两类：一是国家顶级域名，200多个国家都按照ISO3166国家代码分配了顶级域名，例如中国是cn，美国是us，日本是jp等；二是国际顶级域名，例如表示工商企业的.com，表示网络提供商的.net，表示非营利组织的.org等。

域名的注册依管理机构的不同而有所差异。一般来说，通用顶级域名的管理机构仅制定域名政策，而不涉入用户注册事宜；这些机构会将注册事宜授权给通过审核的顶级注册商，再由顶级注册商向下授权给其他二、三级代理商。一般来说，.com注册用户为公司或企业，.org为社团法人，.edu为学校单位，.gov为政府机构。

申请者申请注册域名时，可以通过域名注册查询联机注册、电子邮件等方式向域名注册服务机构递交域名注册申请表，提出域名注册申请，并且与域名注册服务机构签订域名注册协议。

域名的注册遵循先申请先注册原则，管理机构对申请人提出的域名是否违反了第三方的权利不进行任何实质性审查。同时，每一个域名注册查询都是独一无二的、不可重复的。因此，在网络上，域名是一种相对有限的资源，它的价值将随着注册企业的增多而逐步为人们所重视。

2023年2月，中国互联网络信息中心（CNNIC）发布的第51次《中国互联网络发展状况统计报告》显示：截至2022年12月，中国域名总数达3440万个。

案例分析 2-4

2015年2月4日，北京奇虎360科技有限公司（以下简称奇虎360公司）以1700万美元（合人民币1.06亿元）从沃达丰手中买下国际顶级域名360.com，创了全球首个域名交易纪录。单从"360.com"域名来看，确实极简、识别度甚高，很容易给网民留下简单又深刻的印象，而且这个数字隐含文化与时间韵味，可覆盖很多业务，商业空间很大，它与奇虎360名称相统一，契合了360的一系列App定位，以及360浏览器、360安全卫士、360手机助手等；从域名构成来看，"360"数字极为抢眼，且读来朗朗上口，与众多字母型域名不同。虽说1亿人民币略为奢侈，但是域名创造的价值是无价的。

这样的案例比比皆是，域名交易已经从早期的线下买卖发展为线上公开化的交易商品。很多人靠着敏锐的洞察力，在早期抢注了一大批好的域名，实现了原始财富的积累。

思考：为什么企业需要购买品牌域名？

本章小结

知识产权人对知识产权享有专有性。无论是著作权、专利权还是商标权，其权利核心都是"未经权利人许可，他人不得擅自使用"。知识产权人的专有权益得到了法律的保护。

不同类型的知识产权取得方式不同。根据我国现行相关法律规定，著作权是"自作者创作完成时取得"，专利权是"自专利局授予并公告之日起生效"，商标权是"自商标局核准注册时取得"。

知识产权具有地域限制。由于各国知识产权法所规定的权利类型和保护力度都是不同的（如美国等国承认的气味商标，在我国无法作为商标注册），因此除非有国际条约、双边或多边协定的特别规定，一国的知识产权无法在他国自动获得保护。

多数知识产权的保护有一定的时间限制。知识产权一旦超过法律规定的保护期限进入公共领域就不再受保护，这时候人们无须经过知识产权人的许可即可免费使用相关作品、技术等。我国现行立法的相关保护期限主要为：著作权 50 年，发明专利 20 年，实用新型专利 10 年，外观设计专利 15 年，商标有效期 10 年。

练习题

1. 名词解释

专利　商标　著作权　邻接权

2. 思考题

（1）请简要概述专利的类型有哪些。
（2）简述注册商标的申请在先原则。
（3）专利权取得与著作权取得流程有什么差别？
（4）简述软件著作权登记的意义。

3. 案例分析题

公司甲与业余发明人乙订立了一份技术开发协议，约定由乙为甲开发完成一项电冰箱温控装置技术，由甲为乙提供开发资金、设备、资料等，并支付报酬。乙在约定的时间内完成了合同约定的任务，并按约定将全部技术资料和权利交给了甲公司。此外,乙在完成开发任务的过程中,还开发出了一项附属技术 T,并以自己的名义就技术 T 申请专利。甲公司知道此事后,认为技术 T 的专利申请权应归甲公司所有,因此,甲、乙双方就技术 T 的专利申请权归属发生争议。

请你根据本案所提供的材料,回答以下问题。
(1) 该技术 T 的专利申请权应归谁所有?并说明理由。
(2) 该纠纷可通过哪些渠道解决?

数字资源 2-9
第二章即测即评

数字资源 2-10
知识产权那些事儿

学习效果测评

项目测评表

知识测评		
知识点	评价指标	自评结果
知识点 1	掌握技术开发的概念	□A⁺ □A □B □C □C⁻
	了解技术开发的作用	□A⁺ □A □B □C □C⁻
	了解技术开发的类型	□A⁺ □A □B □C □C⁻
知识点 2	掌握商标的概念	□A⁺ □A □B □C □C⁻
	了解商标的特征	□A⁺ □A □B □C □C⁻
	熟悉商标的种类	□A⁺ □A □B □C □C⁻
知识点 3	掌握著作权的概念	□A⁺ □A □B □C □C⁻
	了解著作权的特点	□A⁺ □A □B □C □C⁻
	熟悉著作权的对象	□A⁺ □A □B □C □C⁻
能力测评		
技能点	评价指标	自评结果
技能点 1	了解申请专利的意义	□A⁺ □A □B □C □C⁻
	掌握申请专利的流程	□A⁺ □A □B □C □C⁻
技能点 2	掌握商标注册申请的流程	□A⁺ □A □B □C □C⁻
	了解商标注册的注意事项	□A⁺ □A □B □C □C⁻

续表

能力测评		
技能点	评价指标	自评结果
技能点 3	了解著作权的取得方式	□A⁺　□A　□B　□C　□C⁻
	掌握软件著作权登记的流程	□A⁺　□A　□B　□C　□C⁻
素养测评		
素养点	评价指标	自评结果
素养点 1	了解知识产权取得的相关原则	□A⁺　□A　□B　□C　□C⁻
素养点 2	比较不同类型知识产权取得的异同点	□A⁺　□A　□B　□C　□C⁻
薄弱项记录		
我掌握得不太好的知识		
我还没有掌握的技能		
我想提升的素养		
教师签字		

第三章　知识产权的运用

思维导图

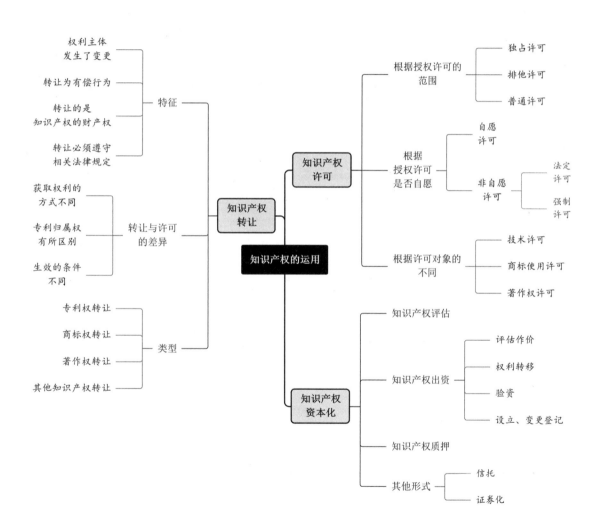

学习目标

- 掌握知识产权许可类型和转让形式；
- 理解知识产权质押、出资、信托和拍卖；
- 比较知识产权运用各种形式之间的区别；
- 了解我国对于知识产权质押融资的政策支持。

情境导入

2008年金融危机对全球经济体系造成了深远的影响，我国的很多企业也受到了此次金融危机的影响，一些企业在资金上遇到了困难，融资难也阻碍了一些企业的可持续发展。在这样的大环境下，江苏隆力奇生物科技股份有限公司向中国农业银行常熟支行用商标专用权质押了5亿元的贷款，创了2009年商标质押贷款的最高纪录（隆力奇商标如图3-1所示）。2022年9月，江苏省知识产权局公布，江苏隆力奇生物科技股份有限公司以隆力奇驰名商标成功获得农业银行融资额约15.2亿元，成为当年常熟市额度最高的一笔知识产权质押融资。

图3-1 隆力奇商标

知识产权不再单单是作为无形资产摆在企业的门面上。近年来，知识产权变得越来越重要，逐渐成为企业增强竞争力的资本。知识产权的运用将这一无形资产转化为企业的有形资产，转化为一种看得见的财富，使知识产权的价值得到进一步提升，知识产权的运用得到企业进一步的重视。

知识产权与相对应的有形财产一样，具有价值和使用价值，可以进行市场交易。知识产权的运用主要包括许可、转让、质押等方式。2021年10月9日，国务院印发布的《"十四五"国家知识产权保护和运用规划》中提到，"十三五"期间，知识产权运用效益持续提高，交易运营更加活跃，转移转化水平不断提升，专利密集型产业增加值占国内生产总值（GDP）比重超过11.6%，版权产业增加值占GDP比重超过7.39%。该规划进一步提出，提高知识产权转移转化成效，支撑实体经济创新发展。

>>>>>

第一节　知识产权许可

一、知识产权许可的定义

知识产权许可又称知识产权许可证贸易，是指在不改变知识产权权属的情况下，经过知识产权人的同意，授权他人在一定期限、范围内使用知识产权的法律行为。在知识产权的许可贸易中，许可他人使用其知识产权财产权的权利人通常称为许可人，取得知识产权使用权的通常称为被许可人。

我国《著作权法》《专利法》《商标法》中都规定了相应权利的许可使用。许可使用是指知识产权权利人将其拥有或有权许可的知识产权许可他人使用，知识产权的所有权不发生转移而被许可人获得了知识产权的使用权，通常需要由被许可人支付许可费用。许可使用关系与租赁关系在形式上具有类似的特征，均不涉及标的物所有权的变更，但是可通过支付费用的方式获得标的物的使用权。同时，可以通过将知识产权的许可形式约定为独占许可的方式，保证被许可人的独占使用。

知识产权许可必须订立知识产权许可使用合同，形成知识产权许可使用合同关系，合同需要明确列出被许可人能够使用的知识产权范围、使用期限、使用地区、使用方式等具体条款。知识产权许可能够最大化地挖掘和利用知识产权价值，促进知识产权成果的实施和转化，有利于盘活知识产权，避免知识产权闲置。不论是从利用角度还是维护角度，许可他人使用知识产权的经营策略都是具有经济价值的，在一定程度上能够为知识产权人开拓市场，为其带来可观的经济效益，是企业知识产权战略的必要组成部分。

二、知识产权许可的类型

（一）独占许可、排他许可和普通许可

根据授权许可的范围不同，知识产权许可可以分为独占许可、排他许可和普通许可三种类型。

1. 独占许可

独占许可是指在约定的时间、地域内，知识产权只能由被许可人一人按照约定的方式使用，知识产权人本人依约定不能使用，也不得再许可给他人使用。独占许可的专有性较强，独占许可的被许可人在合同约定范围内甚至可以对抗知识产权人本人的使用。

2. 排他许可

排他许可是指在约定时间、地域内，被许可人可以按照约定的方式使用知识产权，知识产权人本人也可以使用，但是不能再另行许可给其他人使用。排他许可的授权范围介于独占许可和普通许可之间，排他许可不能限制知识产权人本人的使用，但是可以要求知识产权人在合同约定的范围内不再另行许可给第三人使用。

在专利法领域，订立排他许可合同的许可人不具备独立实施其专利的条件；以普通许可的方式许可他人实施专利的，人民法院可以认定为许可人自己能够实施专利，但当事人另有约定的除外。

3. 普通许可

普通许可是指在约定的时间、地域内，不仅被许可人可以按照约定的方式使用知识产权，知识产权人自己也可以使用，还可以继续许可给其他人使用。普通许可相对于独占许可和排他许可而言，对抗效力最弱。

当事人对许可方式没有约定或者约定不明确的，认定为普通许可。许可合同约定被许可人可以再许可他人行使知识产权的，认定该再许可为普通许可，但当事人另有约定的除外。

上述三种许可类型各自的优势与劣势如表3-1所示。

表 3-1 三种许可类型的优势与劣势

项目	独占许可	排他许可	普通许可
许可人的优势	收取高额使用费	可收取较高的使用费，保留了相同范围内的实施权	保留了相同范围内的实施权与再许可他人实施的权利

续表

项目	独占许可	排他许可	普通许可
许可人的劣势	丧失相同范围内实施权与再许可他人实施的权利	丧失相同范围内再许可他人实施的权利	每次收取的使用费较低
被许可人的优势	获得独占实施权,取得市场竞争优势	限制了相同范围内竞争者的数量	支付较低的使用费,获得与他人相同的专利实施权
被许可人的劣势	支付高额使用费	支付较高的使用费,不能完全排除相同范围内的竞争者	不能排除使用专利技术的竞争者,无法形成垄断优势

(二)自愿许可和非自愿许可

根据授权许可是否自愿,知识产权许可可以分为自愿许可和非自愿许可两种类型。

1. 自愿许可

自愿许可是指根据知识产权权利人的意愿,授权他人使用其知识产权的法律行为。大多数知识产权许可为自愿许可,即使用者获得知识产权权利人许可之后,根据约定的内容对知识产权进行使用。

我国 2020 修正的《专利法》新增的开放许可又称"专利当然许可",实际上也是自愿许可的一种。开放许可是指专利权人自愿以书面方式向国务院专利行政部门声明愿意许可任何单位或者个人实施其专利,并明确许可使用费支付方式、标准的,由国务院专利行政部门予以公告。就实用新型、外观设计专利提出开放许可声明的,应当提供专利权评价报告。专利权人撤回开放许可声明的,应当以书面方式提出,并由国务院专利行政部门予以公告。开放许可声明被公告撤回的,不影响在先给予的开放许可的效力。

任何单位或者个人有意愿实施开放许可的专利的,以书面方式通知专利权人,并依照公告的许可使用费支付方式、标准支付许可使用费后,即获得专利实施许可。开放许可实施期间,对专利权人缴纳专利年费相应给予减免。实行开放许可的专利权人可以与被许可人就许可使用费进行协商后给予普通许可,但不得就该专利给予独占或者排他许可。

2. 非自愿许可

非自愿许可是指不经过知识产权权利人许可,由法律规定或基于公共利益需要等理由直接允许使用者使用知识产权权利人享有的知识产权的一种许可方式。具体而言,非自愿许可包括法定许可、强制许可等。

(1) 法定许可

法定许可是著作权法中的一项重要制度，是指在法律明文规定的情况下，使用者可以不经著作权人许可即可使用著作权人的作品，但是应当向其支付报酬，并应当指明作品名称、作品出处和作者的姓名的制度。法定许可制度往往适用于邻接权人，且适用于已发表的作品。

(2) 强制许可

强制许可主要规定在专利法中，是指国务院专利行政部门依照法律的有关规定，不经过专利权人同意，直接允许其他单位或个人使用其发明创造的一种许可方式。除法律特别规定外，强制许可的实施主要是为了供应国内市场，且取得强制许可的使用者应当付给专利权人合理的使用费。专利法中的强制许可主要包括控制专利权滥用的强制许可、基于公共利益需要的强制许可、制造并出口专利药品的强制许可和从属专利强制许可。

（三）技术许可、商标使用许可和著作权许可

根据许可对象的不同，知识产权许可可以分为技术许可、商标使用许可和著作权许可等。

1. 技术许可

技术许可合同包括专利实施许可、技术秘密使用许可等合同。技术许可合同是合法拥有技术的权利人将现有特定的专利、技术秘密的相关权利许可他人实施、使用而订立的合同。技术许可合同中关于提供实施技术的专用设备、原材料或者提供有关的技术咨询、技术服务的约定，属于合同的组成部分。就尚待研究开发的技术成果或者不涉及专利、专利申请或者技术秘密的知识、技术、经验和信息所订立的合同，不属于《民法典》第862条规定的技术许可合同。

技术许可合同的许可人应当保证自己是所提供的技术的合法拥有者，并保证所提供的技术完整、无误、有效，能够达到约定的目标。技术许可合同可以约定实施专利或者使用技术秘密的范围，但是不得限制技术竞争和技术发展。此处所称的"实施专利或者使用技术秘密的范围"，包括实施专利或者使用技术秘密的期限、地域、方式以及接触技术秘密的人员等。

当事人对实施专利或者使用技术秘密的期限没有约定或者约定不明确的，受让人、被许可人实施专利或者使用技术秘密不受期限限制。当事人之间就申请专利的技术成果所订立的许可使用合同、专利申请公开以前，适用技术秘密许可合同的有关规定；发明专利申请公开以后、授权以前，参照适用专利实施许可合同的有关规定；授权以后，原合同即为专利实施许可合同，适用专利实施许可合同的有关规定。人民法院不以当事人就已经申请专利但尚未授权的技术订立专利实施许可合同为由，认定合同无效。

专利实施许可合同仅在该专利权的存续期限内有效。专利权有效期限届满或者专利权被宣告无效的，专利权人不得就该专利与他人订立专利实施许可合同。专利实施许可合同的许可人应当按照约定许可被许可人实施专利，交付实施专利有关的技术资料，提供必要的技术指导。专利实施许可合同的被许可人应当按照约定实施专利，不得许可约定以外的第三人实施该专利，并按照约定支付使用费。

数字资源 3-1
案例分析

当事人可以按照互利的原则，在合同中约定实施专利、使用技术秘密后续改进的技术成果的分享办法；没有约定或者约定不明确的，可以协议补充；不能达成补充协议的，按照合同相关条款或者交易习惯确定。仍不能确定的，一方后续改进的技术成果，其他各方无权分享。

2. 商标使用许可

商标注册人在商标获得注册后，可以通过签订商标使用许可合同有偿或无偿许可他人使用其注册商标。商标注册人在许可他人使用时，应当将其商标使用许可情况报国家知识产权局备案，并应当监督被许可人使用其注册商标的商品的质量。被许可人应当保证使用该注册商标的商品质量，在使用该注册商标的商品上标明被许可人的名称和商品产地。

商标使用许可关系的基本特点是商标所有权与使用权分离，许可人与被许可人对商标功能的实现、对社会公众所承担的责任，既有共同的部分，又有各自的法定义务。对此，我国《商标法》做出了以下三项规定。

其一，许可人应当监督被许可人使用其注册商标的商品质量。这是许可人的一项权利，但更重要的是许可人的一项义务，即实施监督的义务，保证其所拥有的注册商标的商品质量。不允许许可人在其注册商标由他人使用后却不承担责任，而是由法律确定其仍要承担商品质量方面的责任，防止被许可人出现损害商业信誉、损害社会公众利益的不正当行为。

其二，被许可人应当保证使用该注册商标的商品质量。这是商标使用者的法定义务。商标是通过商品质量来树立信誉的，保持商标信誉不仅是许可人关心的事情，被许可人对使用了这一商标的商品质量也应做出保证。

其三，经许可使用他人注册商标的，必须在使用该注册商标的商品上标明被许可人的名称和商品产地。这是在商标使用许可的实践中产生的要求，目的在于防止商标使用人利用商标的信誉，提供与这种信誉不符的品质差的商品。为了使消费者有所鉴别并明确同一商标不同使用人的责任，在商品上标明被许可人的名称和产地是必要的，这样会增强商标使用人的责任感，也会使消费者在面对同

数字资源 3-2
案例分析

一商标而有不同使用人时有所选择。当然，同一商标应当体现同样的信誉，上述标注被许可人和产地的规定，正是为了保持商标信誉而采取的措施。

商标持有人可以把手里的商标许可他人使用。只要双方达成共识并签订了商标使用许可的合同后，商标持有人就可以把其持有的商标转让给他人使用。未经商标持有人同意而擅自使用其商标的行为是违法的。

3. 著作权许可

著作权人可以许可他人行使著作财产权，并依照约定或者《著作权法》有关规定获得报酬。著作权和邻接权中的人身性权利，不得许可。

使用他人作品应当同著作权人订立许可使用合同，许可使用的权利是专有使用权的，应当采取书面形式，但报社、期刊社刊登作品除外，《著作权法》规定可以不经许可的除外。许可使用合同包括下列主要内容：许可使用的权利种类；许可使用的权利是专有使用权或者非专有使用权；许可使用的地域范围、期间；付酬标准和办法；违约责任；双方认为需要约定的其他内容。

数字资源 3-3
"著作权许可使用合同"要点归纳

许可的专有使用权的内容由合同约定，合同没有约定或者约定不明确的，视为被许可人有权排除包括著作权人在内的任何人以同样的方式使用作品；除合同另有约定外，被许可人许可第三人行使同一权利，必须取得著作权人的许可。

三、知识产权许可合同的备案

备案是指向主管机关或者有关职能部门等报告事由，以备考查。实施备案制度的目的在于方便国家相关机关对知识产权许可情况进行管理，规范知识产权客体的使用市场。另外，备案也有利于及时发现问题，更好地维护许可当事人的合法权益。

知识产权许可不改变权利主体，许可合同不必强制要求备案。《计算机软件保护条例》第21条规定：订立许可他人专有行使软件著作权的许可合同，或者订立转让软件著作权合同，可以向国务院著作权行政管理部门认定的软件登记机构登记。这里的"登记"仍然相当于"备案"。

知识产权许可合同备案，在独占许可或者排他许可的情况下，可以避免许可人再许可第三人使用知识产权客体，有利于保护被许可人的利益；在普通许可情况下，对被许可人的利益影响不大，即使许可人与第三人签订其他许可合同，也不违背被许可人的意愿。

许可合同是否备案，不影响该许可合同的效力。例如，《最高人民法院关于审理商标民事纠纷案件适用法律若干问题的解释》第19条规定：商标使用许可合同未经备案的，不影响该许可合同的效力，但当事人另有约定的除外。许可合同没有备案的，该许可合同不得对抗善意第三人。善意第三人是指许可合同当事人以外的、不知道许可合同真相的人。如果商标使用许可合同未在商标局备案，许可合同的被许可人不能因为与许可合同利益相冲突而对善意第三人主张权利。例如，许可人甲与被许可人乙签订独占许可合同未经备案,在丙不知情的情况下,甲又与丙签订内容相同的独占许可合同,丙是善意第三人,乙不能主张丙与甲签订的独占许可合同无效。

第二节 知识产权转让

一、知识产权转让的定义及特征

(一)知识产权转让的定义

知识产权转让是指直接发生知识产权主体变更的法律行为。在转让关系中,知识产权原权利一方为转让人,接受权利的另一方为受让人或者被转让人。知识产权转让之后,转让人丧失该权利,受让人取得相应的权利。受让人有权使用知识产权,有权再向第三人转让知识产权,有权许可第三人使用知识产权。对于侵犯知识产权的行为,受让人有权追究侵权人的法律责任。

知识产权转让有两种形式:一是合同转让;二是法定转让。所谓合同转让,是指在采取自愿原则的前提下,转让人和受让人签订书面转让合同,并在依法办理知识产权转让的手续后发生法律效力的知识产权转让。转让权是知识产权的一项重要内容,是知识产权所有人行使处分权的具体体现。法定转让是指因为出现法律事实如继承、遗赠、破产等而产生的权利主体变更。本章所说的知识产权转让主要是指合同转让。

(二)知识产权转让的特征

1. 权利主体发生了变更

知识产权的转让是知识产权的权利人将其知识产权的财产权转移给受让人享有,自己不再享有被转让的知识产权。根据我国法律的规定,知识产权转让的主体可以是自然人,也可以是法人或者其他组织。权利人将自己拥有的知识产权的所有权有偿转移给他人,在这个过程中,知识产权的所有权发生了转移,知识产权的所有权不再属于出让人享有,而由受让人享有,权利主体发生了变动。

2. 转让为有偿行为

知识产权作为一种无形资产具有财产价值,这奠定了知识产权转让有偿性的基础。知识产权转让行为作为知识产权交易的一种形式,通常情况下都是有偿的,即受让人要获得出让人的知识产权所有权必须支付一定的费用。但是,在实践中也存在一些出让人将知识产权无偿转移给受让人的情况。

3. 转让的是知识产权的财产权

知识产权转让针对的是知识产权的财产权,而不是知识产权的载体——知识产品。单纯的知识产品的买卖行为并不属于知识产权权利的转让行为。购买知识产品的人只能获得知识产品的所有权，并不能获得知识产品上所承载的知识产权的权利。比如，一个消费者在市场上购得一本小说，这位消费者拥有了该书的所有权，通常称这种权利为物权，消费者可以以任何方式处置该书，比如送人或者是转卖他人。但是，购买该书的行为并不能使消费者获得该书的著作权，消费者如果未经著作权人许可而复制、发行、改编该小说，则构成侵犯著作权的行为。

4. 转让必须遵守相关法律规定

知识产权转让应当订立知识产权转让合同，有些知识产权的转让还需要到有关部门进行转让登记后才能发生法律效力。例如，专利权转让就必须依照《专利法》的规定，向国务院专利行政部门登记，由国务院专利行政部门予以公告。

知识产权转让应当订立知识产权转让合同，约定知识产权转让的相关内容，形成知识产权转让合同关系。因此，关于转让合同的成立要件，合同的履行、解除、终止，合同效力、违约责任等事项，在与知识产权相关的法律条款没有明确规定的情况下，均可适用我国《合同法》的相关规定。

案例分析 3-1

2000 年，苹果公司尚未推出 iPad 平板电脑，唯冠国际旗下的唯冠科技（台北）有限公司（以下简称台北唯冠）在多个国家和地区注册了 iPad 商标。2001 年，唯冠国际旗下的唯冠科技（深圳）有限公司（以下简称深圳唯冠）又在中国注册了 iPad 商标的两种类别。

2009 年，苹果公司通过 IP 申请发展有限公司（以下简称 IP 公司）与台北唯冠达成协议，约定将 iPad 商标以 3.5 万英镑（折合人民币约 32 万元）价格转让给 IP 公司，之后 IP 公司以 10 万英镑（折合人民币约 90 万元）的价格将这些商标（含深圳唯冠的 iPad）转让给了苹果公司。但商标未办理转让登记手续。2010 年底，苹果公司向深圳市中级人民法院诉请确认 "iPad" 商标权属，深圳中院一审判决驳回苹果诉讼请求，商标归属深圳唯冠。

本案件中，苹果公司认为台北唯冠签订的协议中包括了 iPad 在中国的商标权，但其并未按照中国的《商标法》要求进行转让登记，致使 iPad 商标权始终合法属于深圳唯冠。其次，台北唯冠的转让协议并未得到深圳唯冠的授权，台北唯冠签订的转让协议书属于无权代理。

思考：从商标法的"注册在先"和"使用在先"原则的角度出发，分别解释商标权应属于谁。

二、知识产权转让与许可的比较

知识产权许可和知识产权转让都是权利人实现经济利益的方式，故二者有许多相同之处，当然也存在一些不同之处。

（一）知识产权转让与许可的相同点

比较知识产权转让与知识产权许可的特点可以看出，知识产权转让与知识产权许可之间具有一定的相同点，主要表现在以下几个方面。

第一，知识产权转让与许可的对象都是一定的知识产权权利。在知识产权的转让中，受让所获得的是知识产权的所有权，而在知识产权的许可中，被许可人获得的是知识产权的使用权。

第二，知识产权转让与许可在一般情况下都需要签订书面合同。

第三，知识产权转让与许可通常都是有偿的，相对人只有支付一定的费用才能获得相应的权利。

第四，知识产权转让与许可都是为了促进科技进步或者是作品的传播和利用。

第五，知识产权转让与许可的对象仅是知识产权中的财产权，而不包括人身权。

（二）知识产权转让与许可的差异

知识产权的转让与许可虽然有许多相同点，但是二者之间也存在很大的差异，主要表现在以下几个方面。

1. 获取权利的方式不同

知识产权转让是通过购买专利、商标和著作等实现知识产权变更的一种方式，是权利人将其知识产权全部转让给受让人的行为。

知识产权许可通常是以签订知识产权许可合同的方式来实现的，是指知识产权人允许被许可方在一定区域一定期限内以一定方式使用知识产权的行为。

2. 权利归属权有所区别

知识产权转让后，知识权利归属发生变化，购买方成为该知识产权的所有者，有权行使产权所有权，原专利权人不再对该知识产权拥有任何权利。

知识产权许可不发生知识产权归属的变化，知识产权人许可他人在一定期限一定范围内使用知识产权，许可期限一般为有限期限，许可的范围、时间、地域等均由双方事先协商确定。

3. 生效的条件不同

知识产权转让与许可使用，均须通过签订书面的方式予以认定。除著作权外，知识产权转让合同的成立，须经过相关行政部门的登记并办理知识产权转让手续后才能生效，著作权转让可以不用登记，对著作权转让登记备案采取自愿原则。知识产权许可合同一般是自签订时生效的，许可合同的备案并不影响合同的生效时间。

三、知识产权转让的类型

按照知识产权的不同种类，知识产权转让包括专利权转让、商标权转让、著作权转让以及其他知识产权转让四种类型。

1. 专利权转让

专利权转让是指专利权人作为转让方，将其发明创造专利的所有权或将持有权移转受让方，受让方支付约定价款所订立的合同。通过专利权转让合同取得专利权的当事人，即成为新的合法专利权人，其同样也可以与他人订立专利转让合同，专利实施许可合同，专利申请权转让。

2. 商标权转让

商标权转让是指依法享有商标专用权的人将商标专用权转让给他人并收取一定费用的权利转让过程。商标是一种法律用语，是生产经营者在其生产、制造、加工、拣选或者经销的商品或服务上采用的，以区别商品或服务来源、具有显著特征的标志，一般由文字、图形或者其组合来构成。经国家核准注册的商标为"注册商标"，受法律保护。商标注册人享有商标专用权。

3. 著作权转让

著作权转让是指著作权人将著作权中的全部或部分财产权有偿或无偿地移交给他人所有的法律行为。这种转让通常可以通过买卖、互易、赠与或遗赠等方式完成。移交著作权的著作权人称为转让人，接受著作权的他人称为受让人。与许可他人使用作品不同，转让著作权的法律后果是转让人丧失所转让的权利；受让人取得所转让的权利，从而成为新的著作权人。

4. 其他知识产权转让

集成电路布图设计专有权、植物新品种权等其他知识产权的转让，可以参照技术转让合同的规定处理。转让集成电路布图设计专有权的，当事人应当订立书面合同，并向国务院知识产权行政部门登记，由国务院知识产权行政部门予以公告；转让植物新品种权的，当事人应订立书面合同，并应向农业农村部提出登记请求，由农业农村部将转让事实予以公告。

四、知识产权转让的形式

知识产权转让是重要的民事法律行为，大多数国家和地区的知识产权法都规定了知识产权转让必须以书面形式订立合同。

根据不采用书面形式是否导致合同无效，书面形式可以分为两种情况。

1. 任意书面形式

例如，我国《著作权法》第 27 条规定："转让本法第十条第一款第五项至第十七项规定的权利，应当订立书面合同。"但不采用书面形式并不必然导致合同无效。著作权转让合同未采取书面形式的，按照《民法典》第 490 条的规定审查合同是否成立。《民法典》第 490 条规定："当事人采用合同书形式订立合同的，自当事人均签名、盖章或者按指印时合同成立。在签名、盖章或者按指印之前，当事人一方已经履行主要义务，对方接受时，该合同成立。法律、行政法规规定或者当事人约定合同应当采用书面形式订立，当事人未采用书面形式但是一方已经履行主要义务，对方接受时，该合同成立。"这种处理方法对于实事求是解决此类纠纷，保障正常著作权交易和当事人各方权益具有重要的意义。

2. 强制书面形式

例如，我国香港地区《版权条例》第 101 条第 3 款要求，版权的转让必须采用书面形式，由转让人签署或由其他人代其签署，否则无效。由此可见，香港地区在著作权转让上采取严格形式主义，其目的在于规范转让行为，保护相关利益免受不法侵害。我国澳门地区的著作权法也规定著作权转让时必须订立合同，否则转让无效。

第三节　知识产权资本化

一、知识产权评估

（一）知识产权评估概述

1. 知识产权评估的概念

知识产权评估亦称知识产权的价值评估，是指由专业机构和专门人员按照国家法律法规和资产评估准则，遵循评估原则，依照相关程序，选择适当的价值类型，运用科学的方法，对知识产权资产价值进行分析，估算该知识产权具有何种程度的经济价值的活动。

由于知识产权是一种无形财产权，而无形财产的价值具有一定的不确定性，因此知识产权作为资本进行投资之前，必须进行价值评估。我国《公司法》第 27 条第 2 款规定："对作为出资的非货币财产应当评估作价，核实财产，不得高估或者低估作价。法律、行政法规对评估作价有规定的，从其规定。"

2. 知识产权评估的特征

知识产权评估主要具有以下几个特征。

(1) 时效性

知识产权的价值会由于各种因素的影响而随时发生变动，例如，市场环境、消费者的认可度、产品替代等因素都会引起知识产权价值的波动。而且，知识产权在保护期间的市场垄断性，决定了对知识产权的评估应该及时且在知识产权有效期内完成。

(2) 不确定性

知识产权是一种无形财产，其价值的绝大部分并不是由其投入成本决定的，因此具有一定的不确定性。例如，商标标识的设计成本价值很低，而其标示的商品潜在的市场价值以及注册商标的市场垄断性使其价值大增。知识产权价值评估标准难以确定，这在不确定性的基础上增加了知识产权价值的模糊性。

(3) 参考性

知识产权评估是对知识产权价值的估算，可以为知识产权交易各方提供参考，评估结果只能成为交易定价的某一方面的因素。

3. 知识产权评估的分类

以知识产权所处的状态来划分，知识产权评估可以分为动态知识产权评估和静态知识产权评估。

(1) 动态知识产权评估

动态知识产权评估一般是对企业营运过程中的知识产权价值进行评估，包括：确定知识产权转让中的价格；确定知识产权许可贸易的合理使用费；确定企业股份制改造、兼并、产权变更时，知识产权的价值；确定企业破产清偿时知识产权的价值；确定知识产权质押时的价值；确定知识产权侵权诉讼及争议解决中侵权赔偿的金额。

(2) 静态知识产权评估

静态知识产权评估是指对处于相对静止状态的知识产权的评估，包括未使用的知识产权、处于研发状态的知识产权等。

4. 知识产权评估的重要性

知识产权是权利人获得竞争优势的重要手段，也是保证知识产权权利人获得财产利益乃至超额利润的必要前提。只有经过评估，知识产权的价值才能直观地体现出来。总而言之，知识产权评估是实现知识产权经济价值的需要，其重要性表现在以下几点。

第一，知识产权评估有利于提高人们对知识产权重要性的认识。

第二，知识产权评估是防止无形资产流失，加强知识产权保护和管理的重要手段。

第三，知识产权评估有利于知识产权权利人进行经济核算。

第四，知识产权评估的结果可以在解决纠纷时作为重要的参考依据。

（二）专利权价值评估

专利权价值评估的方法主要有两种：一是现行市价法；二是收益现值法。现行市价法是指以市场上相似产品或技术为参照来确定专利技术的价值。使用这种方法时，待评估的专利与参照物必须是同一产品的不同方法专利，或者是用在同一产品上的外观设计专利。

收益现值法是将专利在有效期内预期创造的总收益，折算成专利评估时的价值，然后按一定比例提取作为专利的评估值。确定收益现值法的评估要素的基础是在决定专利技术的评估值时，首先对专利项目的技术先进性、经济可行性及市场前景等进行具体、深入、科学的可行性论证，弄清专利项目的法律状态、保护能力，以及因独占市场而带来的最高经济效益和最低经济效益的范围等。

影响专利权价值评估的因素主要有以下几个方面。

1. 专利权的法律状况

专利权价值评估必须关注专利权的现实法律状态。该法律状态包括专利的产权状态和专利权法律地位的稳定程度两个方面。专利的产权状态包括发明人与设计人、专利的申请权和署名权、专利权归属，以及专利申请权转让、专利权转让、专利许可及专利权质押的既往历史、进出口贸易中提请海关备案的专利权登记等。而专利权法律地位的稳定程度则是指专利是否有诉讼历史、是否曾涉及无效宣告程序或侵权诉讼纠纷等。

2. 专利的权利类型与效力

专利权价值评估必须关注各种专利权的效力。由于我国对发明专利的"三性"（即新颖性、创造性、实用性）进行实质性审查，而对实用新型和外观设计专利不进行实质性审查，因此，发明专利被宣告无效的概率低，稳定性好，尤其是发明专利的创造性要求比实用新型高。所以，一般来说发明专利的专利权效力大于实用新型专利，实用新型专利因其含有技术内容而效力大于外观设计专利。

3. 专利权保护的时间性和地域性

专利的时间性必定会影响其价值。专利权的保护期限越长，其市场垄断时间越长，权利人获益的保障时间也就越长。专利权的地域性是指在一个国家或者一个地区所授予的专利权只在该国或者该地区受法律保护，在其他国家和地区是不受法律保护的。如果想要在其他国家或地区受法律保护，应该在其他国家或地区申请专利或者依法申请国际专利。

4. 法定保护期限和剩余保护期限

专利权在法定有效期内的不同时段能够带来的回报是不同的，因此，专利的价值与专利法定保护期限和剩余的保护期限之间具有一定的关联性。

（三）著作权价值评估

著作权价值评估是指对著作权的财产权进行价值评估。影响著作权价值评估的因素主要包括以下几种。

1. 作品类型

作品类型的不同会带来著作权价值评估的差异。比如，原创作品与演绎作品的著作权的财产权的价值就是不同的。演绎作品的著作权人在行使著作权时，受到了一定的限制，因此其价值也会受到一定的影响。

2. 著作权的财产权的种类

由于著作权的财产权可以部分转让或者全部转让，所以著作权人所拥有的财产权的数量和种类也会对著作权价值评估产生一定的影响。

3. 著作权的登记状况

我国法律规定计算机软件创作完成后，可以到指定部门进行版权登记。当该计算机软件发生侵权纠纷或权利归属纠纷时，已经登记版权的权利人，可以将登记记录作为证明材料。

4. 著作权的法定保护期

著作权的财产权是有保护期的，著作权的财产权的保护期过后，著作权人就不能再行使著作权的财产权。因此，著作权是否在法定保护期内对著作权价值评估有着重要的影响。

5. 著作权的权利状态

著作权人的著作权的财产权是不是得到了很好的保护，也是著作权价值评估的重要因素。

（四）商标权价值评估

1. 商标权价值评估的方法

在商标权价值评估中，经常使用的评估方法有三种。

（1）重置成本法

重置成本法即将在现有的技术和市场条件下，重新开发一个同样价值的商标所需的投入作为商标权评估的一种方法。

（2）现行市价法

现行市价法即通过市场调查，选择一个或几个与被评估商标相同或相似的商标作为比较对象，分析比较对象的成交价格和交易条件，进行比较调查，估算商标价值的方法。

（3）收益现值法

收益现值法即以特定商标在有效期内的预期收益作为商标权的评估值的方法。

2. 影响商标权价值评估的法律因素

影响商标权价值评估的法律因素主要有以下几种。

（1）商标是否已经核准注册

在我国，未注册的商标可以使用，但是不具有专用权，因此评估时注册商标的价值远远高于未注册商标的价值。而且，未注册商标在使用时还可能被他人抢注，所以一般情况下，人们不将未注册商标作为商标权价值评估的对象。

（2）商标权是否存在"瑕疵"

如果商标权存在争议、注册不当，或者长期不使用，则存在商标被撤销或者注销的风险，因此在商标权价值评估中，这类存在"瑕疵"的注册商标的价值相对较低。

（3）注册商标的使用时间

注册商标使用时间的长短，对商标权价值评估有一定的影响。一般来说，注册商标的使用时间越长，消费者的认知度越高，在社会上影响越大，在商标权价值评估中对价值的贡献就越大。

（4）注册商标许可使用形式

如果商标权人已经将其注册商标许可他人使用，之后再许可他人时，因可能存在市场利益分享者，就会使商标权价值受到影响。因此，注册商标独占许可使用的价值要高于注册商标其他许可使用形式的价值。

数字资源 3-4
知识产权价值
评估方法分析

二、知识产权出资

（一）知识产权出资的概念

知识产权出资是指将知识产权作为对公司、合伙企业的出资方式，从而获得公司股权的行为。我国《公司法》第 27 条规定："股东可以用货币出资，也可以用实物、知识产权、土地使用权等可以用货币估价并可以依法转让的非货币财产作价出资；但是，法律、行政法规规定不得作为出资的财产除外。"这是我国关于知识产权投资的最直接的法律依据。

知识产权出资是一种投资行为，形成投资关系，如果公司不解散清盘，出资人就不得从公司收回出资的知识产权。作为出资对价，知识产权权利人以股东身份通过股权分红获得长期收益的同时，也存在一定的投资风险。

（二）知识产权出资的作用和风险

知识产权出资对权利人和所投资的企业都是有利的。知识产权出资将知识产权的经济价值直接折算为企业资本股份，可以增加本企业的资本或者向其他企业投资，改善企业资本的结构，使得企业有形资本比重下降、无形资本比重上升，提升企业的市场竞争力，有助于企业提高资本收益率。与此同时，知识产权权利人通过企业的盈利经营，获得丰厚的经济利益。知识产权出资也有利于促进产业发展，知识产权资本可以加强企业的盈利能力，使得社会投资方向发生重大变化，大量资本投向知识密集型产业，最终优化产业结构。

但是，知识产权出资也隐藏着一定的风险。知识产权是一种无形财产，具有不同于有形财产的特性，比如：专利权、商标权等是国家授权产生的，专利权可依照法定程序宣告无效，商标权可能依照法定程序被撤销或宣告无效；知识产品大多具有高科技含量，交易范围有限，其价值只有相关领域的专业人员才能辨别和评估，主观性较强；知识产权容易遭受侵害，有效控制难度大。因此，企业应当充分评估知识产权出资的风险，建立相应的风险防范机制。

（三）知识产权出资的方式

知识产权出资主要有两种方式：转让出资和用益出资。转让出资是指知识产权权利人以转让知识产权的方式出资，用益出资是指知识产权权利人以许可知识产权的方式出资。在采用转让出资方式时，出资人可以约定是整体权利转让还是部分权利转让。在采用用益出资方式时，出资人可以约定整体权利许可、部分权利许可，也可以约定普通许可、独占许可或者排他许可。采用用益出资方式，转让知识产权不影响用益出资，但是，出资人转让出资须经其他出资人同意，其他出资人有优先购买权。采用知识产权出资方式，相应的知识产权是企业的财产权利，企业在法律范围内可以行使此财产权利。

（四）知识产权出资的程序

知识产权出资的程序如下。

1. 评估作价

为了确定投资资本，必须对知识产权进行评估作价，既可以由出资人协商评估作价，也可以委托评估机构评估作价。在合伙企业中，合伙人以知识产权出资，需要评估作价的，可以由全体合伙人协商确定，也可以由全体合伙人委托法定评估机构评估。在公司中对作为出资的知识产权应当评估作价，核实财产，不得高估或者低估作价；法律、行政法规对评估作价有规定的，从其规定。在中外合营企业中，合营者以工业产权、专有技术作为出资的，其作价由合营各方按照公平合理的原则协商确定，或者聘请合营各方同意的第三方考评确定。在外资企业中，出资的工业产权、专有技术的作价应当与国际上通常的作价原则相一致。

2. 权利转移

知识产权的转让出资和用益出资应当按照知识产权转让和许可情况，在相应管理机关办理登记或者备案手续。我国《公司法》第 48 条第 1 款规定：股东可以用货币出资，也可以用实物、知识产权、土地使用权、股权、债权等可以用货币估价并可以依法转让的非货币财产作价出资；但是，法律、行政法规规定不得作为出资的财产除外。

我国《公司法》第49条又进一步规定：以非货币财产出资的，应当依法办理其财产权的转移手续。

3. 验资

企业出资人缴纳出资后，必须经依法设立的验资机构验资并出具出资证明。外资企业、中外合作经营企业和中外合资经营企业应当聘请中国的注册会计师验资。

4. 设立、变更登记

知识产权出资是企业设立、变更登记的重要事项。例如，在合伙企业设立登记中，以知识产权或者其他财产权利出资，由全体合伙人协商作价的，应当向企业登记机关提交全体合伙人签署的协商作价确认书；由全体合伙人委托法定评估机构评估作价的，应当向企业登记机关提交法定评估机构出具的评估作价证明。如果出资知识产权引起中外合作经营企业注册资本的增加或减少，应当由董事会会议通过，并报审批机构批准，向登记管理机构办理变更登记手续。

数字资源 3-5
案例分析

三、知识产权质押

知识产权质押是指债务人或第三人依法将其可以转让的知识产权作为债务的担保，设定质权，如果债务人到期不履行债务，债权人可以依法将该知识产权折价、拍卖或变卖，并对于其获得的价款优先受偿。知识产权质押是权利质押的一种。我国的《担保法》《著作权法》《著作权质押合同登记办法》《专利权质押合同登记管理暂行办法》都规定了知识产权的质押制度。

2021年6月16日，国家知识产权局、中国银保监会、国家发展改革委联合印发《知识产权质押融资入园惠企行动方案（2021—2023年）》，该方案聚焦"入园"和"惠企"，以服务和指导产业园区为主，兼顾知识产权质押融资面上工作。行动内容主要包括措施优化、模式创新和服务提升三个方面，共提出了24项工作措施。随着国家政策支持力度持续加大，专利商标质押融资金额增长明显提速。近些年我国专利商标质押融资金额如表3-2所示。

表 3-2　近年来我国专利商标质押融资金额

年份	专利商标质押融资金额（亿元）	同比增速（%）	专利质押融资金额（亿元）	同比增速（%）	商标质押融资金额（亿元）	同比增速（%）
2017	1089	—	720	—	369	—
2018	1219	11.94	—	—	—	—
2019	1515	24.28	1105	—	410	—

续表

年份	专利商标质押融资金额（亿元）	同比增速（％）	专利质押融资金额（亿元）	同比增速（％）	商标质押融资金额（亿元）	同比增速（％）
2020	2180	43.89	1558	41.00	622	51.71
2021	3098	42.11	2198.9	41.14	899.1	44.55
2022	4868.8	57.16	—	—	—	—
2023	8539.9	75.40	—	—	—	—

（数据来源：国家知识产权局官网）

（一）知识产权质押的条件

用于质押的知识产权必须符合以下几个条件。

1. 必须是财产权

我国《担保法》第 75 条规定的可以质押的权利中包括"依法可以转让的商标专用权，专利权、著作权中的财产权"，也就是说，被质押的知识产权是依法可以转让的商标专用权，专利权、著作权中的财产权。被质押的知识产权必须是财产权这一条件的设立，是因为知识产权质押的目的是担保一定债务的实现，在债务人不能够偿还债务时，质权人可以将该知识产权转换为现实的经济价值，用来弥补债务不能被偿还而遭受的损失。因此，被质押的知识产权必须是一种财产权，而且能够转换为一定的经济价值。

2. 必须是可以转让的

知识产权在担保债权的情况下，要转换为一定的经济价值，一般是通过折价、拍卖或者变卖等途径来实现的，因此，被质押的知识产权必须具备可转让性。如果知识产权不具备可转让性，则无法发挥担保债权实现的作用。

3. 必须是可以设定质押的

一般情况下，只有知识产权中的财产权可以设定质押。与人身相关的权利由于不具备担保价值而不能设立质押。譬如，发明人、发现人领取奖金和报酬的权利就不能进行质押，因为这种权利是为做出特殊贡献的特定人物颁发的，与受奖人的人身联系密切，是不可以转让的。

用知识产权设定质押时，当事人应当订立书面的质押合同，并且向有关部门办理质押登记，质押行为从当事人办理登记之日起发生效力。如果当事人没有订立书面的质押合同，或者没有办理质押登记，则知识产权的质押行为不能生效。

知识产权进行质押以后，出质人的知识产权权利即受到一定的限制。在一般情况下出质人不得将质押期间的知识产权转让给他人，也不可以将该知识产权许可给他人使用。但是，如果质权人与出质人协商一致，质权人同意出质人将该知识产权在质押期间转让或者许可给他人使用，出质人应当将转让费用或者是许可他人使用的费用向质权人提前偿还以实现质权人的债权，清偿债务人的债务。出质人还可以将转让费用或者许可使用的费用进行提存，以保障质权人的债权得以实现。

在质押关系存续期间，质权人如果未经出质人同意，将被质押的知识产权权利转质给第三人，则需要承担一定的责任。知识产权质押所担保的债权范围包括以下几种。

（1）主债权

除有特殊约定以外，主债权一般应推定为全部的债权。

（2）利息

利息是指在实行质权时主债权已届清偿期的一切利息，含法定利息和迟延利息。

（3）违约金

违约金是指如果主合同债务人未履行合同约定的义务，按照合同的约定，应当向债权人给付的金钱。

（4）损害赔偿金

损害赔偿金是指债务人因未履行合同而给债权人造成损害时，债务人应当向债权人赔偿的金额。

（5）维持知识产权有效和免遭侵害的费用

维持知识产权有效和免遭侵害的费用是指质权人为维持知识产权有效而缴纳年费或者为制止专利侵权行为而支付的合理费用。

（6）实现质权的费用

实现质权的费用包括知识产权质押的评估费用、拍卖费用、保全费用等。

（二）知识产权质押的内容

我国《担保法》和《物权法》都明确了知识产权质押的具体内容。《担保法》第75条规定的权利质押范围之三是"依法可以转让的商标专用权，专利权、著作权中的财产权"。《物权法》第223条规定的债务人或者第三人有权处分的权利类型之一是"可以转让的注册商标专用权、专利权、著作权等知识产权中的财产权"。

专利权可以设定的质押包括三项。一是专利实施权，即专利权人依法享有的独占实施该专利技术的权利。二是专利转让权，即专利权人依法通过买卖、赠与、继受等形式将专利转让给他人的权利。由于专利申请权是一种财产权，并且可以依法转让，因此专利申请权也是可以质押的。三是专利实施许可权，即专利权人对其获得的专利享有许可他人实施并获取报酬的权利。

著作权包括著作权的人身权和著作权的财产权两类。著作权的人身权是专属于著作权人的，不得转让，因此也不能进行质押；著作权的财产权可以转让，也可以进行质押。

商标权人享有的专用权内容包括以下几项：一是注册商标的使用权，即注册商标所有人依法对其注册商标行使的独占使用权；二是注册商标的转让权，即注册商标所有人将注册商标转让给他人使用的权利；三是注册商标的使用许可权，即注册商标所有人有权以取得使用费为目的，将注册商标有偿允许他人使用等。

由于商标权人享有的专用权为财产权性质，所以上述权利均可以设立质押。

（三）知识产权质押中当事人的权利和义务

1. 知识产权出质人的权利

在我国，知识产权出质人享有以下权利。

第一，质物使用权。知识产权出质后，除有特别约定外，出质人仍有继续使用该知识产权的权利。知识产权出质后，出质人并没有丧失其享有的知识产权专有权，因此，权利人仍然可以使用该知识产权，但使用不得损害质权人的质权。

第二，转让及许可使用权。出质人对于知识产权的转让、许可在知识产权质押范围内受到一定的限制，但是，在经过质权人同意之后，质权人仍然可以将该知识产权转让、许可给他人。

第三，排除侵害和撤销质押登记的请求权。我国《担保法》第69条规定："质权人负有妥善保管质物的义务。因保管不善致使质物灭失或者毁损的，质权人应当承担民事责任。质权人不能妥善保管质物可能致使其灭失或者毁损的，出质人可以要求质权人将质物提存，或者要求提前清偿债权而返还质物。"知识产权是一种无形的财产权，质权人有义务也有责任维持知识产权的有效性。在知识产权可能出现无效、终止、贬值等情况时，出质人可以提前清偿债权，申请撤销质押合同登记，以消灭知识产权上的质押。

2. 知识产权出质人的义务

知识产权出质人的主要义务包括以下几种。

第一，出质人不得擅自转让或者许可他人使用已出质的知识产权。

第二，如果出质人经质权人同意转让或许可他人使用知识产权，则出质人应当将所得的转让费或许可使用费向质权人提前清偿所担保的债权，或向与质权人约定的第三人提存。

第三，保全出质权利的义务。保全出质权利主要是指维护知识产权的价值。维护知识产权的价值是知识产权出质人必须履行的法定义务。

3. 知识产权质权人的权利

知识产权质权人的权利包括以下几个方面。

第一，实现质权的权利，这主要是指被担保的债权在清偿期之内，债务人没有清偿，债权人可就质押知识产权受偿。

第二，优先受偿权。质权人可以就质押的知识产权变卖所得的价金优先受偿其债权。这里所说的优先受偿，一是指质权人可优先于一般债权人就知识产权卖得的价金受偿；二是指知识产权上设有多个质权的，质权人可以较次序在后的同种或异种担保物权人优先受偿。

第三，处分权。对知识产权质押的处分权包括对质权的抛弃、让与或与主债权一同被处分。

第四，质押知识产权受到侵害的请求权。质权人可以以质权受到侵害为由，请求出质人提供相应担保或请求赔偿损失。

4. 知识产权质权人的义务

知识产权质权人在享有权利的同时，也需要承担相应的义务。

第一，不得擅自利用出质的知识产权。如果质权人未经允许而利用了这些权利，则构成侵权。

第二，允许知识产权出质人或者原被许可使用人在原定使用范围内继续行使其使用权。如果知识产权人在知识产权出质以前已经对该知识产权进行了某种使用，或者允许他人进行了某种使用，那么这些使用不应当受到知识产权出质的影响，出质人或被许可人仍可在原使用范围内继续使用被质押的知识产权。

第三，被担保债权因清偿、抵消等被消灭后，质权人应协助出质人通知质押登记机关注销质押登记。

案例分析 3-2

山东鲁润热能科技有限公司于 2021 年在齐鲁银行用企业持有发明专利办理小微企业知识产权质押融资贷款两笔。用闭式凝水回收装置专利（专利号：2014100293765）贷款 2000 万元，实际使用贷款 228 天；用换热站智能网络控制系统专利（专利号：201410028536）贷款 990 万元，实际使用贷款 134 天，以上两笔贷款共获得所在省市知识产权质押融资贴息 64.25 万元。

山东鲁润热能科技有限公司用贷款资金购买钢材、水泵、阀门等原材料，知识产权质押融资贷款解决了企业流动资金不足的难题，有力地促进了企业生产的扩大，企业新增产值 5985 万元，新增销售收入 5985 万元，新增利润 1213 万元，新增税收 164 万元，新增就业人数 21 人。

思考：从上述案例中，可以看出知识产权质押具有哪些作用？

四、知识产权资本化的其他方式

（一）信托

我国于 2001 年 10 月施行的《信托法》和 2001 年 1 月制定的《信托投资公司管理办法》明确规定了知识产权可以作为信托财产。目前，我国著作权集体管理组织受著作权人的委托代为行使其著作财产权的行为就是一种典型的信托关系。

知识产权权利人通过信托方式委托具有专业市场运作能力的信托机构管理其知识产权，一方面可以让权利人享受其智力成果带来的丰厚的利益而无须担负管理之责；另一方面，信托制度所兼具的财产管理和中长期融资功能，能够有效地促进知识产权商品化、市场化和产业化。此外，知识产权信托制度有效地拓宽了知识产权流转的途径，能更好地实现知识产权的保值增值。知识产权信托制度的功能有以下几点：首先，信托提供的长期的财产管理能有效适应知识产权价值实现过程中的长期性；其次，信托提供的受益人保障功能能使知识产权转化过程的市场风险最小化；最后，信托作为一种金融机构还能有效地解决知识产权转化过程中资金不足的难题。信托在财产管理和融资方面独特的制度功能，使其能有效地化解知识产权商品化、市场化中的诸多转化障碍和技术难题。

（二）证券化

证券化只是一些国家的尝试，我国目前尚未建立与知识产权证券化相关的法律制度。

作为发行资产支持证券进行融资的一种方式，知识产权证券化以知识产权的未来许可使用费（包括预期的知识产权许可使用费和已签署的许可合同保证支付的使用费）为支撑，利用资产证券化的组织与体系，将原本不易流动变现的知识产权转化成单位化、小额化、容易流通的证券形式，在金融市场上向投资人销售，以募集资金。在美国金融集团 Pullman Group 的策划下，英国歌星大卫·鲍将其在 1990 年以前录制的 25 张唱片的预期版权（包括 300 首歌曲的录制权和版权）许可使用费证券化，发行十年期利率 7.9%、总额度 5500 万美元的债券，成为知识产权证券化的成功典范。

知识产权证券化的基础资产非常广泛，从最初的音乐版权证券化开始，拓展到电子游戏、电影、休闲娱乐、演艺、主题公园等与文化产业相关联的知识产权，以及时装的品牌、医药产品的专利、半导体芯片，甚至专利诉讼的赔偿金等方面。据 Pullman Group 估计，全球的知识产权价值高达 1 万亿美元。知识产权证券化的法律

数字资源 3-6
20 个知识产权质押融资及保险典型案例

主要涉及两大方面：一是与知识产权相关的权利性法律；二是与资产证券化融资结构有关的程序性法律。事实上，知识产权证券化本质上是一种资产证券化，在金融法律支持制度方面可以适用资产证券化的一般规定。我国法律体系中，并没有针对知识产权证券化这一特殊融资方式的法律规范。我国现行的《公司法》《证券法》中也没有专门针对知识产权这一特殊标的能否实现证券化的规定。

本章小结

知识产权的运用即通过转让交易、授权许可、知识产权质押融资、注册资本出资等方式，使得企业知识产权有效"变现"，实现其经济价值。

知识产权的运用既是知识产权战略的落脚点，也是保护知识产权的最终目的。在知识产权运用方面，政府应着力于制定规则和培育环境，而企业则应注重具体的创造和运用，将知识产权转化为企业和国家的核心竞争力。

知识产权许可只向被许可人提供使用权，而知识产权转让是权利人将知识产权全部转移给他人。知识产权许可方式更加灵活，可以灵活掌控知识产权；而知识产权转让方式则能够获得一次性收益，只是权利人对于知识产权的掌控程度会降低。

知识产权质押融资作为一种新的融资模式，是知识产权价值的重要转化方式。通过将知识产权作为质押物，企业可以充分利用自身的创新成果来获取融资支持。实现知识产权价值，推动知识产权质押融资发展，是解决科技型中小企业融资难问题的有效途径，也是进一步深化科创金融改革创新的重要任务。

练习题

1. 名词解释

许可　转让　出资　质押

2. 思考题

（1）知识产权许可和知识产权转让的区别是什么？

（2）根据授权许可的范围不同，知识产权许可可以分为哪三种类型？它们的区别是什么？

（3）简述知识产权评估的特征。

（4）简述知识产权出资的流程。

（5）知识产权质押中当事人的权利和义务有哪些？

3. 案例分析题

涉案被告王某某是"治疗胃病"和"治疗前列腺"两项专利的发明人和原专利权人，依据该两项专利生产的产品是侯马霸王药业的主营及主要销售产品。2008年，被告王某某和原告史某某签订"专利权转让合同"及"股份转让合同"，约定被告王某某将自己持有的侯马霸王药业的全部股份转让给原告史某某，同时将涉案两项专利无偿转让给史某某。合同签字生效后，原告史某某经国家知识产权局核准，依法将两专利权登记人变更为自己。

后因该专利转让行为存在瑕疵，2015年被法院确认转让无效，但判决书载明涉案专利权的最终归属不属本案审查范围。2021年，原告史某某向法院提起诉讼，请求依法确认其与被告王某某签订的两份合同有效并继续履行，并责令被告王某某协助其办理该专利权转让变更登记手续。

请查阅相关资料，判断两项专利的所有权应归谁所有，并说明理由。

数字资源 3-7
第三章即测即评

数字资源 3-8
我国知识产权质押融资发展状况

学习效果测评

项目测评表

知识测评		
知识点	评价指标	自评结果
知识点1	了解知识产权许可的类型	□A⁺ □A □B □C □C⁻
	了解知识产权转让的类型	□A⁺ □A □B □C □C⁻
知识点2	了解知识产权评估的影响因素	□A⁺ □A □B □C □C⁻
	熟悉知识产权出资的方式	□A⁺ □A □B □C □C⁻
	掌握知识产权质押的条件	□A⁺ □A □B □C □C⁻

续表

能力测评		
技能点	评价指标	自评结果
技能点1	比较知识产权转让与许可的异同点	□A⁺ □A □B □C □C⁻
	了解知识产权许可备案的意义	□A⁺ □A □B □C □C⁻
技能点2	了解知识产权出资的程序	□A⁺ □A □B □C □C⁻
	掌握知识产权质押融资的基本流程	□A⁺ □A □B □C □C⁻
素养测评		
素养点	评价指标	自评结果
素养点1	熟悉我国专利商标质押融资的发展状况	□A⁺ □A □B □C □C⁻
素养点2	提升知识产权运用的能力	□A⁺ □A □B □C □C⁻
薄弱项记录		
我掌握得不太好的知识		
我还没有掌握的技能		
我想提升的素养		
教师签字		

第四章　知识产权的保护

思维导图

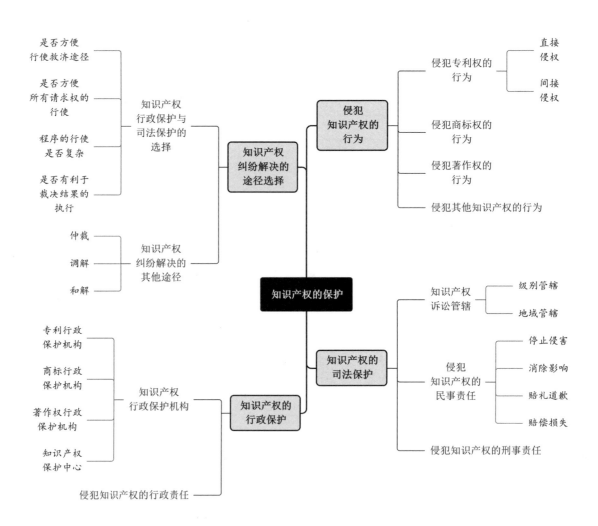

学习目标

- 熟悉一些常见的侵犯知识产权的行为；
- 了解知识产权行政保护和司法保护的区别；
- 掌握知识产权纠纷的解决途径；
- 了解我国知识产权保护的相关制度及其适用范围。

情境导入

知识产权护航　共赴亚运之约

第 19 届亚运会于 2023 年 9 月 23 日至 10 月 8 日在杭州举行。为全面加强杭州亚运会和亚残运会知识产权保护，切实保障相关权利人的合法权益，国家知识产权局等部门联合开展了杭州亚运会和亚残运会知识产权保护专项行动。

2023 年 6 月 15 日，杭州市市场监督管理局发布了《杭州亚运会知识产权保护手册》，内容包含杭州亚运会知识产权清单、现场检查要点、杭州亚运会特殊标志知识问答、法律依据以及侵犯亚运会知识产权典型案例等六个部分，有利于指导基层执法队伍开展杭州亚运会知识产权保护执法工作。截至 2023 年 8 月 30 日，全市共出动执法检查人员 3000 余人次，立案查处亚运会知识产权案件 29 起，侦破涉亚运知识产权刑事案件 7 起，采取刑事强制措施人员 41 名，涉案价值 4700 余万元。

漫说知产

知识产权保护是指维护人类智力劳动产生的智力劳动成果所有权。知识产权保护一般包含立法保护、行政保护、司法保护和知识产权集体管理组织保护。保护知识产权就是保护创新，知识产权保护既是创新的"护身符"，也是创新的"加速器"。我国高度重视知识产权保护，陆续出台了《商标法》《专利法》《技术合同法》《著作权法》《反不正当竞争法》等法律法规文件。

>>>>>

第一节　侵犯知识产权的行为

侵权行为是指侵犯他人的人身财产权或知识产权，依法应承担民事责任的违法行为。侵犯知识产权的行为是指违反法律规定、损害知识产权所有人专有权利的行为。侵犯知识产权的行为与一般侵权行为具有相同的法律性质和法律结果。

一、侵犯专利权的行为

侵犯专利权的行为是指在专利权有效期限内，行为人未经专利权人许可又无法律依据，以营利为目的实施的侵犯他人专利的行为。侵犯专利权的行为可以分为直接侵权行为和间接侵权行为两类。

（一）直接侵权行为

直接侵权行为是指直接由行为人实施的侵犯他人专利权的行为。其具体表现形式有以下几种。

1. 制造

对于发明和实用新型专利权而言，制造是指做出或者形成具有与权利要求记载的全部技术特征相同或者等同的技术特征的产品；对于外观设计专利权而言，制造是指做出或者形成采用外观设计专利的图片或者照片中所表示的外观设计产品。制造行为的对象应当是专利产品，包括将原材料经化学反应、将零部件经物理组装形成权利要求所保护的专利产品等行为。

2. 使用

对于发明或者实用新型专利而言，使用是指权利要求所记载的产品技术方案的技术功能得到了应用，该应用不局限于专利说明书中指明的产品用途，除非权利要求中已明确记载该用途；对于方法发明专利而言，使用是指权利要求记载的专利方法技术方案的每一个步骤均被实现，使用该方法的结果不影响对是否构成侵犯专利权行为的认定。单纯使用侵犯外观设计专利权的产品的行为不属于侵犯专利权的行为。

3. 许诺销售

在销售侵犯他人专利权的产品行为实际发生前，被控侵权人做出销售侵犯他人专利权产品的意思表示的，构成许诺销售。

4. 销售

销售侵权产品是指将落入产品专利权利要求保护范围的侵权产品的所有权、依照专利方法直接获得的侵权产品的所有权或者含有外观设计专利的侵权产品的所有权从卖方有偿转移到买方。搭售或以其他方式转让上述产品所有权、变相获取商业利益的,也属于销售该产品的行为。

5. 进口

进口侵权产品是指将落入产品专利权利要求保护范围的侵权产品、依照专利方法直接获得的侵权产品或者含有外观设计专利的侵权产品在空间上从境外运进境内的行为。无论被控侵权产品自哪一国家进口、这种产品在其制造国或者出口国是否享有专利保护,也无论该产品是专利产品还是依照专利方法直接得到的产品、进口者的主观状态如何,只要该产品越过边界进入海关,都属于进口侵权产品的行为。进口侵权行为的成立不以产品交付给进口商为判断基准,只要产品进入海关即可判定进口侵权行为成立。

专利权人或者其被许可人在我国境外售出其专利产品或者依照专利方法直接获得产品后,购买者将该产品进口到我国境内以及随后在我国境内使用、许诺销售、销售该产品的,不构成侵犯专利权的行为。

6. 产品制造方法专利的延伸保护

产品制造方法专利的延伸保护是指一项产品的制造方法发明专利权被授予后,任何单位或者个人未经专利权人许可,除了不得出于生产经营目的使用该专利方法外,也不得为生产经营目的使用、许诺销售、销售或者进口依照该专利方法直接获得的产品。

案例分析 4-1

美的公司是 201420204325.7 "用于洗碗机的加热泵和洗碗机"实用新型专利的专利权人。2017 年,美的公司发现百斯特公司制造、销售和许诺销售的洗碗机,落入涉案专利权利要求的保护范围,故诉至广州知识产权法院,请求法院判令百斯特公司立即停止侵权,并赔偿相应的经济损失。

美的公司是涉案实用新型专利的权利人,其专利权应受法律保护。经对比,被控侵权产品的技术方案落入美的公司涉案专利权利要求的保护范围,百斯特公司提出的现有技术抗辩意见不成立。最终,法院判决百斯特公司停止侵权、销毁库存侵权产品及专用于制造侵权产品的设备和模具,并赔偿美的公司经济损失及合理费用 100 万元。

思考:请查阅资料,了解百特斯公司为何构成许诺销售侵权。

（二）间接侵权行为

间接侵权行为是指行为人实施的行为并不构成直接侵犯他人专利权，但诱导、怂恿、教唆、帮助别人实施他人专利，发生直接的侵权行为，行为人在主观上有诱导或唆使别人侵犯他人专利权的故意，客观上为别人直接侵权行为的发生提供了必要的条件。

对于一项产品专利而言，间接侵权行为是提供、出售或者进口用于制造该专利产品的原料或者零部件的行为；对一项方法专利而言，间接侵权行为是提供、出售或者进口用于该专利方法的材料、器件或者专用设备的行为。间接侵权人在主观上应当有诱导、怂恿、教唆他人直接侵犯他人专利权的故意。行为人明知别人准备实施侵犯专利权的行为，仍为其提供侵权条件的，构成间接侵权。

二、侵犯商标权的行为

根据《商标法》的规定，侵犯商标权的行为主要包括以下七种。

第一，未经商标注册人的许可，在同一种商品上使用与其注册商标相同的商标的。只要商品生产商未经商标注册人许可，擅自在与商标注册人销售的同种商品上使用与其注册商标相同的商标，就属于商标侵权。

数字资源 4-1
案例分析

第二，未经商标注册人的许可，在同一种商品上使用与其注册商标近似的商标，或者在类似商品上使用与其注册商标相同或者近似的商标，容易导致混淆的。其中，类似商品是指在功能、用途、生产部门、销售渠道、消费对象等方面相同，或者相关公众一般认为其存在特定联系、容易造成混淆的商品。

第三，销售侵犯注册商标专用权的商品的。此类侵权行为主要针对的是商品经销商。无论行为人是否存在主观故意，只要销售了侵犯注册商标专用权的商品，都构成侵权。不过，如果商品经销商销售不知道是侵犯注册商标专用权的商品，能证明该商品是自己合法取得并说明提供者的，不承担赔偿责任。

数字资源 4-2
案例分析

第四，伪造、擅自制造他人注册商标标识或者销售伪造、擅自制造的注册商标标识的。我们平时经常会看到这样的新闻：某某海关查处了一批印有世界知名体育用品商标的假球鞋、假球衣等。那些为假球鞋、假球衣提供仿冒商标的行为就是商标侵权。

第五，未经商标注册人同意，更换其注册商标并将该更换商标的商品又投入市场的。这种行为又称为反向假冒商标行为、撤换商标行为。构成这种侵权行为必须具备两个要件：一是行为人未经商标所有人同意而擅自更换商标；二是撤换商标的商品又投入市场进行销售。

第六，故意为侵犯他人商标专用权行为提供便利条件，帮助他人实施侵犯商标专用权行为的。这主要针对的是那些明知对方在实施商标侵权行为还为其提供便利的行为，比如销售商知假售假。

数字资源 4-3
案例分析

第七，给他人的注册商标专用权造成其他损害的。比如：恶意为侵害他人注册商标专用权的行为人提供仓库储存、物流运输、藏匿等滋生行为；代销已知是侵犯他人注册商标专用权的产品的行为；在相同的商品上，把与他人注册商标相同或类似的文字或者图形作为商品名称或商品装潢使用，并容易造成误认等行为。

三、侵犯著作权的行为

（一）侵犯一般作品著作权的行为

侵犯著作权是指行为人主观具有侵权故意，客观实施了发表、使用、出售他人作品，或歪曲、篡改、抄袭他人作品，以及为前述行为提供帮助等行为，应当认定为侵犯著作权的侵权行为。且前述行为导致著作权人遭受损失，须承担侵权赔偿责任。根据《著作权法》的规定，侵犯著作权的行为有以下几种：一是未经著作权人许可，发表其作品的；二是未经合作作者许可，将与他人合作创作的作品当作自己单独创作的作品发表的；三是没有参加创作，为谋取个人名利，在他人作品上署名的；四是歪曲、篡改他人作品的；五是剽窃他人作品的；六是未经著作权人许可，以展览、摄制视听作品的方法使用作品，或者以改编、翻译、注释等方式使用作品的，但《著作权法》另有规定的除外；七是使用他人作品，应当支付报酬而未支付的；八是未经视听作品、计算机软件、录音录像制品的著作权人、表演者或者录音录像制作者许可，出租其作品或者录音录像制品的原件或者复制件的，《著作权法》另有规定的除外；九是未经出版者许可，使用其出版的图书、期刊的版式设计的；十是未经表演者许可，从现场直播或者公开传送其现场表演，或者录制其表演的；十一是其他侵犯著作权以及与著作权有关的权利的行为。

对于上述侵权行为，当事人只需承担停止侵害、消除影响、赔礼道歉、赔偿损失等民事责任。但是对于一些侵权行为，除了承担民事责任外，如果侵权行为同时损害公共利益，可以由著作权行政管理部门责令停止侵权行为，没收违法所得，没收、销毁侵权复制品，并可处以罚款；情节严重的，著作权行政管理部门还可以没收主要用于制作侵权复制品的材料、工具、设备等；构成犯罪的，依法追究刑事责任。这种侵权行为主要有以下八类：一是未经著作权人许可，复制、发行、表演、放映、广播、汇编、通过信息网络向公众传播其作品的，《著作权法》

数字资源 4-4
案例分析

另有规定的除外;二是出版他人享有专有出版权的图书的;三是未经表演者许可,复制、发行录有其表演的录音录像制品,或者通过信息网络向公众传播其表演的,《著作权法》另有规定的除外;四是未经录音录像制作者许可,复制、发行、通过信息网络向公众传播其制作的录音录像制品的,《著作权法》另有规定的除外;五是未经许可,播放、复制或者通过信息网络向公众传播广播、电视的,《著作权法》另有规定的除外;六是未经著作权人或者与著作权有关的权利人许可,故意避开或者破坏技术措施的,故意制造、进口或者向他人提供主要用于避开、破坏技术措施的装置或者部件的,或者故意为他人避开或者破坏技术措施提供技术服务的,法律、行政法规另有规定的除外;七是未经著作权人或者与著作权有关的权利人许可,故意删除或者改变作品、版式设计、表演、录音录像制品或者广播、电视上的权利管理信息的,知道或者应当知道作品、版式设计、表演、录音录像制品或者广播、电视上的权利管理信息未经许可被删除或者改变,仍然向公众提供的,法律、行政法规另有规定的除外;八是制作、出售假冒他人署名的作品的。

(二)侵犯计算机软件著作权的行为

计算机软件的使用人,为了学习、研究计算机软件内含的设计思想和原理、安装、显示传输或者储存软件,不视为侵犯计算机软件著作权,使用人可以不经软件著作权人许可,不向其支付报酬。但是,有下列情形之一的,除《计算机软件保护条例》另有规定的外,属于侵犯计算机软件著作权的行为:① 未经软件著作权人许可,发表或者登记其软件的;② 将他人软件作为自己的软件发表或者登记的;③ 未经合作者许可,将与他人合作开发的软件作为自己单独完成的软件发表或者登记的;④ 在他人软件上署名或者更改他人软件上的署名的;⑤ 未经软件著作权人许可,修改、翻译其软件的;⑥ 复制或者部分复制著作权人的软件的;⑦ 向公众发行、出租、通过信息网络传播著作权人的软件的;⑧ 故意避开或者破坏著作权人为保护其软件著作权而采取的技术措施的;⑨ 故意删除或者改变软件权利管理电子信息的;⑩ 转让或者许可他人行使著作权人的软件著作权的。

其中,有①至⑤侵权行为之一的,应当根据情况,承担停止侵害、消除影响、赔礼道歉、赔偿损失等民事责任。有⑥至⑩侵权行为之一的,承担停止侵害、消除影响、赔礼道歉、赔偿损失等民事责任;同时损害社会公共利益的,由著作权行政管理部门责令停止侵权行为,没收违法所得,没收、销毁侵权复制品,并可处以罚款;情节严重的,著作权行政管理部门可以没收主要用于制作侵权复制品的材料、工具、设备等;触犯刑律的,依照刑法关于侵犯著作权罪、销售侵权复制品罪的规定,依法追究刑事责任。

数字资源 4-5
案例分析

四、侵犯其他知识产权的行为

(一) 侵犯植物新品种权的行为

侵犯植物新品种权的行为是指未经植物新品种权人许可,以商业目的生产或者销售授权品种的繁殖材料的行为。侵犯植物新品种权的行为可以分为两大类。

1. 非法利用授权品种的侵权行为

非法利用授权品种的侵权行为是指侵害人未经植物新品种权人的许可,以商业目的生产或者销售授权品种的繁殖材料,或者将该授权品种的繁殖材料重复使用于生产另一品种的繁殖材料。

2. 非法假冒授权品种的侵权行为

非法假冒授权品种的侵权行为具体表现为以下几种:一是印制或者使用伪造的品种权证书、品种权申请号、品种权号或者其他品种权申请标记、品种权标记;二是印制或者使用已经被驳回、视为撤回或者撤回的品种权申请的申请号或者其他品种权申请标记;三是印制或者使用已经被终止或者被宣告无效的品种权的品种权证书、品种权号或者其他品种权标记;四是生产或者销售上述三项所标记的品种;五是生产或销售冒充品种权申请或者授权品种名称的品种;六是其他足以使他人将非品种权申请或者非授权品种误认为品种权申请或者授权品种的行为。

数字资源 4-6
案例分析

(二) 侵犯集成电路布图设计权的行为

侵犯集成电路布图设计权的行为是指未经集成电路布图设计权人许可,擅自复制或者进行商业利用其受保护的集成电路布图设计,依法应承担法律责任的行为。

《集成电路知识产权条约》(俗称《华盛顿条约》)第 6 条规定:"任何缔约方应认为未经权利持有人许可而进行的下列行为是非法的:(1) 复制受保护的布图设计(拓扑图)的全部或其任何部分,无论是否将其结合到集成电路中,但复制不符合第三条(二)款所述原创性要求的任何部分布图设计除外;(2) 为商业目的进口、销售或者以其他方式供销受保护的布图设计(拓扑图)或者其中含有受保护的布图设计(拓扑图)的集成电路。"

根据我国《集成电路布图设计保护条例》第 30 条的规定,侵犯集成电路布图设计权的行为主要分为以下两种:一是未经集成电路布图设计权人许可,复制受保护的集成电路布图设计的全部或者其中任何具有独创性的部分;二是未经集成电路布图设计权人许可,为商业目的进口、销售或者以其他方式提供受保护的集成电路布图设计、含有该布图设计的集成电路或者含有该集成电路的物品。

（三）侵犯商业秘密

侵犯商业秘密是指行为人未经商业秘密的合法控制人的许可，以非法手段获取商业秘密并加以公开或使用的行为。依照我国《反不正当竞争法》第 10 条第 1 款和第 2 款的规定，侵犯商业秘密行为的具体表现形式主要有以下四种。

一是以盗窃、利诱、胁迫或者其他不正当手段获取权利人的商业秘密。盗窃是指以秘密手段非法掌握不属于自己的财物，即他人的商业秘密。利诱是指行为人通过向掌握商业秘密的人员提供财物或者其他优待条件，诱使其向行为人提供商业秘密。胁迫是指行为人用威胁、强制的方法迫使了解和掌握商业秘密的人员向其提供商业秘密。其他不正当手段属于概括性规定，包括除盗窃、利诱、胁迫之外的各种不正当手段，如以"业务洽谈""合作开发"等名义所实施的旨在获取权利人的商业秘密的各种行为。

二是披露、使用或者允许他人使用以上述不正当手段获取的权利人的商业秘密。以违法手段获取他人的商业秘密构成了对他人知识产权的侵害，但是这往往并不是行为人的主要目的。随之而来的往往是对违法获取的商业秘密加以利用，以进行不正当竞争，或者不论出于何种目的向他人泄露或向社会公开或允许他人使用。因此，该行为是一种更加严重的侵权行为。

三是违反约定或者违反权利人有关保守商业秘密的要求，披露、使用或者允许他人使用其所掌握的商业秘密。合法掌握商业秘密的人，可能是权利人单位的内部工作人员或其他知情人，也可能是与权利人有合同关系的对方当事人。上述行为人违反单位规定或者合同约定的保密义务，将其所掌握的商业秘密擅自公开，或自己使用，或许可他人使用，这些行为都构成了对商业秘密的侵犯。

四是第三人明知或者应知经营者有违反约定或违反权利人的保守商业秘密要求的违法行为，仍获取、使用或者披露他人的商业秘密。该侵权行为具有一定的特殊性，虽然不是直接从权利人处获得商业秘密，但仍是侵权行为。

数字资源 4-7

这些行为都侵犯了知识产权

第二节　知识产权的行政保护

一、知识产权行政保护机构

知识产权的行政保护是指相关国家行政管理机关遵循法定程序、运用法定行政手段，依法处理各种知识产权纠纷、维护知识产权秩序和提高知识产权社会保护意识。我国针对不同的知识产权类型及其保护要求，从国家到地方，设置了相应的履行知识产权保护职责的行政管理部门。从国家层面来看，行政管理部门主要包括国家知识产权局、国家版权局、商务部、国家市场监督管理总局、国家林业和草原局、农业农村部、海关总署等；从地方层面来看，则主要由接受上述国务院行政机构业务指导的地方行政管理部门来履行保护职责。

（一）专利行政保护机构

专利行政机关由国务院和各省、自治区、直辖市、沿海开放城市及经济特区的有关部门设立组建，并享有执法和管理权。它们有权责令侵权人停止侵权行为、赔偿损失或对其处以罚款。自接到赔偿决定起三个月内，任一方当事人只要有异议，即可向人民法院起诉。若当事人未在该期间内起诉，则专利行政机关做出的决定立即生效。

我国《专利法》及《专利法实施细则》规定，对未经专利权人许可，实施其专利的侵权行为，专利权人或者利害关系人可以请求专利行政机关进行处理。专利行政机关处理的时候，有权责令侵权人停止侵权行为，并赔偿损失。对将非专利产品冒充专利产品的或者将非专利方法冒充专利方法的，专利行政机关可以视情节，责令停止冒充行为，消除影响，并处以1000元至5万元或者非法所得额1至3倍的罚款。

（二）商标行政保护机构

2008年，根据《国务院关于机构设置的通知》，设立国家工商行政管理总局，作为商标管理的最高行政机构，而县级及以上的地方工商局则负责具体地方的商标管理和执法工作。2018年3月，根据第十三届全国人民代表大会第一次会议批准的国务院机构改革方案，将国家工商行政管理总局的商标管理职责整合，重新组建中华人民共和国国家知识产权局，商标行政机关为县级以上工商行政管理部门。

我国《商标法》及《商标法实施条例》规定，对侵犯注册商标专用权的行为，被侵权人可以向县级以上工商行政管理部门请求处理，工商行政管理部门有权责令侵权人立即停止侵权行为，赔偿被侵权人的损失。侵犯注册商标专用权，未构成犯罪的，工商行政管理部门可以根据情节处罚。违法经营额5万元以上的，可以处违法经营额5倍以下的罚款，没有违法经营额或者违法经营额不足5万元的，可以处25万元以下的罚款。对5年内实施两次以上商标侵权行为或者有其他严重情节的，应当从重处罚。销售不知道是侵犯注册商标专用权的商品，能证明该商品是自己合法取得并说明提供者的，由工商行政管理部门责令停止侵权。

（三）著作权行政保护机构

国家版权局和各地方政府的著作权行政机关负责著作权管理以及著作权法的执法工作。这些行政机关可以对侵权行为采取公开警告、禁止侵权作品生产和销售、没收违法所得、查封侵权作品及制造侵权作品的设备、罚款等处罚措施。我国《著作权法》

及《著作权法实施条例》规定，对于侵犯他人著作权的行为，应当根据情况，承担停止侵害、消除影响、赔礼道歉、赔偿损失等民事责任；同时损害公共利益的，可以由著作权行政管理部门责令停止侵权行为，没收非法所得，没收、销毁侵权复制品，并可处以罚款；情节严重的，著作权行政机关还可以没收主要用于制作侵权复制品的材料、工具、设备等。

同时，除了以上负责主管知识产权的行政机关外，海关、公安、新闻出版、文化市场管理等部门根据法律的相关规定，也各自拥有一定的知识产权行政执法职能，分别在本部门所属行业内，依法对有关知识产权予以行政保护。如新闻出版和文化市场管理部门对主管业务中涉及的知识产权、医药卫生管理部门对药品制造生产中所涉及的知识产权、农业管理部门对农药制造生产中的知识产权、化学工业管理部门对化学物资制造生产中的知识产权分别依法采取行政措施予以保护。

（四）知识产权保护中心

2016年，国家知识产权局启动知识产权快速协同保护工作，依托地方共同建设知识产权保护中心，为创新主体、市场主体提供"一站式"知识产权综合服务。建设知识产权保护中心的目的，是通过集快速预审、快速确权、快速维权为一体的协调联动方式，切实解决知识产权维权举证难、周期长、成本高等问题，为社会公众提供更加便捷、高效、低成本的维权渠道。截至2023年7月，全国在建和已建成运行的国家级知识产权保护中心共有63家，覆盖26个省（自治区、直辖市），基本建成覆盖全国主要区域的知识产权保护中心网络。

各知识产权行政机关依法行使行政管理职权，维护知识产权法律秩序，鼓励公平竞争，调解纠纷，查处知识产权的侵权案件，针对侵犯知识产权的行为，采取行政措施有效地制止侵权行为，保障了知识产权权利人的利益和良好的社会经济环境。

二、知识产权行政保护机构的行政保护权利

（一）对知识产权侵权的处理

当知识产权受到侵害时，知识产权行政机关依法对知识产权侵权行为进行处理，对权利人的合法权益进行行政保护。根据有关知识产权法律的规定，当知识产权人的权利受到侵害时，可以向知识产权行政机关请求处理，知识产权行政机关按照行政程序对侵权案件进行处理，包括责令侵权人立即停止侵权行为，应当事人的要求，可以就赔偿数额进行调解。

但是，知识产权行政机关对知识产权侵权的处理不是终局的，只要当事人一方不服，在收到知识产权行政机关的处理通知之日起三个月内，仍可以向法院起诉。例如《专利法》第65条规定管理专利工作的部门可以对侵权行为进行处理的同时，也规定

了"当事人不服的，可以自收到处理通知之日起十五日内依照《中华人民共和国行政诉讼法》向人民法院起诉；侵权人期满不起诉又不停止侵权行为的，管理专利工作的部门可以申请人民法院强制执行。"只有当双方当事人对行政机关的处理决定表示接受，并在规定时间内未向法院提起诉讼的，该处理决定才具有法律约束力。

（二）知识产权执法的职权

对于各种知识产权侵权纠纷，知识产权法律还赋予了有关知识产权行政机关行政执法的职权。当发生知识产权侵权纠纷时，权利人可以向侵权行为地或者侵权人住所地的知识产权行政机关提出保护其知识产权的请求。对于侵犯专利权、集成电路布图设计权、商标权、商业秘密专用权、著作权的行为，有关知识产权行政机关可以责令侵权人停止侵权行为，没收违法所得，并处以罚款。对于一些侵犯集成电路布图设计权、商标权、商业秘密专用权及著作权的行为，知识产权行政机关还可以收缴用于侵权的工具、设备，没收、销毁侵权产品或物品。

三、侵犯知识产权的行政责任

侵犯知识产权的行政责任是指知识产权行政部门对于较为严重的知识产权侵权行为依法给予侵权行为人的行政处罚。侵犯知识产权行为由于性质和损害程度不同，在承担法律责任方面也有所不同。那些不仅侵害了知识产权人的私人权益，同时还欺骗了广大公众、损害了社会利益、破坏了社会经济秩序的行为，除了要依法承担民事责任以外，根据《知识产权法》的规定，还可以由知识产权行政部门责令侵权人承担相应的行政责任。

侵犯知识产权的行政责任的主要形式包括：① 责令停止侵权行为；② 没收违法所得；③ 没收侵权复制品；④ 罚款；⑤ 没收主要用于制作侵权复制品的材料、工具、设备等；⑥ 法律、法规、规章规定的其他行政处罚。这些责任形式在不同的知识产权法律中具体规定不一。

（一）侵犯专利权的行政责任

我国《专利法》第60条规定："未经专利权人许可，实施其专利，即侵犯其专利权，引起纠纷的，由当事人协商解决；不愿协商或者协商不成的，专利权人或者利害关系人可以向人民法院起诉，也可以请求管理专利工作的部门处理。管理专利工作的部门处理时，认定侵权行为成立的，可以责令侵权人立即停止侵权行为。"这是确定侵犯专利权的行政责任的依据。同时，《专利法》第68条规定："假冒专利的，除依法承担民事责任外，由负责专利执法的部门责令改正并予公告，没收违法所得，可以处违法所得五倍以下的罚款；没有违法所得或者违法所得在五万元以下的，可以处二十五万元以下的罚款；构成犯罪的，依法追究刑事责任。"根据以上规定，专利行政机关可以采取的执法措施有责令侵权人停止侵权行为、赔偿损失、没收违法所得、罚款等。

（二）侵犯著作权的行政责任

侵犯著作权的行政责任，是指国家著作权行政机关依照法律规定，对侵犯著作权或著作权有关权利的行为给予的行政制裁。根据我国《著作权法》《著作权法实施条例》《著作权行政处罚实施办法》的相关规定，有《著作权法》第53条所列侵权行为的，应当根据情况，承担《著作权法》第52条规定的民事责任；侵权行为同时损害公共利益的，由主管著作权的部门责令停止侵权行为，予以警告，没收违法所得，没收、无害化销毁处理侵权复制品以及主要用于制作侵权复制品的材料、工具、设备等，违法经营额5万元以上的，可以并处违法经营额1倍以上5倍以下的罚款；没有违法经营额、违法经营额难以计算或者不足5万元的，可以并处25万元以下的罚款；构成犯罪的，依法追究刑事责任。对当事人的同一违法行为，其他行政机关已经予以罚款的，著作权行政管理部门不得再予罚款，但仍可以视具体情况予以其他种类的行政处罚。

（三）侵犯商标权的行政责任

依照《商标法》第60条规定，有《商标法》第57条所列侵犯注册商标专用权行为之一，引起纠纷的，由当事人协商解决；不愿协商或者协商不成的，商标注册人或者利害关系人可以向人民法院起诉，也可以请求工商行政管理部门处理。对侵犯商标专用权的赔偿数额的争议，当事人可以请求进行处理的工商行政管理部门调解，也可以依照《中华人民共和国民事诉讼法》向人民法院起诉。经工商行政管理部门调解，当事人未达成协议或者调解书生效后不履行的，当事人可以依照《中华人民共和国民事诉讼法》向人民法院起诉。

1. 侵犯商标权行为的行政查处程序

工商行政管理机关在接到商标注册人的控告或其他任何人的检举或者在检查中发现有侵犯商标权的行为，以及其他部门移送的案件，均应依照职权调查核实，依法处理。对已经发生的侵犯商标权行为，工商行政管理机关经审查认为确有侵权事实存在，需要给予行政处罚，属于依职权的管辖范围，且人民法院尚未受理的，应当立案。

工商行政管理机关在行使前述职权时，有关当事人应当予以协助、配合，不得拒绝、阻挠。工商行政管理机关对侵犯注册商标专用权的行为，有权依法查处；涉嫌犯罪的，应当及时移送司法机关处理。

2. 行政处罚

被侵权人的注册商标合法权益因他人侵权而受到损害时，可以依照法定程序，向县级以上（包括县级）工商行政管理机关提出申请，要求及时采取有效的行政措施，制止侵权行为，并赔偿损失。工商行政管理机关经过查实、认定，对侵权行为人依法做出处理决定。根据《商标法》第 60 条的规定，侵犯商标权行为的行政责任形式有如下几类：① 责令立即停止侵权行为；② 没收、销毁侵权商品和主要用于制造侵权商品、伪造注册商标标识的工具；③ 违法经营额 5 万元以上的，可以处违法经营额 5 倍以下的罚款，没有违法经营额或者违法经营额不足 5 万元的，可以处 25 万元以下的罚款；④ 五年内实施两次以上商标侵权行为或者有其他严重情节的，应当从重处罚；⑤ 销售不知道是侵犯注册商标专用权的商品，能证明该商品是自己合法取得并说明提供者的，由工商行政管理部门责令停止销售。

第三节 知识产权的司法保护

知识产权的司法保护，即通过司法途径对知识产权进行保护，主要是指由享有知识产权的权利人或国家公诉人向人民法院对侵权人提起民事、刑事诉讼，以追究侵权人的民事、刑事法律责任，以及通过不服知识产权行政机关处罚决定的当事人向人民法院提起行政诉讼，对知识产权行政执法进行司法审查，以支持正确的或纠正错误的行政处罚，使各方当事人的合法权益得到切实保护。

一、知识产权诉讼程序的启动

（一）知识产权诉讼管辖

民事案件的诉讼管辖是指各级人民法院和同级人民法院之间，在受理第一审案件时的分工和权限。我国《民事诉讼法》将民事案件的管辖分为级别管辖、地域管辖、移送管辖和指定管辖。审理知识产权案件，应当遵守《民事诉讼法》及相关的司法解释的规定，来确定案件的管辖权。下面简要介绍知识产权诉讼的级别管辖和地域管辖。

1. 知识产权诉讼的级别管辖

级别管辖是指按照一定的标准，划分各级人民法院之间受理第一审民事案件的分工和权限。级别管辖是确定管辖的首要环节。级别管辖并不涉及某个具体的法院，而是从纵向上解决哪些第一审案件应由哪一级法院受理和审理的问题。由于知识产权诉讼不同于一般的民事案件，它具有专业性和技术性强、审理难度大等特点，我国《民事诉讼法》及相关的司法解释对知识产权诉讼的级别管辖做了特别规定。

（1）专利纠纷第一审案件

《最高人民法院关于审理专利纠纷案件适用法律问题的若干规定》第 2 条规定："专利纠纷第一审案件，由各省、自治区、直辖市人民政府所在地的中级人民法院和最高人民法院指定的中级人民法院管辖。最高人民法院根据实际情况，可以指定基层人民法院管辖第一审专利纠纷案件。"以国家知识产权局专利复审委员会作为被告的专利行政案件，由北京市第一中级人民法院作为第一审法院，以北京市高级人民法院为第二审法院。

（2）商标民事纠纷第一审案件

根据《最高人民法院关于审理商标案件有关管辖和法律适用范围问题的解释》第2条的规定，商标民事纠纷第一审案件由中级以上人民法院管辖，各高级人民法院根据本辖区的实际情况，经最高人民法院批准，可以在较大的城市确定1~2个基层人民法院受理第一审商标民事纠纷案件。不服国家知识产权局作出的复审决定或者裁定的行政案件，由北京市高级人民法院根据最高人民法院的授权确定其辖区内有关中级人民法院管辖。

（3）著作权民事纠纷案件

根据《最高人民法院关于审理著作权民事纠纷案件适用法律若干问题的解释》第2条的规定，著作权民事纠纷案件由中级以上人民法院管辖。各高级人民法院根据本辖区的实际情况，可以确定若干基层人民法院管辖第一审著作权民事纠纷案件。

（4）反不正当竞争民事第一审案件

根据《最高人民法院关于审理不正当竞争民事案件应用法律若干问题的解释》第18条的规定，反不正当竞争民事第一审案件，一般由中级人民法院管辖，各高级人民法院根据本辖区的实际情况，经最高人民法院批准，可以确定若干基层人民法院受理不正当竞争民事第一审案件，已经批准可以审理知识产权民事案件的基层人民法院，可以继续受理。

2. 知识产权诉讼的地域管辖

地域管辖又称区域管辖，是指同级人民法院之间受理第一审案件的分工和权限。地域管辖是在级别管辖确定的前提下，对管辖权的深化，主要是根据人民法院的辖区与当事人所在地或者与诉讼标的所在地的关系确定第一审案件的管辖。

（1）知识产权诉讼的一般地域管辖

一般地域管辖又称普通管辖，是指以当事人住所地与法院辖区的关系来确定管辖法院。一般地域管辖的原则是"原告就被告"，即民事诉讼由被告所在地人民法院管辖。实行"原告就被告"原则，有利于人民法院调查、核实证据，迅速查明案情，正确处理民事纠纷；有利于传唤被告出庭应诉；有利于采取财产保全和先予执行措施，如果被告败诉，还有利于执行；同时，还可以防止原告滥用诉权，给被告造成不应有的损失。

《民事诉讼法》第22条第1款规定，对公民提起的民事诉讼，由被告住所地人民法院管辖；被告住所地与经常居住地不一致的，由经常居住地人民法院管辖。这里所说的住所地，是指公民的户籍所在地；经常居住地，是指公民离开住所地至起诉时连续居住一年以上的地方，但公民住院就医的地方除外。《民事诉讼法》第22条第2款规定，对法人或者其他组织提起的民事诉讼，由被告住所地人民法院管辖。这里所说的法人或者其他组织的住所地，是指其主要营业地或者主要办事机构所在地。如无有关知识产权诉讼管辖的特别规定，民事诉讼法的有关规定同样适用于知识产权诉讼。

（2）知识产权合同诉讼的地域管辖

知识产权合同诉讼的管辖是一种特殊地域管辖，即以被告住所地及诉讼标的或者引起法律关系发生、变更、消灭的法律事实所在地为标准，确定管辖法院。根据我国《民事诉讼法》第 24 条规定，因合同纠纷提起的诉讼，由被告住所地或者合同履行地人民法院管辖。知识产权诉讼涉及的合同纠纷主要有知识产权转让合同纠纷、知识产权使用许可合同纠纷、技术开发合同纠纷、技术咨询合同纠纷、技术服务合同纠纷等。当事人订立合同时，应当明确合同的履行地。如果双方当事人按合同约定的履行地实际履行了合同，就应当按双方约定的合同履行地确定管辖法院。如果合同没有实际履行，当事人双方住所地又都不在合同约定的履行地，则应当由被告住所地人民法院管辖；审判实践中，大量的合同没有约定履行地点，并且已经实际履行，要依据合同履行地来确定管辖法院就要求法官对此做出正确判断。

（3）知识产权侵权诉讼的地域管辖

专利侵权纠纷案件由侵权行为地或者被告住所地人民法院管辖。原告仅对侵权产品制造者提起诉讼，未起诉销售者，侵权产品制造地与销售地不一致的，制造地人民法院有管辖权；以制造者与销售者为共同被告起诉的，销售地人民法院有管辖权；销售者是制造者的分支机构，原告在销售地起诉侵权产品制造者制造、销售行为的，销售地人民法院有管辖权。

著作权侵权纠纷案件、商标侵权纠纷案件，由侵权行为的实施地、侵权复制品储藏地或者查封扣押地、被告住所地人民法院管辖。侵权复制品储藏地，是指大量或者经常性储存、隐匿侵权复制品所在地；查封扣押地，是指海关、版权、工商等行政机关依法查封、扣押侵权复制品所在地。著作权侵权纠纷案件、商标侵权纠纷案件，对涉及不同侵权行为实施地的多个被告提起的共同诉讼，原告可以选择其中一个被告的侵权行为实施地人民法院管辖；仅对其中某一被告提起的诉讼，该被告侵权行为实施地的人民法院有管辖权。

案例分析 4-2

（2022）最高法民辖 42 号案件中，原告 A 住所地为河北省秦皇岛市，被告 B 住所地为北京市，原告 A 因被告擅自在相关网站上发布、使用其享有著作权的写真艺术作品，侵害了其著作权向秦皇岛市中级人民法院（以下简称秦皇岛中院）提起诉讼，要求停止侵权、赔偿损失等。被告 B 对本案管辖权提出异议。

河北省高级人民法院做出民事裁定认为：本案涉及侵害信息网络传播权的侵权行为，应当适用《最高人民法院关于审理侵害信息网络传播权民事纠纷案件适用法律若干问题的规定》第15条的规定——秦皇岛中院将被侵权人住所地作为侵权结果发生地，据以确定本案管辖错误，应予纠正。北京互联网法院作为侵权行为地和被告住所地人民法院，对本案具有管辖权，故裁定撤销秦皇岛中院做出的27号裁定，将本案移送北京互联网法院审理。

思考：查阅相关资料，阐述选择管辖法院有何重要意义。

（二）知识产权诉讼当事人的确定

由于知识产权的无形性使得权利人难以以占有的方式来证明自己权利存在和所有的状态，体现的诉讼中，原告主张权利时往往需要证明权利的存在——具备知识产权成立的要件，同时需要证明该权利属于自己所有，在侵权诉讼中还需要证明该权利具有对抗不特定第三人的效力。在司法实践中，较之一般的民事诉讼，知识产权诉讼被告往往更经常地提出权属抗辩，以在程序上否定原告主体资格来达到对其实体权利主张否定的目的。因而，知识产权诉讼中原告诉讼主体资格的确定尤显重要。

1. 原权利人诉讼主体资格的确定

在知识产权的三大制度中，商标权、专利权的取得基于行政主管部门的审核授予，权利主体的确认相对简单，提供行政主管部门颁发的确权证明即可。当然，专利权中实用新型、外观设计均无须经过实质审查即予授权，司法实践中这种权利，包括发明专利权往往受到质疑，无效宣告请求决定书和专利行政诉讼判决便也成为原告诉权存在的有效证明。

著作权因创作后自动产生，权利人可提供涉及著作权的底稿、原件、合法出版物、著作权登记证书等证明其独立创作的事实及完成时间、是否有禁用声明等，演绎作品著作权人、邻接权人还要提供合法授权证明。

在网络环境下，由于发表程序简单、数字存储状态的作品发表时的状态容易被改动，且发表时往往使用笔名甚至不署名，权利人以及发表时的状态的证明均有一定难度。实践中一般采取权利推定的方式，即除非有相反证据，否则由上载作品内容的网络服务提供者提供的证明来确定作品的著作权人。由于该类网络服务商有权决定作品的上载，其地位相当于在传统传播作品途径中的出版者的地位，对所"出版"（上传）的作品的权利状况相对清楚，其证言具有较强的证明力。

2. 侵权诉讼中继受权利的排他性是拥有独立诉权的条件

《最高人民法院关于审理商标民事纠纷案件适用法律若干问题的解释》第4条确立了独占许可人的独立诉权、排他许可人在一定条件下的独立诉权和经原权利人授权的普通许可人的诉权。虽然专利权、著作权的相关规定中没有具体类似条款对继受权利人诉权做出具体规定，但由于专利权许可实施合同的种类和许可的权限与商标法中的含义基本一致，著作权许可使用合同也同样赋予当事人自行选择许可权利范围的规定，可以类推认为专利权、著作权侵权案件中被许可使用人诉权也可依此认定，即权利的排他性是侵权诉讼中独立诉权存在的前提。

从理论上来讲，原告与诉讼标的有法律上的利害关系是诉讼成立的条件。在侵权诉讼中，这种利害关系表现为第三人的行为（在独占性权利中包括原权利人的行为）与原告权益之间的冲突关系，这就要求原告取得的权利本身具有一定的排他性，即制止第三人同时行使该权利的权利。

（三）诉前禁令

诉前禁令，是指提起诉讼前法院责令侵权人停止有关行为的措施。为适应入世对我国知识产权保护的特殊要求，我国将诉前禁令制度纳入《专利法》《商标法》《著作权法》中，同时，最高人民法院出台了相关的司法解释对该制度的具体适用做了专门规定。知识产权中的诉前禁令是为及时制止正在实施或即将实施的侵害权利人知识产权或有侵害之虞的行为，而在当事人起诉前根据其申请发布的一种禁止行为人从事某种行为的强制性命令。

《商标法》第65条规定："商标注册人或者利害关系人有证据证明他人正在实施或者即将实施侵犯其注册商标专用权的行为，如不及时制止将会使其合法权益受到难以弥补的损害的，可以依法在起诉前向人民法院申请采取责令停止有关行为和财产保全的措施。"《专利法》第72条、《著作权法》第56条、《集成电路布图设计保护条例》第32条也有类似规定。这种知识产权权利人或者利害关系人在起诉前申请，并由法院裁定做出的责令停止侵犯特定知识产权侵权行为的强制措施被称为诉前禁令或诉前责令停止侵权行为。诉前禁令在我国《民事诉讼法》中没有规定，但与《民事诉讼法》中"先予执行"制度类似。两者不同的是，"先予执行"只能在起诉后申请，并且"先予执行"针对的是正在发生的侵权行为，不能针对即将实施的侵权行为。

诉前禁令是部分知识产权侵权民事诉讼程序中的一项特有制度，不能随意扩大其适用范围。从我国有关知识产权法律法规的规定看，诉前禁令目前在我国只适用于商标侵权、专利侵权、版权侵权和集成电路布图设计侵权这四类案件。诉前禁令在TRIPS协定第50条中被列为"临时措施"之一，是世界贸易组织成员在立法中必须予以规定的制度。禁令可以针对实际发生的侵犯知识产权的行为，也可以针对有侵害之虞的行为。在有关商业秘密的案件中，由于商业秘密的特性，一旦披露即丧失价值、权利人因披露而遭受的损失难以计算等，禁令的使用频率很高。因而，禁令在商业秘密保护中具有更为独特和重要的作用。但由于我国未修订《反不正当竞争法》或颁布专门的商业秘密保护法，在商业秘密保护方面还未建立禁令救济制度。

(四) 知识产权诉讼时效

根据相关法律规定，公民因民事纠纷而提起诉讼的诉讼时效为三年，诉讼时效期间自权利人知道或者应当知道权利受到损害以及义务人之日起计算。侵犯知识产权也属于民事纠纷，故可适用前述规定。《民法典》第188条规定："向人民法院请求保护民事权利的诉讼时效期间为三年。法律另有规定的，依照其规定。诉讼时效期间自权利人知道或者应当知道权利受到损害以及义务人之日起计算。法律另有规定的，依照其规定。但是，自权利受到损害之日起超过二十年的，人民法院不予保护，有特殊情况的，人民法院可以根据权利人的申请决定延长。"

对于侵犯知识产权的诉讼时效一般是三年，是从权利人知道或者应该知道的那天开始算起的。商标权、专利权或者著作权的权利人，超过三年进行起诉的，如果知识产权还在保护期内，人民法院可以判决责令被告停止侵权的行为。侵权损害赔偿的数额，应该从权利人向人民法院起诉那天起，前推三年进行计算。

二、侵犯知识产权的民事责任

侵犯知识产权的民事责任，指民事主体因实施知识产权法律规定的侵权行为而应承担的民事法律后果。综合我国知识产权专门法律法规的规定，我国知识产权侵权的民事责任形式主要有停止侵害、消除影响以及赔礼道歉、赔偿损失等。

(一) 停止侵害

停止侵害是指权利人有权要求侵权人停止已经出现的正在实施的侵权行为，包括防止尚未发生但可能发生的侵权行为。后者相当于传统民事救济措施中的请求排除妨碍。这是为防止损害的继续发生和扩大而采取的一种责任方式，也是侵权人承担的最为常见的责任形式，其目的是通过停止正在发生的侵权行为或防止将要发生的侵权行为，来实现阻止尚未发生的损害发生的目标，而不是对已经发生的损害的救济。停止侵害的适用条件是侵权人的侵权行为正在进行，或有可能再次发生，或可能将会发生。在诉讼中，法院判决前被告仍继续其被控侵权行为的，法院应当在判决中判令被告停止侵权行为；如在原告起诉前，或在诉讼过程中，被告主动停止了被控侵权行为，法院在确认被告已经在事实上停止侵权的前提下一般不再判令被告停止侵权行为；但是，只要该行为有再次发生的可能，经原告请求，法院也应判令被告停止侵权行为。

为有效阻止专利侵权行为继续进行，人民法院可以根据专利权人的请求，没收、销毁侵权产品或者责令侵权行为人将侵权物品交由专利权人或者利害关系人处理。但应当注意，判令侵权人停止制造专利产品后，对制造侵权产品的专用设备、工具等应当予以没收、销毁；对质量低劣的假冒专利产品，应当予以没收、销毁；对仿制的侵权产品，可以根据专利权人的请求予以没收、销毁，或者责令侵权人将其交由专利权人或者利害关系人处理。因没收、销毁侵权产品或者专用设备、工具等造成的损失，应当由侵权行为人承担。同时还应注意，专利权人或者利害关系人并非任何情况下都可以请求侵权人承担这种法律责任。例如，如果管理专利工作的部门的处理决定或者人民法院的判决是在专利权已经终止后做出的，那么就不能适用停止侵权这种责任形式。

在著作权侵权案件中，人民法院为使侵权行为得以停止，可以没收违法所得、侵权复制品以及进行违法活动的财物。

（二）消除影响以及赔礼道歉

消除影响是指权利人有权要求侵权人，或者诉请人民法院责令侵权人在一定范围内澄清事实，以消除人们对权利人的不良印象。一般来讲，侵权行为造成影响的范围有多大，就应在多大的范围内消除影响。在知识产权的侵权责任上，消除影响一般适用于侵害人身权、发明权、发现权等知识产权精神权利和侵害知识产权经济权利且已经造成不良影响的情形。例如，侵犯他人注册商标权或驰名商标权，从而给相关商标权利人的商誉等造成了不良影响的情况。赔礼道歉是指因侵权行为给权利人造成不良影响的，侵权人应向权利人承认错误，请求谅解。赔礼道歉的形式可以是书面的，也可以是口头的，但必须是公开的，在实务中，知识产权权利人常常在诉讼中要求侵权人登报道歉。我国《著作权法》第52条、《计算机软件保护条例》第23条和第24条明确规定了侵权人消除影响、赔礼道歉的法律责任形式，而《专利法》《商标法》等均未规定这种责任形式。

（三）赔偿损失

赔偿损失是指侵权人因侵犯他人知识产权的行为而给知识产权权利人造成损害的，应当赔偿知识产权权利人因其侵权行为所受到的经济损失。知识产权侵权应当按照权利人的实际损失给予赔偿，实际损失难以计算的，按照侵权行为人因为侵权行为获得的利益给予赔偿。上述方式都没有办法确定赔偿的，应当根据侵权行为情节由人民法院判决。

侵犯著作权或者与著作权有关的权利的，侵权人应当按照权利人的实际损失给予赔偿；实际损失难以计算的，可以按照侵权人的违法所得给予赔偿。赔偿数额还应当包括权利人为制止侵权行为所支付的合理开支。权利人的实际损失或者侵权人的违法所得不能确定的，由人民法院根据侵权行为的情节，判决给予50万元以下的赔偿。

侵犯商标权的赔偿数额，为侵权人在侵权期间因侵权所获得的利益，或者被侵权人在被侵权期间因被侵权所受到的损失，包括被侵权人为制止侵权行为所支付的合理开支。前款所称侵权人因侵权所得利益，或者被侵权人因被侵权所受损失难以确定的，由人民法院根据侵权行为的情节，判决给予 50 万元以下的赔偿。

侵犯专利权的赔偿数额，按照权利人因被侵权所受到的实际损失确定；实际损失难以确定的，可以按照侵权人因侵权所获得的利益确定。权利人的损失或者侵权人获得的利益难以确定的，参照该专利许可使用费的倍数合理确定。赔偿数额还应当包括权利人为制止侵权行为所支付的合理开支。权利人的损失、侵权人获得的利益和专利许可使用费均难以确定的，人民法院可以根据专利权的类型、侵权行为的性质和情节等因素，确定给予 1 万元以上 100 万元以下的赔偿。

三、侵犯知识产权的刑事责任

（一）侵犯专利权的刑事责任

我国《刑法》第 216 条规定："假冒他人专利，情节严重的，处三年以下有期徒刑或者拘役，并处或者单处罚金。"实施下列行为之一的，属于《刑法》第 216 条规定的"假冒他人专利"的行为：① 未经许可，在其制造或者销售的产品、产品的包装上标注他人专利号的；② 未经许可，在广告或者其他宣传材料中使用他人的专利号，使人将所涉及的技术误认为是他人专利技术的；③ 未经许可，在合同中使用他人的专利号，使人将合同涉及的技术误认为是他人专利技术的；④ 伪造或者变造他人的专利证书、专利文件或者专利申请文件的。

假冒他人专利，具有下列情形之一的，属于《刑法》第 216 条规定的"情节严重"，应当以假冒专利罪判处三年以下有期徒刑或者拘役，并处或者单处罚金：① 非法经营数额在 20 万元以上或者违法所得数额在 10 万元以上的；② 给专利权人造成直接经济损失 5 万元以上的；③ 假冒两项以上他人专利，非法经营数额在 10 万元以上或者违法所得数额在 5 万元以上的；④ 其他情节严重的情形。

（二）侵犯著作权的刑事责任

我国《刑法》第 217 条规定：以营利为目的，有下列侵犯著作权或者与著作权有关的权利的情形之一，违法所得数额较大或者有其他严重情节的，处三年以下有期徒刑，并处或者单处罚金；违法所得数额巨大或者有其他特别严重情节的，处三年以上十年以下有期徒刑，并处罚金：① 未经著作权人许可，复制发行、通过信息网络向公众传播其文字作品、音乐、美术、视听作品、计算机软件及法律、行政法规规定的其他作品的；② 出版他人享有专有出版权的图书的；③ 未经录音录像制作者许可，复制发行、通过信息网络向公众传播其制作的录音录像的；④ 未经表演者许可，复制发行录有其表演的录音录像制品，或者通过信息网络向公众传播其表演的；⑤ 制作、出售假冒他人署名的美术作品的；⑥ 未经著作权人或者与著作权有关的权利人许可，故意避开或者破坏权利人为其作品、录音录像制品等采取的保护著作权或者与著作权有关的权利的技术措施的。

这里的"违法所得数额较大"是指违法所得数额在3万元以上15万元以下。具有下列情形之一的，属于"有其他严重情节"：① 非法经营数额在5万元以上的；② 未经著作权人许可，复制发行其文字作品、音乐、电影、电视、录像作品、计算机软件及其他作品，复制品数量合计在1000张（份）以上的；③ 其他严重情节的情形。

这里的"违法所得数额巨大"是指违法所得数额在15万元以上。具有下列情形之一的属于"有其他特别严重情节"：① 非法经营数额在25万元以上的；② 未经著作权人许可，复制发行其文字作品、音乐、电影、电视、录像作品、计算机软件及其他作品，复制品数量合计在5000张（份）以上的；③ 其他特别严重情节的情形。

我国《刑法》第218条规定："以营利为目的，销售明知是本法第二百一十七条规定的侵权复制品，违法所得数额巨大或者有其他严重情节的，处五年以下有期徒刑，并处或者单处罚金。"这里的"违法所得数额巨大"是指违法所得数额在10万元以上。

案例分析4-3

飞某公司系医疗设备生产企业，其为保护设备维修软件等著作权及计算机系统安全，开发了安全防护程序及"加密狗"工具。使用人必须使用飞某公司授权发放的"加密狗"，通过安全防护程序身份认证，才能浏览使用被隐藏、限制的软件功能及加密文件。2020年起，刘某某未经飞某公司许可，从网上购得盗版"加密狗"，并利用电商平台向他人销售提供。经鉴定，盗版"加密狗"能够避开安全防护程序，获得受保护软件、文件的浏览使用权限。此外，刘某某未经许可，通过分享网盘链接等方式向他人销售飞某公司维修软件等作品。至案发，刘某某非法经营数额共计人民币15万余元。

审查起诉期间，刘某某自愿认罪认罚，退还违法所得并预交罚金。2023年1月，上海市普陀区人民检察院以被告人刘某某涉嫌侵犯著作权罪提起公诉，后法院判处其有期徒刑一年两个月，缓刑一年两个月，并处罚金8万元。

思考：上述案件的判决依据是什么？

（三）侵犯商标权的刑事责任

我国《刑法》中有关侵犯商标权的罪名有三个：假冒注册商标罪，销售假冒注册商标的商品罪，非法制造、销售非法制造的注册商标标识罪。这三条罪名分别对应《刑法》的 213 条、214 条和 215 条。

1. 假冒注册商标罪

我国《刑法》213 条规定："未经注册商标所有人许可，在同一种商品、服务上使用与其注册商标相同的商标，情节严重的，处三年以下有期徒刑，并处或者单处罚金；情节特别严重的，处三年以上十年以下有期徒刑，并处罚金。"

这里的"情节严重"是指具有下列情形之一的：① 非法经营数额在 5 万元以上或者违法所得数额在 3 万元以上的；② 假冒两种以上注册商标，非法经营数额在 3 万元以上或者违法所得数额在 2 万元以上的；③ 其他情节严重的情形。

这里的"情节特别严重"是指具有下列情形之一的：① 非法经营数额在 25 万元以上或者违法所得数额在 15 万元以上的；② 假冒两种以上注册商标，非法经营数额在 15 万元以上或者违法所得数额在 10 万元以上的；③ 其他情节特别严重的情形。

2. 销售假冒注册商标的商品罪

我国《刑法》214 条规定："销售明知是假冒注册商标的商品，违法所得数额较大或者有其他严重情节的，处三年以下有期徒刑，并处或者单处罚金；违法所得数额巨大或者有其他特别严重情节的，处三年以上十年以下有期徒刑，并处罚金。"

这里的"数额较大"指销售假冒注册商标的商品后所得和应得的全部违法收入在 5 万元以上；"数额巨大"指销售假冒注册商标的商品后所得和应得的全部违法收入在 25 万元以上。

3. 非法制造、销售非法制造的注册商标标识罪

我国《刑法》215 条规定："伪造、擅自制造他人注册商标标识或者销售伪造、擅自制造的注册商标标识，情节严重的，处三年以下有期徒刑，并处或者单处罚金；情节特别严重的，处三年以上十年以下有期徒刑，并处罚金。"

这里的"情节严重"指具有下列情形之一的：① 伪造、擅自制造或者销售伪造、擅自制造的注册商标标识数量在 2 万件以上，或者非法经营数额在 5 万元以上，或者违法所得数额在 3 万元以上的；② 伪造、擅自制造或者销售伪造、擅自制造两种以上注册商标标识数量在 1 万件以上，或者非法经营数额在 3 万元以上，或者违法所得数额在 2 万元以上的；③ 其他情节严重的情形。

这里的"情节特别严重"指具有下列情形之一的：① 伪造、擅自制造或者销售伪造、擅自制造的注册商标标识数量在 10 万件以上，或者非法经营数额在 25 万元以上，或者违法所得数额在 15 万元以上的；② 伪造、擅自制造或者销售伪造、擅自制造两种以上注册商标标识数量在 5 万件以上，或者非法经营数额在 15 万元以上，或者违法所得数额在 10 万元以上的；③ 其他情节严重的情形。

案例分析 4-4

被告人洪某某伙同他人组建名为"迪拜港"的犯罪团伙,设立主播部、客服部、仓管部、美工部等部门,并招募相关工作人员。2019年5月至2020年8月,洪某某从被告人王某某、唐某等人那里低价购进假冒"LV""DIOR""CHANEL"等注册商标的包装袋、墨镜、饰品及手表等商品,借助淘宝电商平台,通过"迪拜港大叔"等直播账户,采取"引流"客户、粉丝维护等方式保持直播间热度,伙同他人进行大量、公开销售,销售金额达人民币上千万元。

经上海市长宁区人民检察院提起公诉,2021年4月至2022年4月,洪某某等人分别被判处五年至六个月不等有期徒刑,并处700万元至5000元不等的罚金,部分被告人适用缓刑。对因犯罪情节轻微且自愿认罪认罚并退还违法所得的部分被告人,依法宣告不起诉。

思考:上述案件所涉及的侵犯商标权的罪名有哪些?

(四)侵犯商业秘密的刑事责任

《刑法》第219条规定,有下列侵犯商业秘密行为之一,情节严重的,处三年以下有期徒刑,并处或者单处罚金;情节特别严重的,处三年以上十年以下有期徒刑,并处罚金:① 以盗窃、贿赂、欺诈、胁迫、电子侵入或者其他不正当手段获取权利人的商业秘密的;② 披露、使用或者允许他人使用以前项手段获取的权利人的商业秘密的;③ 违反保密义务或者违反权利人有关保守商业秘密的要求,披露、使用或者允许他人使用其所掌握的商业秘密的。明知前款所列行为,获取、披露、使用或者允许他人使用该商业秘密的,以侵犯商业秘密论。

这里的"情节严重"是指,给商业秘密的权利人造成损失数额在50万元以上;这里的"情节特别严重"是指,给商业秘密的权利人造成损失数额在250万元以上。

第四节 知识产权纠纷解决的途径选择

一、知识产权行政保护与司法保护的选择

一般认为,我国对知识产权的保护主要有民事保护、行政保护、刑事保护三种方式。我国现行法律制度规定了知识产权的行政保护与司法保护。实践证明,行政保护与司法保护双轨并用、协调运作,可以从多渠道加强对权利人利益的保护,切实维护

知识产权权利人的合法权益，抑制和打击知识产权侵权行为。司法保护与行政保护各有优缺点，在知识产权受到侵害时，权利人是选择行政保护还是司法保护，首先要弄清两者各自的利弊。

（一）我国知识产权行政保护的利弊

1. 我国知识产权行政保护的优势

（1）行政保护的主动性

行政权具有主动性，知识产权行政管理机关一方面可以应知识产权权利人和利害关系人的申请进行处理，另一方面可以依职权主动采取行政执法措施，对侵犯知识产权的违法行为进行调查、处理。相对于被动的司法保护而言，行政保护更充分、及时和有效。

（2）行政保护的程序相对经济、简便和迅捷

相对于烦琐复杂的司法程序而言，行政执法程序相对简单。只要知识产权权利人发现他人侵权并提供相应的证据，然后向知识产权行政机关提出申请，就可以快速制止侵权人的侵权行为，这可使得知识产权权利人以较小的成本获得最有效、及时的保护。

（3）知识产权行政保护能充分发挥知识产权行政部门的专业优势

知识产权纠纷往往涉及比较复杂的技术问题，而知识产权行政部门的管理人员具有相对专门化和专业化的知识。这种专业优势可以更加充分有效地为权利人提供知识产权的保护。

2. 我国知识产权行政保护的弊端

（1）知识产权行政执法的程序不健全

因长期受"重实体、轻程序"观念的影响，我国知识产权行政执法程序不健全。行政专断、效率低下等问题在知识产权执法中容易出现，不利于切实充分地维护知识产权权利人的合法权益。

（2）行政执法力度不够

一些知识产权行政执法机关查处假冒伪劣案件时，多实行经济制裁，且处罚过轻，难以起到打击和威慑违法犯罪分子的作用。并且，知识产权的行政执法手段极其有限。如我国《专利法》第65条规定了"管理专利工作的部门处理时，认定侵权行为成立的，可以责令侵权人立即停止侵权行为"，没有规定其他诸如暂扣、吊销、查封、没收侵权产品等行政处罚方式。

（3）知识产权行政执法能力不强

由于没有统一的知识产权执法机构，执法主体涉及公安、专利、工商、新闻出版、海关等部门，实际操作中易因为执法依据、执法主体等法律规定的模糊性而出现行政机关互相推诿、扯皮等问题。另外，知识产权行政执法机关的分散管理，导致各地知识产权行政执法队伍的人力和物力分散，这也直接影响执法效果。

(4) 知识产权行政执法受地方保护主义的干扰

在知识产权行政执法中，一些地方政府的管理部门受自身利益驱动，打击侵犯知识产权行为的积极性不高；有些地方知识产权执法部门不仅未能严格履行其保护知识产权的职能，反而把盗版、生产销售假冒商标商品等作为重要财源，纵容侵犯知识产权的行为，越权办案、偏袒本地本部门、干预执法、对外地机关来本地办案的行为不支持甚至故意刁难等行为时有发生。

（二）知识产权司法保护的利弊

1. 我国知识产权司法保护的优势

（1）立法相对全面，实施效果明显

我国对知识产权侵权行为除了规定民事救济的程序外，对严重的侵权行为还规定了刑事制裁程序。对于民事侵权行为，人民法院除可以依法责令侵权人承担停止侵害、消除影响、赔礼道歉、赔偿损失等民事责任外，还可以对侵权人给予没收非法所得、罚款、拘留等制裁。对于情节严重构成犯罪的，可依法追究刑事责任。

（2）机构设置有保障，审判专业化

多年来，我国各级人民法院为执行知识产权法律而不懈努力。北京、上海、天津、广东等十几个省份高级人民法院，以及一批城市的中级人民法院均成立了知识产权审判庭，有些地处高新技术产业开发区的基层人民法院，也成立了知识产权审判庭，专门审理知识产权案件和技术合同案件；未成立知识产权审判庭的地区法院也适当地将知识产权审判业务集中在一个审判庭。这标志着我国知识产权审判工作已经走上了专业化的道路。

（3）知识产权司法保护具有稳定性、规范性、公平性和效力的终极性，以及注重赔偿等优点

知识产权司法审判要严格依照诉讼法律和相应的法庭规则进行，程序要求明确而具体，通过司法程序最终形成的结果具有法律效力和强制执行力，其稳定性自然比其他保护机制的结果要强。司法保护是知识产权保护的最终环节和最后的救济途径，我国司法保护实行二审终审制，法院的二审判决以及未提出上诉的一审判决属于生效的判决，当事人必须履行，其他组织和个人必须尊重，不能再通过司法之外的途径变更或推翻这些判决。

2. 我国知识产权司法保护的弊端

我国知识产权司法保护的弊端也比较明显，比如：知识产权司法保护具有被动性；诉讼程序复杂、时间长，知识产权权利人的维权成本高、风险大；知识产权司法保护中存在执行难的问题，不能充分有效地维护知识产权权利人的利益。

（三）知识产权行政保护与司法保护的选择

与其他国家相比，我国在知识产权保护上的一个重要特色就是行政保护和司法保护相结合。对于知识产权侵权行为，当事人既可以选择向法院提起诉讼，也可选择向知识产权行政部门提起行政裁决，或者在对行政裁决结果不满的情况下向法院提起知识产权侵权诉讼。

一般来说，在行政保护与司法保护的选择上，知识产权权利人须考虑以下相关因素。

1. 是否方便行使救济途径

司法保护和行政保护的受理机关是不同的。行政保护由各个地市的知识产权主管部门受理，因此一般来说当事人可以在侵权行为发生地请求知识产权主管部门进行相应的侵权处理。然而，司法保护只有具备管辖权的法院才能受理。《全国人民代表大会常务委员会关于专利等知识产权案件诉讼程序若干问题的决定》规定，"当事人对发明专利、实用新型专利、植物新品种、集成电路布图设计、技术秘密、计算机软件、垄断等专业技术性较强的知识产权民事案件第一审判决、裁定不服，提起上诉的，由最高人民法院审理"。这意味着，对于技术类知识产权纠纷案件，当事人很有可能需要到北京参加案件二审，不可避免地增加了诉讼成本。因此，从这一角度看，如果选择司法途径解决专利纠纷会增加当事人的诉讼成本，那么当事人可以将寻求行政保护作为一个主要途径加以优先考虑。

2. 是否方便所有请求权的行使

当事人通过司法途径寻求保护时，可以在诉讼请求中提出停止侵权、赔偿损失、赔礼道歉等主张；而在行政保护中，主要是停止侵权和赔偿损失。例如，根据《专利法》的规定，对于侵犯专利权的，权利人向行政机关请求处理的，仅限于要求责令被请求人停止侵权，对涉及赔偿问题的，只能请求行政机关调解。当事人对调解结果不服的，可以以另一方当事人为被告，向人民法院提起民事诉讼。

3. 程序的行使是否复杂

司法保护在程序的适用上主要是《民事诉讼法》和相关的司法解释有关诉讼程序的规定。一般来说，这些规定都对各级法院在审理案件的不同阶段适用哪种程序以及案件的审理时限做了相应的规定。如果案件进入法院审理，当事人可以有一个较为明确的审理期限的预期。行政保护主要适用国家知识产权主管部门和各省（自治区、直辖市）市制定的相关法规的程序性规定。从目前国家和地方有关行政保护的立法来看，行政保护在程序性的规定方面不如司法程序完善，因此有时难以发挥行政保护所应具有的及时、便捷的特点。例如，在知识产权司法保护方面，相关专门法律规定司法机关可应请求人的申请对侵权行为采取行为保全的措施，但是有关法律、法规和规章关于知识产权的行政保护却没有此项规定。

4. 是否有利于裁决结果的执行

行政保护和司法保护处理结果的执行单位不一样。行政机关的处理决定，其本身没有强制权，只能由行政机关申请人民法院执行，按现行的司法解释，还须由司法机关的行政审判业务庭审查后才裁定是否予以执行。对经审查后人民法院做出不予执行的裁定，则无救济途径。但是，如果是人民法院的裁决，则可以直接申请人民法院强制执行。

二、知识产权纠纷解决的其他途径

（一）仲裁

仲裁是指双方当事人在争议发生之前或者争议发生后达成协议，自愿将争议交给第三方做出裁决，争议双方有义务执行该裁决，从而解决争议的一种法律制度。仲裁的前提是纠纷双方有仲裁协议。在纠纷发生之前或纠纷发生之后，签订有效的仲裁协议，将纠纷提交某一仲裁机构裁决，仲裁机构通过该仲裁协议获得对案件的管辖权。当事人签订有效的仲裁协议之后就排斥了法院的管辖，当事人选择了仲裁的同时，不能再选择诉讼。仲裁实行一裁终局，一方不履行仲裁裁决的，对方当事人可以请求法院根据仲裁裁决强制执行。仲裁裁决尽管不是国家裁判行为，但同法院的终审判决一样有效。

与司法保护和行政保护相比，仲裁具有一裁终局、快捷便利、无地域性和管辖权限制等优势，可以提高纠纷解决效率，打破地方保护主义。在欧美等发达国家，仲裁已经是一种解决知识产权纠纷的普遍方式，世界知识产权组织也设有专门的仲裁机构。其实我国也早就开始通过仲裁方式解决知识产权纠纷，仅在2006年武汉仲裁委员会就受理了11件知识产权纠纷案件。

我国现行《仲裁法》第2条和第3条规定了仲裁程序的适用范围，其中第2条规定："平等主体的公民、法人和其他组织之间发生的合同纠纷和其他财产权益纠纷，可以仲裁。"《著作权法》第60条规定："著作权纠纷可以调解，也可以根据当事人达成的书面仲裁协议或者著作权合同中的仲裁条款，向仲裁机构申请仲裁。当事人没有书面仲裁协议，也没有在著作权合同中订立仲裁条款的，可以直接向人民法院起诉。"《商标法》第60条、《专利法》第65条规定了对商标权和专利权纠纷的解决方式有协商、调解或判决。从以上规定可以看出，我国现行法律对知识产权争议可仲裁性方面的态度如下：① 仅涉及知识产权合同的纠纷是可以仲裁的；② 对知识产权侵权纠纷及涉及知识产权效力的纠纷是否具有可仲裁性既没有明确肯定，也没有明确否定；③ 由于版权的取得不需要行政机关的特别授予程序，因而国家对版权纠纷的可仲裁性政策宽于其他需要经过特别程序授予的知识产权产生的纠纷。

（二）调解

调解即调停解决，即由有争议的双方请求中立的第三方为双方解决争议的方式。调解对于那些看重或加强相互关系，想自己把握争议解决程序，注重保密或希望快速解决争议而不使自己的声誉受到损害的当事方而言，是一种有效的解决办法；并且调解的地点不受管辖地的归属约束，只要双方当事人愿意，可以选择双方认可的任何中立的机构或者行业协会甚至是个人充当调解人。各方本着互谅互让的精神，在友好、平和的氛围下进行调解，这对于当事人而言是很有益的。

目前我国知识产权纠纷的调解根据调解主持者的不同，主要分为法院附设调解、行政调解和民间调解。法院附设调解不同于一般的诉讼程序，但是又和诉讼紧密相连，如果法院调解失败，就会直接进行判决；行政调解则由各行政管理部门进行；而民间调解一般来说收效甚微。

2017年12月，经主管部门批准，中国专利保护协会成立知识产权纠纷人民调解委员会，为知识产权纠纷提供快速、灵活的解决渠道。知识产权纠纷人民调解委员会作为构建知识产权"大保护"工作格局及知识产权纠纷多元解决机制的重要一环，与知识产权行政保护、司法保护等途径形成合力，为相关产业的发展保驾护航。

（三）和解

和解是指在没有第三方主持的情况下，纠纷当事人就争执的问题进行协商并达成协议的纠纷解决方式。从经济效益上讲，和解是一种冲突解决成本最低的方式。和解是一种双赢的选择，通过当事人之间的和解解决知识产权纠纷无疑是一条便捷、经济的途径，应大力鼓励和提倡。但由于和解的效力较弱，在通过和解解决知识产权纠纷的时候，一方面要通过公证或担保等方式加强和解协议的法律约束力；另一方面要协调好和解与其他纠纷解决方式的衔接，当事人一旦和解失败，可以及时通过其他方式解决知识产权纠纷。如此才能更好地发挥和解在知识产权纠纷解决中的作用。

本章小结

知识产权的侵权行为，一般认为包括对著作权、商标权、专利权、商业秘密权、反不正当竞争权等智力成果权的侵害行为。《专利法》《商标法》《著作权法》等各类知识产权法都明确规定了相应的侵权行为种类和具体表现形式。

侵犯知识产权的责任包括民事责任、行政责任和刑事责任。侵犯知识产权行为应承担的民事责任形式主要有停止侵害、消除影响、赔礼道歉和赔偿损失等。与行政保护相比，知识产权的司法保护更为稳定，它比较注重保护的公平性，一般是被动的保护；而行政保护属于主动的保护，具有灵活的应变性，能迅速恢复当事人的权利。

除了行政保护和司法保护途径之外，知识产权纠纷的处理方式还有仲裁、调解、协商等。仲裁是当事人在协议中约定出现纠纷时由仲裁机构审理；调解是当事人申请调解组织从中协调；协商是双方当事人自行达成和解协议。

练习题

1. 名词解释

侵权行为　行政保护　司法保护　仲裁

2. 思考题

(1) 侵犯专利权、著作权、商标权的行为有哪些？
(2) 知识产权民事诉讼的管辖如何确定？
(3) 列举知识产权行政保护和司法保护的优缺点。
(4) 解决知识产权纠纷的途径有哪些？

3. 案例分析题

2020年1月15日，国家知识产权局发布第三四八号公告，对北京2022年冬奥会吉祥物"　"（第A000020号）标志予以保护。北京2022年冬奥会和冬残奥会组织委员会自公告之日起享有对上述标志的专有权，有效期10年。

2022年2月14日，福建省福州市仓山区市场监督管理局根据福州市市场监督管理综合执法支队网络监测信息，对当事人经营场所进行检查，发现当事人在其网店销售的手机壳印有"北京冬奥会2022"字样或北京2022年冬奥会吉祥物"冰墩墩"图案。经查，当事人于2022年1月25日购进空白手机壳401个，自行印制"可爱墩墩""hi墩墩""墩墩滑雪""墩墩向未来"等四种手机壳，共计350个，违法经营额共计1.93万元，违法所得5801元。

请你根据本案所提供的材料，分析以下问题。
(1) 上述案件中的当事人出现了哪些侵权行为？违反了哪些规定？
(2) 上述侵权行为应承担哪些责任？该如何判决？

数字资源 4-8
第四章即测即评

数字资源 4-9
浙江知识产权在线

学习效果测评

项目测评表

知识测评		
知识点	评价指标	自评结果
知识点 1	熟悉侵犯专利权的行为	□A⁺ □A □B □C □C⁻
	熟悉侵犯商标权的行为	□A⁺ □A □B □C □C⁻
	熟悉侵犯著作权的行为	□A⁺ □A □B □C □C⁻
知识点 2	了解知识产权行政保护机构	□A⁺ □A □B □C □C⁻
	了解侵犯知识产权的行政责任	□A⁺ □A □B □C □C⁻
	了解侵犯知识产权的民事责任	□A⁺ □A □B □C □C⁻
	了解侵犯知识产权的刑事责任	□A⁺ □A □B □C □C⁻
能力测评		
技能点	评价指标	自评结果
技能点 1	了解我国知识产权保护的相关制度及其适用	□A⁺ □A □B □C □C⁻
技能点 2	掌握知识产权纠纷的解决途径	□A⁺ □A □B □C □C⁻
	比较知识产权行政保护和司法保护的利弊	□A⁺ □A □B □C □C⁻
素养测评		
素养点	评价指标	自评结果
素养点 1	掌握知识产权纠纷的处理方法	□A⁺ □A □B □C □C⁻
素养点 2	提升知识产权保护的能力	□A⁺ □A □B □C □C⁻
薄弱项记录		
我掌握得不太好的知识		
我还没有掌握的技能		
我想提升的素养		
教师签字		

第五章 知识产权管理体系

思维导图

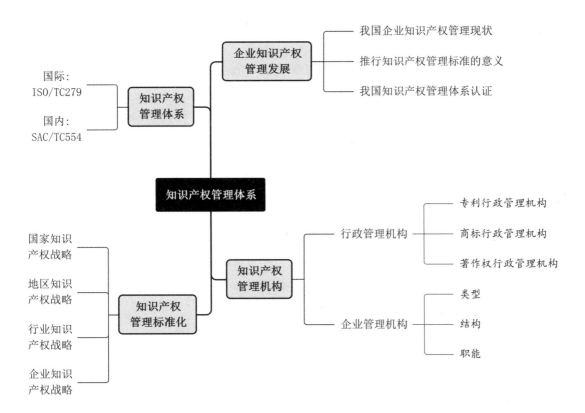

学习目标

- 了解知识产权管理机构及其职能；
- 熟悉知识产权管理相关法律法规及规范；
- 掌握企业知识产权战略管理过程；
- 了解加强知识产权强国建设是我国社会主义现代化强国建设的必由之路。

情境导入

随着科技的发展，越来越多的国际大公司由最初制造规模及成本的竞争战略转为凭借知识产权战略提升自己企业的核心竞争力。

吉利集团是中国汽车十强中唯一的民营企业。它于1997年进入轿车领域，凭借灵活的经营机制和持续的自主创新，实现了较快的发展，近10年来已经形成了具有较强竞争力的知识产权体系，这与吉利集团董事长李书福重视知识产权工作是分不开的。

2010年，吉利集团以8亿美元的价格收购了沃尔沃100%的股权，完成了一次经典的"蛇吞象"国际并购，沃尔沃自此成为吉利旗下品牌。从收购英国伦敦出租车、马来西亚的宝腾汽车，并借此拥有了莲花品牌，到投资美国飞行汽车，成为戴姆勒奔驰第一个大股东，吉利通过连续的并购实现了技术创新的飞跃。

2013年，吉利集团在瑞典的汽车工业中心地带哥德堡成立中欧技术研发中心（China Europe Vehicle Technology AB），这在当时是一大创举，也是中国车企中少数在海外建立的研发中心。吉利集团利用全球的智慧，海纳百川，为我所用，打造了一种全球知识产权获取、运营、管理与再创的新模式。

截至2020年6月30日，吉利汽车拥有境内已授权专利9241件、境外已授权专利91件。其中，境内已授权发明专利达2097件。值得注意的是，吉利汽车将"知识产权许可"单独划分出来，作为独立的业务板块，足见集团对创新的重视。吉利集团走出去的实践是战略性获取知识产权，主动出击、活学活用的知识产权管理典范。

当前,我国正在从知识产权引进大国向知识产权创造大国转变,知识产权工作正在从追求数量向提高质量转变。全面建设社会主义现代化国家,必须从国家战略高度和进入新发展阶段要求出发,全面加强知识产权保护工作,促进建设现代化经济体系,激发全社会创新活力,推动构建新发展格局。

——2020年11月30日,习近平在中央政治局第二十五次集体学习时的讲话   >>>>>

第一节　知识产权管理机构及其职能

一、知识产权行政管理机构及其职能

知识产权行政管理是指由国家行政机关依法管理知识产权资源,制定知识产权政策,开展知识产权审查、保护、运用、服务、教育等组织活动。知识产权行政管理的内容可分为两个方面:一是以国家权力为核心的管理;二是以保障当事人权利为核心的管理。知识产权行政管理机构是执行这些管理事务的组织保障。2008年6月5日,国务院印发的《国家知识产权战略纲要》指出,深化知识产权行政管理体制改革、加强知识产权行政管理等。2018年国务院机构改革方案重新组建了国家知识产权局。

我国已经形成了包括知识产权管理、审查、研究、教育、执法、中介服务以及知识产权信息服务等组织机构在内的全国知识产权工作体系和运行机制。我国行政管理机构中,拥有知识产权直接管理权的部门有近10个,与知识产权密切相关的管理部门有20余个。这些有效且富有特色的管理机构的发展经历了不平凡的历程。2018年国务院机构改革方案重新组建的国家知识产权局,整合原国家知识产权局的职能、国家工商行政管理总局的商标管理职能、国家质量监督检验检疫总局的原产地地理标志管理职能。

(一)我国专利行政管理机构的发展

1985年4月1日,在我国《专利法》施行的第一天,我国专利局共受理专利申请3455件,被世界知识产权组织誉为"创造了世界专利历史的新纪录"。

1994年1月1日,中国成为《专利合作条约》(PCT)成员国。

1998年3月29日，中华人民共和国专利局更名为中华人民共和国国家知识产权局，并作为国务院直属机构。

2007年年底，国家知识产权局受理的国内外专利申请总量突破400万件，成为中国专利史上的一个里程碑。

2018年3月，重新组建国家知识产权局，负责管理原国家知识产权局中专利行政管理的职责。

2023年3月，国务院机构改革中，将国家知识产权局由国家市场监督管理总局管理的副部级局调整升格为国务院直属机构。

国家知识产权局组织结构如图5-1所示。

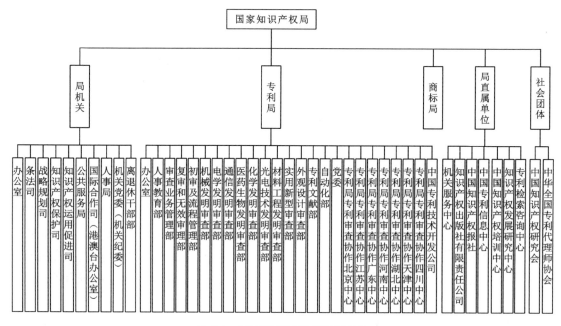

图5-1 国家知识产权局组织结构

（资料来源：https://www.cnipa.gov.cn/col/col3/index.html）

（二）我国商标行政管理机构的发展

1978年9月25日，中华人民共和国工商行政管理总局成立，同时，在工商行政管理总局内设国家商标局。

1982年8月23日，《商标法》通过，商标局主管全国的商标注册和管理工作。

1983年8月11日，商标评审委员会成立，负责处理商标争议事宜。

2008年，国家工商行政管理总局新设反垄断与反不正当竞争执法局。我国由此建立了工商行政管理机关与司法机关并行保护商标专用权的、具有中国特色的"双轨制"执法体制。

2018年3月，重新组建的国家知识产权局负责国家工商行政管理总局的商标管理职责。

（三）我国著作权行政管理机构的发展

1985年7月25日，国务院决定将文化部出版局改称国家出版局，与国家版权局为一个机构。

1987年1月，国务院决定撤销文化部所属国家出版局，设立直属国务院的新闻出版署，保留国家版权局，继续保持一个机构、两块牌子的形式。

2001年，新闻出版署（国家版权局）升格为正部级单位，改称新闻出版总署（国家版权局），负责在出版环节对动漫进行管理，对游戏出版物的网上出版发行进行前置审批。

二、企业知识产权管理部门及其职能

企业知识产权管理部门的职责是专门履行企业知识产权管理事务。该部门不一定以"知识产权管理部"为名称，只要该部门是专门履行企业知识产权管理职能的，即可认为是企业的知识产权部门。比如，海尔公司早期的知识产权办公室、拜耳公司的专利委员会和专利处都是专门的知识产权管理部门，而企业中代行知识产权管理职能的部门则不是专门的知识产权管理部门。

（一）企业知识产权管理部门的类型

随着知识产权管理的作用和地位日益突出，很多企业都设立了专门的知识产权管理部门。依据知识产权管理部门在整个企业管理事务中的地位，可以将知识产权管理部门简单地分为以下几种类型。

1. 直属企业总部型

这种类型的知识产权管理部门属于公司总部直接管辖，是企业中技术部门与经营部门的支撑单位，并与企业的研发部门、法务部门等组建成企业最高层的组织管理机构（见图5-2）。在这种类型中，知识产权管理部门是一个独立的管理部门，与企业的研发部门和法务部门等相互作用。研发过程中，知识产权管理部门需要对研发人员进行必要的专利知识指导，比如如何用外围专利保护核心专利、如何避开他人的专利限制等；为研发人员提供相应的专利信息，评估技术获得专利保护的可能性；申请专利；处理知识产权纠纷等。

2. 隶属于企业法务部门型

该类型将知识产权管理部门设置为法务部门下属的一个相对独立的机构，负责企业知识产权管理及其相关事务，并与企业的其他相关部门进行沟通和协调（见图5-3）。

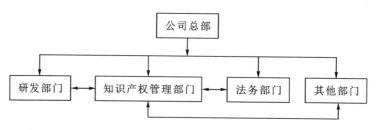

图 5-2　直属企业总部型

该类型的优点是由于企业法律工作人员对企业知识产权的法律事务（如权利状态、侵权的处理等）较为熟悉，能够充分发挥企业法律工作人员在知识产权事务中的作用。其缺点是知识产权管理部门无法直接参与企业决策，在知识产权事务方面可能无法发挥应有的作用，也不利于知识产权管理部门与研发部门的沟通。

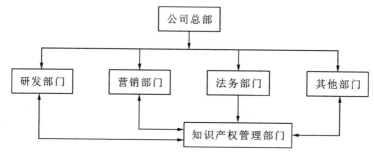

图 5-3　隶属于企业法务部门型

3. 隶属于企业研发部门型

该类型是将知识产权管理部门隶属于企业研发部门，以便最大限度地发挥知识产权管理在企业技术研发中的作用。同时，知识产权管理部门在必要时可与企业相关部门进行沟通，以解决企业的知识产权问题（见图 5-4）。

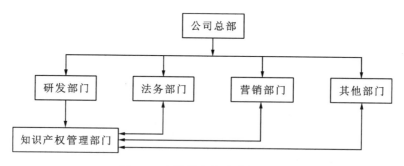

图 5-4　隶属于企业研发部门型

三种类型各有利弊，企业在组建知识产权管理部门时究竟采用哪种类型，应当根据所处行业的特点以及自身的相关情况而定。在确定了要组建的知识产权管理机构类型后，企业就应根据知识产权管理的特点和要求来组建专门的知识产权管理队伍，并完成整个知识产权管理部门的组建工作。

（二）企业知识产权管理部门的内部结构

企业知识产权管理部门的类型确定后，其内部组织结构就在一定程度上决定了企业知识产权管理的模式。本书这里结合 IBM 公司、东芝公司、佳能公司的成功经验，介绍知识产权部门内部结构的三种典型模式，即集中管理模式、分散管理模式、行列式管理模式。

1. 集中管理模式

集中管理模式是指企业知识产权管理部门内部所有机构执行统一的知识产权政策的管理制度。在这种管理体制下，知识产权的申请、实施、转让、许可、出资、质押等所有与知识产权相关的事务全部由公司知识产权管理总部统筹负责。

IBM 公司的知识产权管理部门组织机构是集中管理模式的代表，其基本设置为：知识产权管理总部内设专利部和法务部（见图 5-5）。知识产权管理总部负责管理所有与 IBM 公司业务有关的知识产权事务，专利部负责专利事务，法务部负责相关法律事务。

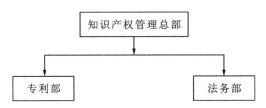

图 5-5 集中管理模式内部组织结构

2. 分散管理模式

分散管理模式是指在知识产权本部统一管理下向其内部机构充分授权的管理体制。东芝公司的知识产权管理部门组织机构是典型的分散管理模式，其知识产权管理部门由知识产权本部和 4 个研究所、11 个事业本部，以及各研究所和各事业部下属的专利部科（组）共同构成。知识产权本部内设 8 个部门（见图 5-6）：策划部负责推动全公司的中长期知识产权策略，管理知识产权行政事宜；技术法务部负责处理知识产权诉讼事宜；软件保护部负责软件、著作权的登记、运用、补偿事宜；专利第一部负

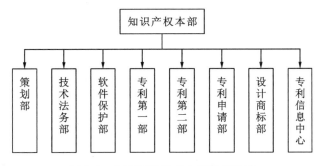

图 5-6 分散管理模式内部组织结构

责统筹管理技术契约工作；专利第二部负责统筹管理技术契约工作；专利申请部集中管理国内外专利申请事宜；设计商标部负责设计和商标的申请、登记；专利信息中心负责管理专利信息，建立电子申请系统。

各研究所和各事业本部配置知识产权部，直接隶属于负责技术工作的副所长或总工程师，主要担负该研究所和事业本部的知识产权行政事务，并负责从产品研发初期的专利发掘、专利调查、制作专利关系图到国内外专利的申请等所有事务。

3. 行列式管理模式

行列式管理模式主要是指按照技术类别、产品类别管理知识产权的管理模式。

佳能公司的知识产权法务部的内部设置是典型的行列式管理模式。该公司将知识产权管理部门内部机构分为技术类法务部和产品类法务部。产品类法务部设有4个部门，即法务策划部、法务管理部、专利业务部、专利信息部（见图5-7）；技术类法务部设有7个技术分类专利管理部门。

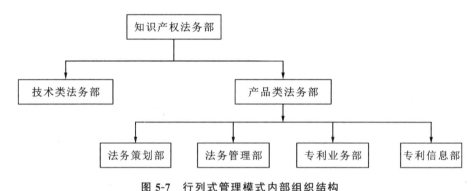

图 5-7　行列式管理模式内部组织结构

（三）企业知识产权管理部门的职能

一般说来，企业知识产权管理部门具有以下职能。

第一，制定企业的知识产权战略和知识产权管理制度。

第二，协调企业内各职能部门在知识产权工作中的关系，保证知识产权工作顺利开展。

第三，实施企业高层关于知识产权重大问题的决定。

第四，收集、整理和分析与本企业经营相关的知识产权信息，为本企业知识产权的研发、知识产权工作的计划与调整提供参考。

第五，管理本企业的知识产权，包括知识产权的取得（如专利的申请、商标的注册等）、知识产权的维持（如专利年费的缴纳、注册商标的续展）以及知识产权的保护等。

第六，参与企业的知识产权贸易，为企业的知识产权贸易提供咨询意见。

第七，处理与企业有关的知识产权纠纷。

第八，负责企业员工知识产权知识和意识的培训。

第九，就知识产权工作代表企业进行对外交流。

案例分析 5-1

随着互联网时代的到来，知识产权问题逐渐成为各行各业急需解决的问题。在电商领域，阿里巴巴集团早就开始关注知识产权保护问题，并通过建立阿里知识产权保护平台和淘宝知识产权保护平台等措施来提高电商平台的法律风险管理和知识产权保护水平。

阿里知识产权保护平台于2008年创建，已经成为全球最大的知识产权保护平台之一。阿里巴巴集团对外发布的《2021知识产权保护年度报告》显示，阿里知识产权保护平台累计保护超64万项各类知识产权权利，品牌权利人入驻超过58万人，98%的知识产权投诉能在24小时内得到快速处理。截至2021年年底，阿里原创保护平台已保护超7亿张图片、超3500万条短视频、超42万份设计手稿，超过1万家原创商家从中受益。阿里巴巴集团还将该平台开放给所有电商企业免费使用，以促进整个电商行业的知识产权保护。

此外，阿里巴巴集团还在多个方面加强知识产权保护，例如建立专项基金，投资支持知识产权保护的科技创新等。阿里巴巴集团不仅为电商平台建立了完善的知识产权保护体系，也在推动整个社会对知识产权保护的认识和重视，为促进知识产权保护事业的发展做出了杰出的贡献。

总结阿里巴巴集团近20年的知识产权保护体系历程，可以发现其通过机制创新和技术创新，联合品牌权利人、商家、消费者以及政府机构等多元主体，采用线上与线下相结合的治理模式，有效地解决了电商环境下复杂的知识产权问题。与传统知识产权保护方式不同的是，阿里巴巴集团通过数字技术，逐步搭建了"线上主动识别防控、线下联动品牌权利人等多方力量协作参与治理"的保护路径。其中，线上主动识别防控是将多年来积累的打假特征库、打假经验聚合而成的技术系统，升级成为"知识产权保护科技大脑"，将96%的疑似侵权链接在发生伊始就予以拦截。这套线上主动识别防控加线下联动的多元共治体系，最终形成阿里巴巴知识产权保护的模式。"技术赋能＋多元共治"的知识产权治理体系保障了权利人、原创商家和消费者的正当权益，维护了健康的平台营商环境，打造了富有活力的电商创新生态。阿里巴巴集团保护知识产权的实践经验，为各大平台型企业进行知识产权保护提供了有价值的借鉴。

思考：阿里巴巴集团知识产权管理体系的创新举措有哪些？

第二节 知识产权管理体系与发展

一、知识产权管理标准与发展

（一）国际层面

1. 发达国家运用标准管理创新的探索

欧美发达国家在知识产权管理、创新管理方面做了大量的工作，发展相对较为成熟，并从国家和区域、国际组织层面上升为标准，推广了先进的管理理念和方法。2006年开始，西班牙标准化和认证协会（AENOR）发布 UNE16600《研究、开发和创新管理体系》系列标准，提出了创新管理的概念和框架模型。该模型后来成为欧盟创新管理体系的框架模型。2008年11月，欧盟在布鲁塞尔成立创新管理标准化技术委员会（CEN/TC 389），该委员会致力于创新管理体系导则、创新自评估工具、知识产权管理等方面的标准化工作。目前，CEN/TC 389 已发布 CEN/TS 16555 系列欧盟标准，包括"创新管理体系""知识产权管理""协同创新管理"等 6 项。随后，法国、西班牙等欧盟国家将该标准转化为本国的国家标准，并在各自国内开展认证工作。

2. ISO 发布创新管理国际标准

2013年，国际标准化组织（ISO）成立创新管理标准化技术委员会（ISO/TC 279）。这是目前创新领域唯一的国际标准化组织，由来自43个国家和地区的对口单位参与具体活动，其中包括美国、日本、法国、德国、瑞士、阿根廷、爱尔兰等全球主要创新型经济体。ISO/TC 279 以发展、维护和促进创新管理为宗旨，下设 4 个工作组（WC），其中，WC1 为创新管理体系，WC2 为词汇、术语和定义、WC3 为方法和工具、WC4 为创新管理评估。目前，ISO/TC 279 已发布 4 项国际标准，分别是 ISO 56003《创新管理 创新伙伴关系的工具和方法指南》、ISO 56002《创新管理 创新管理体系指南》、ISO/TR 56004《创新管理评估指南》、ISO 56000《创新管理基础和术语》。

（二）国内层面

1. 积极参与 ISO 创新管理标准制定工作

2015年，我国开始参加 ISO/TC 279 的国际标准化工作，在同年召开的 ISO/TC 279 第三次年会上，我国代表首次提出研究制定该项国际标准的建议及构想，获得与会代表的普遍认同。为了更好地参与 ISO 的国际标准化工作，国内成立了相对应的组织——全国知识管理标准化技术委员会（SAC/TC 554）。该委员会由国家知识产权局负责日常管理和业务指导,秘书处设在中国标准化研究院和国家知识产权局。ISO 56005《创新管理 知识产权管理指南》是由我国提出并主导的首个知识产权管理国际标准提案,该提案于 2017 年 2 月获得 ISO/TC 279 国际标准批准立项。2020 年 11 月,《创新管理 知识产权管理指南》正式发布。这是创新管理标准系列中最为重要的标准之一,其定义了创新主体业务战略、创新与知识产权的关系,将知识产权管理嵌入创新流程,通过知识产权管理使得创新的价值最大化。《创新管理 知识产权管理指南》指出,组织能够利用知识产权达成实现业务目标及实施创新行动等多种目的,具体内容如图 5-8 所示。

图 5-8 组织能够利用知识产权达成的目的

全国知识管理标准化技术委员会对内负责知识产权管理(创造、运用、保护、管理)、传统知识保护和管理、组织知识管理等领域的标准化工作,在创新管理上侧重于知识产权的标准化。一方面,通过知识产权和标准化结合,将自主创新的知识产权融入技术标准,在保护知识产权的同时,使创新成果得到更大的应用;另一方面,通过知识管理标准化,对知识产权的信息利用、风险预警分析、质押融资、知识产权交易、价值评估、专利许可等进行规范,建立知识创新的秩序,营造创新发展的良好环境。

2. 先行一步开展知识产权管理标准化探索

我国的知识产权标准化管理开始于 21 世纪初,一些地方知识产权管理部门在结合本地企业生产经营实际和知识产权管理经验的基础上,率先提出了知识产权管理的地方标准。例如,2008 年,江苏省知识产权局借鉴 ISO 9001 质量管理体系和职业安全卫生管理体系等有关标准发起制定了江苏省《企业知识产权管理规范》(DB32/T 1204—2008)并予以公布。2011 年,浙江省宁波市科学技术局发布《宁波市企业知识产权管理规范》(DB3302/T1042—2011)。在地方试点的基础上,国家知识产权局于 2011 年提出企业知识产权管理规范国家标准的编制任务,开展企业知识产权管理规范国家标准的编制工作。2013 年 3 月 1 日,经过完善后的《企业知识产权管理规范》(GB/T 29490—2013)由国家质量监督检验检疫总局和国家标准化管理委员会正式发布实施(见图 5-9),自此开启了我国企业知识产权规范化管理的大门。

图 5-9 《企业知识产权管理规范》

之后，鉴于《企业知识产权管理规范》推行取得的成效，国家知识产权局又相继发布《高等学校知识产权管理规范》（GB/T 33251—2016）、《科研组织知识产权管理规范》（GB/T 33250—2016）、《专利代理机构服务规范》（GB/T 34833—2017）、《知识产权分析评议服务服务规范》（GB/T 37286—2019），对高等学校、科研机构的知识产权管理和知识产权服务机构的服务过程提供规范化指引。目前科研机构的"贯标"认证工作已经展开，高等学校的"贯标"认证工作也在有条不紊地推进中。

由国家知识产权局组织起草、国家知识管理标准化技术委员会（SAC/TC 554）归口管理的《企业知识产权合规管理体系要求》（GB/T 29490—2023）已于 2023 年 8 月 6 日由国家市场监督管理总局、国家标准化管理委员会发布，2024 年 1 月 1 日正式实施。相较于上一版《企业知识产权管理规范》（GB/T 29490—2013），此次修订突出了标准的合规属性，为企业建立完善知识产权管理体系、防范知识产权风险、实现知识产权价值提供了参照标准。

二、我国企业知识产权管理现状

企业作为国家知识产权战略实施的重要主体和基础力量，为提升我国的知识产权整体实力做出了重要贡献。大力提高企业知识产权创造、运用、保护和管理能力，推动企业在创新道路上持续发展，是实施国家知识产权战略的一项重要任务。随着互联网等新经济形式的出现，以及"一带一路"建设的推进发展，我国企业所面临的知识产权保护、运用和管理压力也在增大，尚存在诸多需要进一步提升的地方。

1. 企业对知识产权的内涵理解不全面、管理不到位

许多企业将知识产权管理简单理解为专利管理和商标管理，它们的知识产权管理工作仅限于申请和维护专利、注册商标、品牌宣传等简单的日常管理工作，并没有将知识产权管理工作与企业的经营发展战略有机结合起来，更没有将知识产权管理工作融入企业生产经营活动的全过程，使知识产权管理工作服务于企业的整体发展战略。它们在日常工作中忽视了对企业原辅材料采购、技术研究与开发、生产过程、市场营销、技术进出口贸易、员工知识产权教育培训等重要环节的知识产权管理；只注重对有形资产的管理，不重视对知识产权这个无形资产的管理，忽视了知识产权的市场运营和价值化管理。

2. 企业知识产权意识淡薄、人才匮乏

目前，我国仍有许多企业实质上没有开展有效的知识产权管理，其知识产权管理工作仍然处于"无机构、无人员、无制度、无经费"的境地。企业的知识产权管理人才普遍缺乏，在企业中从事知识产权管理工作的人员，仍然存在知识产权专业知识缺乏、业务素质较低等突出问题。社会上尤其缺乏具有专业技术背景、熟悉知识产权法律法规和实务知识、精通外语的高素质复合型人才，导致企业的知识产权管理工作难以有效开展。

3. 企业知识产权保护能力不强、市场化运营能力较弱

当前，我国绝大多数企业在研发产出成果后，对如何有效地保护研发成果的知识产权缺乏足够的认识，往往导致研发成果的知识产权权利丧失，或造成企业无形资产的流失。同时，大多数企业在自己的知识产权遭到侵犯或被他人控告侵犯知识产权时，还不知道如何正确地维权。尤其是遇到涉外知识产权侵权纠纷时，企业面对国际跨国公司的侵权指控，往往处于被动应对状态，不知道如何正确维护自身的合法权益。

另外，大量企业对知识产权的财产权特性认识不足，对知识产权这种无形资产的管理缺位，能将知识产权作为企业的战略性资源进行运用的企业很少，大量企业运用知识产权上市融资、质押贷款、对外投资、开展许可证贸易等市场化运作的能力较弱，缺乏将知识产权资源优势转化为市场优势、竞争优势和资本优势的能力，企业拥有的知识产权对企业发展的贡献没能得到充分释放。

三、推行知识产权管理标准的意义

（一）政府层面

政府制定和推动实施企业知识产权管理标准，不仅有助于推动企业知识产权工作的规范化、科学化和高效化，从而促进企业健康发展，而且具有国家战略层面的巨大意义。

1. 有利于推动实施知识产权战略和创新驱动发展战略

通过指导企业建立科学、系统、规范的知识产权管理体系，促进企业持续健康发展，增强企业核心竞争力，可以充分发挥企业在实施知识产权战略和创新驱动发展战略中的基础载体的作用。

2. 有利于推动企业技术创新能力不断提升

通过持续实施和改进知识产权管理体系，持续促进企业开发新产品、提高产品附加值、降低知识产权风险，可以推动企业技术持续创新，不断提高企业市场竞争地位，提升企业核心竞争力。

3. 创新政府推进企业知识产权工作模式

近年来，国家倡导行业主管部门通过标准、制度引导企业发展。标准管理逐渐成为政府部门工作的重要手段，工业和信息化部、科技部、外交部、农业农村部、国家林业和草原局、国家新闻出版署等多数行业主管部门均成立了全国专业标准化技术委员会，利用标准的手段促进行业内的企业健康发展。由此可知，推行标准化工作已成为政府公共管理的发展趋势，推行企业知识产权管理标准将会更好地促进我国企业知识产权管理工作的开展。

4. 有助于政府各部门间政策和资源的相互融合

《企业知识产权合规管理体系要求》系统指导企业通过全面加强企业知识产权管理体系建设，推动企业将知识产权作为战略性资源进行科学管理和有效运营，从而提升企业知识产权的质量和效益。政府层面在实施《企业知识产权合规管理体系要求》的过程中，将采用国际化标准体系管理模式，通过第三方认证的市场化认证方式，将企业贯标认证工作全面纳入国家认证认可体系，推动财政、税收、金融、科技、教育等领域政策采信国家认证结果，加大政府资源的相互融合力度，共同推动企业实施《企业知识产权合规管理体系要求》。

（二）企业层面

对企业而言，实施《企业知识产权合规管理体系要求》，对知识产权进行规范化管理，具有促进技术创新、改善市场竞争地位、支撑企业可持续发展和提升企业核心竞争力等作用。

1. 促进技术创新

加强知识产权管理有利于推动企业进行自主创新。对于具有研发能力的企业来说，其通过对研发及生产、采购、销售、人才培养等环节知识产权工作的有效管理，可以进一步整合和发挥企业人、财、物、信息等资源优势，促进知识产权的产出，而通过对知识产权的有效保护和运用，可以获取更大的经济效益，进一步激励企业加大创新投入，形成投入—创新—产出的良性循环，促进企业的自主创新。对于创新能力不足的企业来说，其通过有效的知识产权管理，可以有效实施专利技术信息开发利用、专利技术许可证贸易、合作开发、委托开发等技术创新活动，获取企业所需技术，通过引进、消化、吸收再创新，实现技术的突破，增强企业的自主创新能力。

2. 改善市场竞争地位

当今世界，随着科学技术的飞速发展和经济全球化进程的加快，企业面临的国际和国内竞争日益激烈。无论是高新科技领域企业，还是传统产业领域企业，体现企业核心竞争力的关键因素都是人才、技术和管理。其中，管理中一个重要的因素则是知识产权的管理。一个企业即使拥有一流的人才、一流的技术，如果缺乏有效的知识产权管理，也未必能够拥有市场竞争优势，因为缺乏有效的知识产权管理，可能失去对技术的有效控制，其技术可能被无偿仿制，创新成本无法得到有效回报，市场的竞争优势也就难以确立。只有确立了对技术的掌控权，即拥有了知识产权，才有可能形成企业在市场上的竞争优势。因此，只有企业的知识产权创造、运用、保护和管理能力提高了，企业的市场竞争地位才能得到有效改善。

3. 支撑企业可持续发展

知识产权是企业重要的无形资产。企业通过加强知识产权管理，建立一套有效的知识产权保护体系，有利于增强企业对知识产权的预警能力、应急能力、维护能力、纠纷处理能力等。企业通过建立有效的知识产权管理制度，加强知识产权人才培养，建立或聘用一支具有知识产权管理和实务处理能力、经验的专业人才队伍，就能够了解和掌握我国知识产权法律法规、知识产权侵权构成的要件、知识产权纠纷处理的业务技巧，从而增强企业的知识产权纠纷处理能力。企业只有全面保护知识产权，防范知识产权风险，才能实现自身的可持续发展。

4. 提升企业核心竞争力

企业核心竞争力归根结底体现了企业内在的知识性。目前，发达国家大型跨国公司运营知识产权的策略较为成熟，它们通过运营知识产权，为其占据市场做好准备。而我国的中小型企业，甚至部分大型企业都存在知识产权运营缺位的现象，直接影响了企业核心竞争力的提升。我国企业需要熟练运用知识产权这一工具，逐步扩大市场份额、走向世界。全面的知识产权能力包括商标和品牌的运营能力，这些能力有助于加快企业核心竞争力的形成。总的来说，系统规范地管理知识产权，能够让企业简化管理环节、优化资源组合、提高生产效率、增加经济效益，进而提升核心竞争力。

鉴于现阶段我国在全球产业链所处的地位和建设创新型国家的切实需要，以及广大创新主体尤其是企业运用标准体系管理的意识和能力有待提高，通过认证推动知识产权管理国家标准的普及，确保标准实施的实际效果，既非常必要，也符合我国的基本情况。

四、我国知识产权管理体系认证

（一）知识产权认证工作启动

《企业知识产权管理规范》推出后，2013年11月，《关于印发知识产权管理体系认证实施意见的通知》《知识产权管理体系认证审核员确认方案》等文件相继出台，我国正式确立认证模式检验知识产权管理体系贯标效果。2014年，全国首家知识产权管理体系认证机构成立，知识产权认证工作正式开启。同年，包括山东威高集团、浙江正泰集团在内的第一批试点企业接受了知识产权认证审核服务。

（二）知识产权认证稳步发展

自2014年开始，国家知识产权局、工业和信息化部、国家发展和改革委员会等国家部委相继出台文件支持企业开展和贯标认证工作，包括《关于全面推行〈企业知识产权管理规范〉国家标准的指导意见》《工业和信息化部贯彻落实〈深入实施国家知识产权战略行动计划〉（2014—2020）实施方案》《"十三五"国家知识产权保护和运用规划重点任务分工方案》《2015年全国专利事业发展战略推进计划》《2017年深入实施国家知识产权战略加快建设知识产权强国推进计划》《关于印发2018年国家知识产权示范城市工作计划的通知》《财政部办公厅　国家知识产权局办公室发布关于开展2019年知识产权运营服务体系建设工作的通知》等。在国家层面给予政策引导和支持的同时，各省（市、区）也开始充分运用经济杠杆，通过资助、奖励等方式推动企业贯标认证工作。

在各级政府的大力支持和创新主体的积极参与下，知识产权管理体系贯标认证工作稳步推进。截至2019年，通过知识产权贯标认证的企业达2.6万家，涉及大多数省份，且50%以上的获证主体属于战略新兴行业，其中不乏中国铁建、中航工业哈飞、正泰电器、美的、格力等知名企业。知识产权管理体系认证在回应创新主体、竞争环境、政府管理和国际互信的诉求中发挥的作用愈发重要。

（三）知识产权认证进入新阶段

在企业知识产权管理体系贯标认证事业稳步推进的同时，管理部门也在完善知识产权管理体系贯标认证制度和规范。2018年，国家认证认可监督管理委员会和国家知识产权局联合印发《知识产权认证管理办法》，对工作原则、贯标认证机构资质要求、人员、认证机构行为规范、认证程序、监督管理等加以规范。同年，知识产权管理体系认证审核员（注册）转版工作完成，我国的知识产权认证走上了职业化、规范化道路。

2019年，国家知识产权局办公室下发《关于规范知识产权管理体系贯标认证工作的通知》，进一步加强知识产权管理体系贯标认证工作的规范化，并促进标准的持续落地和提升支持政策的精准性。各认证机构基于国家知识产权局的文件精神，启动了认证服务升级工作。例如，中知（北京）认证有限公司提出了以提升认证获得感提升有效性为目标的高质量知识产权认证服务理念。

2023年8月6日，国家市场监督管理总局、国家标准化管理委员会发布《企业知识产权合规管理体系要求》（GB/T 29490—2023）。该标准于2024年1月1日起正式实施。相较于上一版的《企业知识产权管理规范》（GB/T 29490—2013），此次修订突出了标准的合规属性，为企业建立完善知识产权管理体系、防范知识产权风险、实现知识产权价值提供了参照标准。

如今，科技发展日新月异，虚拟与现实逐渐融合，时间和空间的限制不断被突破，新的商业模式不断涌现，新产品层出不穷，工业生产的模式再次面临更新换代。企业在知识产权保护、管理与运用方面面临全新挑战的同时也将迎来全新的机遇，这就需要企业的管理者掌握超前的知识产权观念、合理的知识产权布局和高超的知识产权管理艺术。高质量的知识产权管理体系贯标认证，将为企业提供持续的知识产权管理绩效改善，有效应对全新的知识产权挑战。

案例分析 5-2

正泰电器一贯注重知识产权工作，公司管理层在很早的时候就认识到，只有提升企业知识产权创造、运用、保护和管理能力，才能在激烈的市场竞争中处于优势地位。为增强公司全员知识产权意识，进一步促进知识产权的保护、运用和发展，2012年，正泰电器管理层决策按照《企业知识产权管理规范》国家标准导入知识产权管理体系，并于2014年8月通过中知（北京）认证有限公司的初次认证，获得全国第一张知识产权管理体系认证证书。自贯标以来，公司全体员工始终坚持"以知识产权支撑创新驱动，靠知识产权凝聚人才智慧，让知识产权成为企业发展源动力"的知识产权方针，严格按照标准要求推进工作，各职能部门的知识产权管理不断完善，技术创新能力和知识产权保护水平得到较大提升，员工的知识产权意识也得到加强。

> 正泰集团将知识产权工作作为创新驱动的重要因素，通过机制建设和经验积累，形成了一套从集团辐射到各产业公司的立体化、全方位工作模式。截至2022年，正泰集团累计获得授权专利7000余项，累计主导及参与400余项国际、国家及行业等标准制修订，先后被认定为国家认定企业技术中心、国家级工业设计中心，荣获"国家技术创新示范企业""国家知识产权示范企业""中国产学研合作创新奖"等荣誉称号。
>
> **思考**：通过正泰集团贯标案例，你认为企业贯标的意义是什么？

第三节 知识产权战略

实施知识产权战略，提升知识产权创造、运用、保护和管理能力，有利于增强我国自主创新能力，建设创新型国家。知识产权战略体系包括国家知识产权战略、地区知识产权战略、行业知识产权战略和企业知识产权战略。国家知识产权战略主要解决体制性和政策性问题；地区知识产权战略是区域性知识产权战略规划，主要为本地区提供配套性的政策和制度；行业知识产权战略是行业整体知识产权发展规划，为提高行业整体技术创新能力和知识产权保护水平发挥重要作用；企业知识产权战略是企业充分利用知识产权制度，通过提高自身竞争力，实现自身利益最大化的策略。国家知识产权战略通过地区、行业和企业知识产权战略发挥作用。

一、国家知识产权战略概述

（一）实施国家知识产权战略的意义

实施国家知识产权战略，对于推动我国经济发展、文化繁荣和社会进步，实现建设创新型国家的奋斗目标，具有重要的战略意义。首先，实施国家知识产权战略是提高我国自主创新能力、建设创新型国家的需要。建设创新型国家，需要保护创新者利益；保护创新者利益，必须依靠知识产权制度。只有通过实施国家知识产权战略，建立和完善现代知识产权制度，全面提高知识产权创造、运用、保护和管理能力，用知识产权制度保障和促进自主创新，才能实现建设创新型国家的目标。其次，实施知识产权战略是完善社会主义市场经济体制、规范市场秩序和建设诚信社会的需要。现代知识产权制度是市场经济的有机组成部分，是维护市场经济有效运行、促进市场主体诚信经营和充分竞争的基本法律制度。实施国家知识产权战略，必将促进我国市场经济的发展。再次,实施国家知识产权战略是增强我国企业市场竞争力、提高国家核心竞争力的需要。通过实施国家知识产权战略,引导企业实施自己的知识产权战略,提高其知识产权数量和质量,提升企业运用知识产权制度、参与市场竞争的能力,进而提高国家核心竞争力。最后,实施国家知识产权战略是扩大开放、实现互利共赢的需要。

(二)国家知识产权战略的重点

1. 完善知识产权制度

完善知识产权法律法规制度,主要有以下三方面的工作:一是及时修订《专利法》《商标法》《著作权法》等知识产权专门法律及有关法规;二是适时做好遗传资源、传统知识、民间文艺和地理标志等方面的立法工作;三是健全知识产权执法和管理体制,加强司法保护体系和行政执法体系建设,发挥司法保护知识产权的主导作用,提高执法效率和水平,强化公共服务。

2. 促进知识产权创造和运用

创造是知识产权运用的前提,而运用是知识产权创造的目的。为此,要重点做好以下工作:第一,运用财政、金融、投资、政府采购政策和产业、能源、环境保护政策,引导和支持市场主体创造和运用知识产权;第二,强化科技创新活动中的知识产权政策导向作用,坚持技术创新,以合法产业化为基本前提,以获得知识产权为追求目标,以形成技术标准为努力方向;第三,制定相关政策,引导和推动企业成为知识产权创造和运用的主体;第四,创造条件,促进自主创新成果的知识产权化、商品化、产业化,引导企业采取知识产权转让、许可、质押等方式实现知识产权的市场价值;第五,充分发挥高等学校、科研院所在知识产权创造中的重要作用。

3. 加强知识产权保护,防止知识产权滥用

合理的知识产权保护不仅有利于维护权利人的正当权益,还可以有效促进科技进步和社会发展。加强知识产权保护要做好以下工作:首先,及时修订惩处侵犯知识产权行为的法律法规,适度加大司法惩处力度;其次,采取相关措施,提高权利人自我维权的意识和能力;再次,降低维权成本,提高侵权代价,有效遏制侵权行为;最后,完善相关法律法规,合理界定知识产权的界限,防止知识产权滥用,维护公平竞争的市场秩序和公众的合法权益。

4. 培育知识产权文化

知识产权文化是知识产权制度协调运行的思想基础,因此,要加强知识产权宣传,提高社会公众的知识产权意识;要广泛开展知识产权普及型教育,在精神文明创建活动和国家普法教育中增加有关知识产权的内容;要在全社会弘扬以创新为荣、以剽窃为耻,以诚实守信为荣、以假冒欺骗为耻的道德观念,形成尊重知识、崇尚创新、诚信守法的知识产权文化。

（三）国家知识产权战略发展

2008年6月，国务院印发《国家知识产权战略纲要》。纲要提出，到2020年，把我国建设成为知识产权创造、运用、保护和管理水平较高的国家。自此，知识产权战略上升为国家战略的高度进行统筹推进。

2021年9月，中共中央、国务院印发了《知识产权强国建设纲要（2021—2035年）》，描绘了我国加快建设知识产权强国的宏伟蓝图。我国从知识产权引进大国向创造大国转变，知识产权工作从追求数量向提高质量转变全面提速。

实施知识产权强国战略，回应新技术、新经济、新形势对知识产权制度变革提出的挑战，加快推进知识产权改革发展，全面提升我国知识产权综合实力，对于提升国家核心竞争力、扩大高水平对外开放等具有重要意义。截至2020年底，国内（不含港澳台）每万人口发明专利拥有量达到15.8件，有效注册商标量达到3017.3万件，累计注册地理标志商标6085件，认定地理标志保护产品2391件。[①] 核心专利、知名商标、精品版权、优质地理标志产品等持续增加。世界知识产权组织发布的全球创新指数报告显示，中国排名由2013年的第35位上升至2021年的第12位，连续9年稳步上升。

二、地区知识产权战略

我国经济发展不平衡，各地区拥有的知识产权数量和质量不同，知识产权的运用和管理能力也不同。所以，各地区可以从各自的实际出发，制定自己的知识产权战略。各地区应根据国家知识产权法律法规和国家知识产权战略的要求，以及该地区知识产权事业的发展情况，特别是知识产权创造、运用、保护和管理中存在的问题，采取具有针对性的、可操作的、适用于该地区的知识产权战略。目前，上海市、广东省、江苏省、山东省、四川省、贵州省等省市已经颁布了本地区的知识产权战略纲要，开始正式实施本地区的知识产权战略。

三、行业知识产权战略

行业知识产权战略是行业企业的联合行动战略，解决影响行业竞争力和企业共同关注的重大问题，实现共同利益，其主要任务是组织本行业自觉遵守知识产权规则，联合应对知识产权的国际竞争，提高行业整体竞争力。行业知识产权战略的主要内容包括以下三个方面：一是制定本行业企业在知识产权保护中共同遵守的行为准则；

---

① 我国知识产权质量效益快速提升每万人口发明专利拥有量达15.8件[EB/OL].（2021-01-22）[2023-12-03]. https://www.gov.cn/xinwen/2021-01/22/content_5581770.htm? gov.

二是制定和实施该行业知识产权创造、运用、保护和管理的规划，编制行业标准；三是建立行业内知识产权事务的组织、协调和监督机制。行业知识产权战略应该由企业自觉联合行动，这不同于政府行政管理部门的行业规划。行业协会在制定和实施行业知识产权战略中发挥组织和协调作用。

四、企业知识产权战略

（一）企业知识产权战略的概念

企业知识产权战略是作为主要技术创新主体的企业在技术创新活动中，为获得并保持市场竞争优势，运用知识产权制度维护自身合法权益，谋取最佳经济效益而进行的全局性谋划和采取的重要策略。它不仅是知识产权战略体系的主要组成部分，而且是现代企业战略的核心内涵。

企业知识产权战略在企业知识产权管理中具有重要的意义。首先，企业知识产权战略是企业经营战略的重要组成部分。知识产权已经成为企业的一项重要的无形资产，知识产权战略将影响企业、地区乃至一个国家的经济发展。其次，企业知识产权战略有利于提高企业的市场竞争力。企业知识产权战略的有效和成功实施有助于企业获取和保持市场竞争优势。最后，企业知识产权战略是国家、地区以及行业知识产权战略实施的基础。

（二）企业知识产权战略的特点

企业知识产权战略具有以下几个特点。

1. 法律性

制定和实施企业知识产权战略必须遵循相关知识产权法律制度，同时企业知识产权战略需要相关法律制度的规范和保障。

2. 保密性

企业知识产权战略涉及企业关于知识产权的战略规划、经营策略、企业情报分析、市场预测以及新产品动向等信息，因此，企业对其知识产权战略相关部分会采取保密措施。

3. 从属性和相对独立性

企业知识产权战略必须从属于企业整体战略并为其服务，但这并不排斥企业知识产权战略的相对独立性。

4. 风险性

在变幻莫测的市场竞争中，企业如果不能根据自身情况以及客观环境的变化制定、调整和实施其知识产权战略，就可能导致企业在竞争中处于被动或者导致一定的经济损失。

5. 时间性和地域性

与某一知识产权战略相应的知识产权期限届满或因故提前终止，相关的知识产权战略就应及时调整。企业在进行跨国生产经营时，应当考虑知识产权的地域性，即企业知识产权战略的制定和实施应当根据有关国家和地区的知识产权制度进行。

6. 灵活性

企业需要根据自身的内部条件及外部环境，灵活制定企业的知识产权战略；在相关情况发生变化时，企业应当对其知识产权战略加以调整。

（三）企业知识产权战略的内容

企业知识产权战略是企业整体竞争战略的重要组成部分。它是在综合企业所处市场环境及其竞争水平和本企业创新能力、经济实力、人力资源等因素的基础上，制定的有利于本企业可持续发展的宏观策略。企业知识产权战略的内容主要包括以下五个方面。

1. 企业知识产权定位

即根据企业的性质、技术水平、所处环境和市场竞争程度明确知识产权对本企业发展的重要性。

2. 企业知识产权规划

即企业在知识产权方面通过何种途径发展、解决哪些问题、最终达到什么样的目标的整体规划。

3. 企业知识产权策略

即企业提高知识产权取得、运用、保护和管理能力，特别是企业通过知识产权获得市场竞争力或竞争优势的具体谋略。

4. 企业知识产权模式

即企业知识产权相关事务的决策模式和经营方式，如有些企业以自主研发知识产权为主，有些企业则主要是通过被许可或者受让等方式获得知识产权。

5. 企业知识产权预测

即通过对技术市场发展趋势和本企业发展前景的评估，预测企业知识产权战略的发展趋势。

上述五个方面需要相互协调、相互促进、不断完善，才能促进企业知识产权战略目标的实现。

案例分析 5-3

海康威视荣膺国家知识产权示范企业

2017年12月20日,国家知识产权局发布《关于确定2017年度国家知识产权示范企业和优势企业的通知》,杭州海康威视数字技术股份有限公司(以下简称海康威视)成为年度182家国家知识产权示范企业之一,位列浙江省同类企业之首。这标志着继获得"国家知识产权优势企业"称号后,海康威视又在知识产权布局和管理方面迈上了新台阶。

凭借持续创新和强大的研发实力,2017年海康威视的发展获得了业内外的一致认可。国家知识产权局发布《关于第十九届中国专利奖授奖的决定》,海康威视再次获得中国专利优秀奖,获奖专利为基于云计算的海量视频文件存储系统、分析方法及其系统(专利号:ZL201210073197.2)。同年11月,海康威视荣膺2017年浙江省"高新技术企业技术创新能力百强"称号,在多个单项十强评比中,海康威视及其子公司屡创佳绩,研发人员在十强中排名第一。

海康威视自成立以来,一直以研发创新为企业核心发展推动力,每年将销售收入的7%~8%投入研发。现全球研发人员超10000人,占据总员工人数的40%,是全球安防行业中拥有大规模研发团队的公司之一。此外,海康威视在国内设有五大研发中心,同时在海外设有蒙特利尔研发中心和硅谷研究所,在云计算、大数据、深度学习等前瞻性技术上颇有建树。截至2017年12月,海康威视申请专利超过3000件,获得授权专利1700余件,其中,发明专利获得授权248件。海康威视对技术成果的保护和重视也将不断促进自身产品的更新换代,并提高产品的技术含量,使其在市场竞争中建立起强大的技术壁垒。

全球知名科技杂志《安全&自动化》(A&S)发布的2022年度"全球安防50强"榜单中,有16家中国企业上榜,前10强中有4家中国企业。其中,海康威视自2016年以来连续7次居于榜首。2021年,海康威视的营收达到101亿美元,是唯一一家销售额超过百亿美元的安防企业,是第二名大华股份(营收突破30亿美元)的三倍还多。

思考:以海康威视为例,说明实施企业知识产权战略的重要性。

本章小结

知识产权行政管理是指由国家行政机关依法管理知识产权资源，制定知识产权政策，开展知识产权审查、保护、运用、服务、教育的组织活动。

企业知识产权管理部门的职责是专门履行企业知识产权管理事务。该部门不一定以"知识产权管理部"为名称，只要该部门是专门履行企业知识产权管理职能的，即可认为是企业的知识产权部门。

《创新管理知识产权管理指南》（ISO 56005）是由我国提出并主导的首个知识产权管理国际标准提案，该提案于 2017 年 2 月获得 ISO/TC 279 国际标准批准立项，2020 年 11 月正式发布。ISO 56005 是创新管理标准系列中最为重要的标准之一。

2013 年 3 月 1 日，《企业知识产权管理规范》（GB/T 29490—2013）正式发布实施，开启了我国企业知识产权规范化管理的征途。在各级政府的大力支持和创新主体的积极参与下，我国的知识产权管理体系贯标认证工作稳步推进。

国家实施知识产权战略，提升知识产权创造、运用、保护和管理能力，有利于增强我国自主创新能力、建设创新型国家。

企业知识产权战略是作为主要技术创新主体的企业在技术创新活动中，为获得并保持市场竞争优势，运用知识产权制度维护自身合法权益，谋取最佳经济效益而进行的全局性谋划和采取的重要策略。

练习题

1. 名词解释

国家知识产权战略　企业知识产权战略　企业知识产权管理规范

2. 思考题

（1）简述我国知识产权行政管理机构及其职能。

（2）简述企业知识产权管理部门的类型。

（3）简述我国企业知识产权管理规范。

（4）结合实际情况，说明我国实施知识产权战略的重要意义。

（5）论述企业知识产权战略的主要内容。

3. 案例分析题

西门子公司是拥有160多年历史的跨国公司，其始终将知识产权作为企业的核心竞争力。创始人维尔纳·冯·西门子凭借其发明奠定了公司的知识产权发展基础，并组织和实施企业知识产权战略。

一、完善知识产权管理模式

在知识产权管理模式方面，西门子公司主要采取如下措施。一是通过知识产权信息为知识产权决策提供支撑。公司在知识产权管理部内设立了由30位专家组成的信息研究中心，专门收集与经济、科学、技术和知识产权等相关的信息，监测市场态势，分析竞争者专利组合和技术状态。二是以专利价值为导向优化专利组合。公司组织专利评审会评估公司员工提交的发明报告，并判断可能的专利价值，选择有价值的发明申请专利。在授权专利维持过程中，公司坚持动态评估，淘汰没有维持价值的专利，每年组织约220名专利专家重新评估公司的专利，重点评估维持时间超过5年的专利。公司非常重视围绕关键专利进行布局，优化专利组合。三是构建集中统一、内部共享的知识产权管理模式。公司知识产权管理机构设在公司中央研究院内部，拥有超过500名专家从事知识产权工作，管理公司在全球的5.8万多件专利。公司中央研究院和事业部创造和申请的知识产权，各业务领域都可以免费使用。公司的知识产权共享管理模式，促进了知识产权的转化效率，推动了公司知识产权战略的实施，使得各业务部门的知识产权形成一个整体，为公司知识产权战略的实施提供了良好的内部环境。

二、规划知识产权发展战略

为确保知识产权战略目标实现，并与企业整体战略相一致，西门子公司始终重视专利的创造、运用、保护和管理。首先，公司知识产权管理部门针对各部门特征，分别制定各部门的知识产权策略。公司每个业务部门都有其独特的技术特征和不同的竞争对手。在公司享有一定独占性的技术领域，突出企业特色，促成市场良性竞争；在公司独占性不明显，但是有一定实力的技术领域，坚持公平原则，共享知识产权，促进合作与创新；在特定领域，公司会免费推广和促进新技术的利用和转化，将公司各业务部门的知识产权共享并相互融合，形成竞争优势。其次，公司知识产权管理部门为各地区分支机构制定本地化的知识产权战略。在产品销售量较好的地区，制定符合本地特征的地区知识产权战略，以保持该地区的竞争优势。最后，公司重视将知识产权与标准化相结合。20世纪之前，西门子公司内部就开始制定有关安全的标准化工作。在第二代和第三代移动通信技术开发过程中，公司非常重视标准化与知识产权的结合，该措施使得公司在知识产权管理和运用中获得了不少收益。[1]

通过西门子公司知识产权管理的经验，谈谈你对提高我国企业知识产权管理水平的建议。

数字资源 5-1
第五章即测即评

数字资源 5-2
《创新管理——知识产权管理指南》

学习效果测评

项目测评表

知识测评		
知识点	评价指标	自评结果
知识点 1	掌握知识产权行政机构的分类	□A⁺ □A □B □C □C⁻
	了解知识产权行政机构的职能	□A⁺ □A □B □C □C⁻
知识点 2	掌握企业知识产权管理部门的类型	□A⁺ □A □B □C □C⁻
	了解企业知识产权管理部门的模式	□A⁺ □A □B □C □C⁻
	了解企业知识产权管理部门的职能	□A⁺ □A □B □C □C⁻
能力测评		
技能点	评价指标	自评结果
技能点 1	熟悉国际创新管理标准化技术委员会的职能	□A⁺ □A □B □C □C⁻
	熟悉全国知识管理标准化技术委员会职能	□A⁺ □A □B □C □C⁻
技能点 2	了解企业知识产权管理现状	□A⁺ □A □B □C □C⁻
	了解推行知识产权管理标准的意义	□A⁺ □A □B □C □C⁻
	熟悉我国知识产权管理体系认证	□A⁺ □A □B □C □C⁻

---

[1] 资料来源：顾晓月. 西门子知识产权管理工作研究初探［J］. 河南科技，2017（6）：49-50. 有删减。

续表

素养测评		
素养点	评价指标	自评结果
素养点 1	了解国家知识产权战略的发展	□A⁺　□A　□B　□C　□C⁻
素养点 2	熟悉企业知识产权战略的内容	□A⁺　□A　□B　□C　□C⁻
薄弱项记录		
我掌握得不太好的知识		
我还没有掌握的技能		
我想提升的素养		
教师签字		

第二篇 标准化篇

第六章　标准化概论

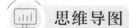思维导图

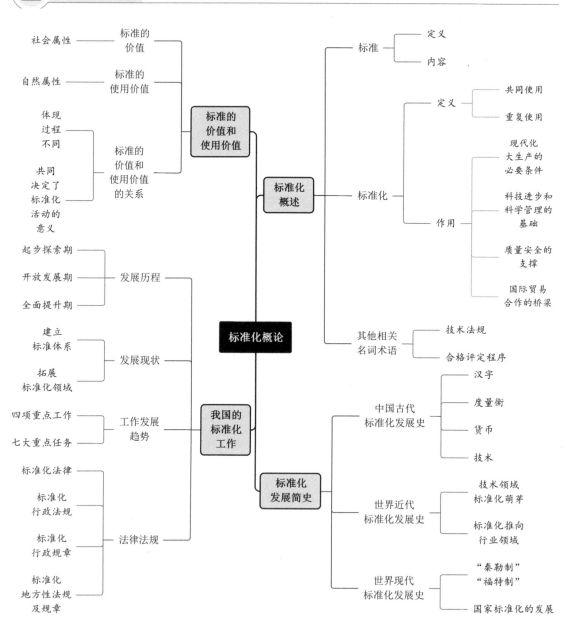

学习目标

- 掌握标准和标准化的定义、作用及发展过程；
- 了解我国标准化的发展历程；
- 了解标准知识体系的要点；
- 了解标准与知识产权的关系。

情境导入

公元前221年，秦始皇完成了统一中国的大业，建立了一个中央集权的统一的多民族国家——秦朝。秦国在完成统一之后，陆续颁布了多条律法，利用标准推动改革、维护国家统一，以稳固国家的统治。其中就有我们熟悉的书同文、车同轨、度同制等。

一、书同文

在秦统一六国前，各诸侯国都使用自己的文字，这严重阻碍了政令的推行和各地之间文化的交流。因此在统一六国后，秦始皇便下令对各国原来使用的文字进行整理，规定以"秦小篆"为统一书体（见图6-1）。为了推行这一书体，秦始皇还命令李斯、赵高、胡毋敬分别用小篆书体编写了《仓颉篇》《爰历篇》《博学篇》，将其作为标准的文字范本在全国范围内推行。

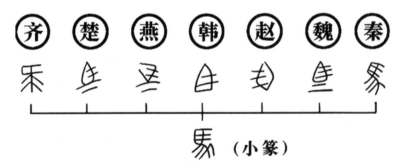

图6-1　秦小篆与六国文字对比

二、车同轨

春秋战国时期，各地马车的大小不一，车道也有宽有窄，没有一个明确的标准。秦朝统一后，秦始皇便下令将车辆的轮距一律改为六尺，这样的车辆在全国范围内就通行方便了（见图6-2）。

除此之外，在交通上，秦朝也做了相应的改变。原来各诸侯割据势力在各地修筑的关塞、堡垒严重影响了各诸侯国的往来。秦统一后，秦始皇不仅下令拆除了阻碍交通的关塞、堡垒，还修筑了以首都咸阳为中心的驰道，以及由咸阳直向北延伸、全长约900千米的直道，以此来防御北方匈奴的侵扰。这些驰道与直道纵横交错，形成了以咸阳为中心的四通八达的道路网络。

三、度同制

战国时期，各诸侯国都有自己的度量衡制度。秦统一后，不同的制度严重阻碍了国家的经济发展。于是，秦始皇便以秦国原有的度量衡为标准，并在商鞅曾颁布的标准器上加刻统一诏书，制成统一后的标准器发布全国（见图6-3），而与标准器不同的度量衡则一律被禁止使用。

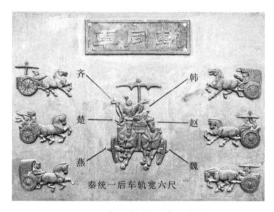

图6-2　车同轨的记载及解释

图6-3　秦国统一的度量衡（荀山出土的衡）

漫说标准

标准是人们面对问题时选择的解决方案，其在日常生活中逐渐固化下来，成为人们普遍采用的规则。从山顶洞人的石斧到现今的宇宙航行，人类社会前进的步伐已经跨进了一个经济和科学技术发展更为迅猛的时代。随着人类社会和技术的进步，为了使复杂的管理工作系统化、规范化、简单化，标准化这一学科应运而生，并实现了蓬勃发展。

>>>>>

第一节　标准化概述

一、标准化的基本概念

标准化是指在经济、技术、科学和管理等社会实践中，对于重复性的事物和概念，通过制订、发布和实施标准达到统一，以获得最佳秩序和社会效益。公司标准化是以获得公司的最佳生产经营秩序和经济效益为目标，对于公司生产经营活动范围内的重复性事物和概念，制定和实施公司标准以及贯彻实施相关的国家、行业、地方标准等，以获得更大的效益。作为科学技术管理和工作的规范，标准化已渗透进入人类活动的各个领域，成为推动社会发展和提高人们生活质量的重要手段。

（一）标准

1. 标准的定义

国际标准化组织的标准化原理委员会（STACO）一直致力于对标准化概念的研究，并以"指南"的形式对"标准"做出了统一的规定：标准是由一个公认的机构制定和批准的文件，它对活动或活动的结果规定了规则、导则或特殊值，供人们共同和反复使用，以实现在预定领域内最佳秩序的效果。

《标准化工作指南 第1部分：标准化和相关活动的通用词汇》（GB/T 20000.1—2002）对"标准"的定义如下：为了在一定的范围内获得最佳秩序，经协商一致制定并由公认机构批准，共同使用和重复使用的一种规范性文件。它同时标注"标准宜以科学、技术和经验的综合成果为基础，以促进最佳的共同效益为目的"。

该定义等同采用 ISO/IEC 指南 2：1996《标准化和相关活动的通用词汇》（以下简称 ISO/IEC 指南 2）的定义，所以它也是 ISO/IEC 给"标准"下的定义。

世界贸易组织《技术性贸易壁垒协定》（TBT 协定）对标准的定义如下："标准是由公认机构批准的、非强制性的、为了通用或反复使用的目的，为产品或相关加工和生产方法提供规则、指南或特性的文件。标准也可以包括或专门规定用于产品、加工或生产方法的术语、符号、包装标志或标签要求。"

漫知标准

ISO/IEC 指南 2 规定的标准包括产品、加工和服务。TBT 协定只涉及产品或相关加工和生产方法方面的技术法规、标准和合格评定程序。ISO/IEC 指南 2 中定义的标准可以是强制性的，也可以是自愿性的。TBT 协定中将标准定义为自愿性文件，将技术法规定义为强制性文件。国际标准化团体制定的标准建立在协商一致的基础上，TBT 协定还包括建立在非协商一致基础上的文件。

2. 标准的内容

（1）标准制定和实施的目的

获得最佳秩序、促进最佳共同效益的实现是制定标准的目的。这里的"最佳秩序"

是指通过实施标准使标准化对象的有序化程度提高，发挥标准化系统的最佳功能。"最佳共同效益"就是发挥标准化系统整体最佳效应，产生最理想的效果，而"最佳"指的是整体的最佳、从系统的角度来评价的最佳。标准的制定旨在通过对"最佳秩序"的获得来追求"最佳共同效益"的实现。

（2）标准制定的对象

"重复性事物"是标准制定的对象的基本属性。所谓"重复性事物"就是反复出现多次的同一事物，如成批大量生产的产品在生产过程中的重复投入、重复加工、重复检验，某种概念、方法、符号、标识被人们反复应用等。具有重复性特征的事物才有可能积淀为实践经验，而对实践经验的提炼则是标准产生的必由之路。

（3）标准制定的依据

标准的制定是以科学技术和实践经验的综合成果为基础的。标准反映的是一定时期内科学技术发展水平和实践中的经验总结。将这些经验经过分析、比较、选择，加以综合、提炼、概括和规范化，便形成了标准。然而，随着科学技术和实践经验的不断进步和发展，标准的内容需要不断改进，这也是标准具有的特征。可以说，标准就是截至某一时间点，社会所积累的科学技术和实践经验的规范化成果。

（4）标准是协商一致的结果

协商一致是指在标准制定的过程中，按规定的程序就标准的内容与标准相关方进行广泛的意见征询和充分的协调，最终形成的标准实质上是标准相关方互相"妥协"的结果。最大范围地征询标准相关方的意见，最大限度地吸纳标准相关方的意见并达成各方都能接受的共识，是确保标准适用性的基础。

（5）标准是由公认机构批准和发布的规范性文件

标准是由公认机构批准和发布的，根据《标准化法》的规定，标准按使用范围分为国家标准、行业标准、地方标准和企业标准。其中，国家标准是由国家标准化行政主管部门批准和发布的。

此外，标准是一种规范性文件。这里的"文件"可以理解为记录了信息的各种媒体，"规范性文件"是指为各种活动或结果提供规则、导则或规定特性的文件，例如，标准、技术规范、规程等。

（6）标准的本质属性是统一

标准的本质属性是一种统一规定，反映需求的扩大和统一。单一的产品或单一的需求不需要标准，也不需要统一。只有对同一需求的重复和无限延伸才需要标准。这种统一规定是各方共同遵守的准则，正是这种统一规定的属性使得标准在其规范的领域范围内具有约束性作用。

（二）标准化

1. 标准化的定义

GB/T 20000.1—2002 对"标准化"进行的定义如下："为了在一定范围内获得最佳

秩序，对现实问题或潜在问题制定共同使用和重复使用的条款的活动。"并注"1. 上述活动主要包括编制、发布和实施标准的过程。2. 标准化的主要作用在于为了其预期目的改进产品、过程或服务的适用性，防止贸易壁垒，并促进技术合作"。

该定义等同采用 ISO/IEC 指南 2 中对"标准化"的定义。

2. 标准化的内容

（1）标准化是制定标准、实施标准、监督标准实施的过程

标准化不是一个孤立的事物，而是一项有组织的活动过程，主要是制定标准、实施标准和监督标准实施的过程。这个活动重复出现，呈螺旋式上升，每完成一次循环，标准的水平就提高一些。标准化作为一门学科，就是研究标准化活动过程中的规律和方法；标准化作为一项工作，就是根据客观情况的变化，不断地促动这种循环过程的进行和发展。

（2）标准化的目的和作用都要通过制定和实施标准来体现

标准是标准化活动的产物，标准化的目的和作用都要通过制定和实施具体的标准来体现，所以，标准化活动不能脱离制定、修订和实施标准，这是标准化的基本任务和主要内容。

（3）标准化的效果只有在标准实施后才能表现出来

标准化的效果只有在标准实施之后才能表现出来，因此绝不是制定一个或一组标准就可以了事的。即使有再多、再好、水平再高的标准或标准体系，如果没有共同参与、重复运用，就不会产生良好的效果。因此，标准化的全部活动中，"化"即实施标准，是十分重要、不容忽视的环节。这一环节一旦中断，标准化循环发展过程也就中断了。

（4）标准化是一项有目的的活动

标准化可以有一个或多个特定目的，以使产品、过程或服务具有适用性。这样的目的可能包括品种控制、可用性、兼容性、互换性、健康安全与环境保护、产品防护、相互理解、经济效益、贸易等。一般来说，标准化的主要作用，除了包括达到预期目的改进产品、过程或服务的适用性之外，还包括防止贸易壁垒、促进技术合作等。

（5）标准化活动是建立规范的活动

标准化定义中所说的"条款"，即标准内容的表述。标准化活动所建立的规范具有共同使用和重复使用的特征。条款不仅针对当前的问题，也针对潜在的问题，这是标准化的一个显著特点。

（三）其他相关名词术语

1. 技术法规

技术法规是指强制执行的规定产品特性或相应加工和生产方法，包括适用的管理

规定的文件、技术法规,也可以包括专门规定用于产品、加工或生产方法的术语、符号、包装、标志或标签要求。

2. 合格评定程序

合格评定程序是指直接或间接用于确定是否满足技术法规或标准中相关要求的程序。合格评定程序包括取样、测试程序,注册、认可和批准检查程序,评估、验证和合格保证程序以及它们的综合程序。

二、标准化的作用

标准化是现代化工业的产物。实践证明,标准化由于涉及领域的广泛性、内容的科学性和制定程序的规范性,在社会经济发展中发挥着不可替代的作用。ISO/IEC 指南 2 指出,标准化可提高产品、过程或服务的适用性,即在给定的条件下,标准化可提高产品、过程或服务满足规定要求的能力。

(一)标准化是现代化大生产的必要条件

现代化大生产是以先进的科学技术和生产的高度社会化为特征的。先进的科学技术表现为生产过程速度加快、质量提高、生产的连续性和节奏性增强。生产的高度社会化表现为社会分工越来越细,各部门之间的联系日益密切。随着科学技术的发展和生产社会化程度越来越高、生产规模越来越大、技术要求越来越严格、分工越来越细,生产协作也越来越广泛,协作主体涉及几十个、几百个甚至成千上万个企业,协作范围遍布全国乃至全世界。如一辆 F1 赛车有上万个零件,需要 100 多家工厂协作生产;再如一部苹果手机需要 30 多个国家为其提供原材料与零件。这些产品的社会化大生产,必须以技术上高度统一与广泛的协调为基础,而标准化恰恰是实现这种统一与协调的管理手段和技术工具。正是由于标准化能为生产活动建立最佳秩序,能够为人们的活动确立目标并具有约束效用,使人们共同遵守,才能够使这种统一和协调的作用充分发挥。

(二)标准化是科技进步和科学管理的基础

标准是科学、技术和经验的综合成果,其包含许多成熟的先进技术,并与新技术同步发展。标准化是企业技术创新与产品开发的基础,企业新产品的设计、制造、试验、检验、信息化管理、市场化开拓等都离不开标准化,新产品的开发、产品的定型、规模化生产、市场化形成等也需要大量借助已有的标准成果。同时,在此过程中又会形成很多直接相关的产品标准及其配套标准,以服务于企业采用新技术、开发新产品、技改装备和提升测试能力等活动。总体来说,标准化是科技进步、科技成果产业化、科技产品市场化的基础支撑。

1798年，美国人惠特尼在制造武器中运用标准化原理，成批制造可以互换的武器零部件，为大规模生产开辟了新路。1911年，"科学管理之父"泰勒又用标准化的方法制定了"标准时间"和"动作研究"，证明了标准化可以大规模地提高劳动生产率。在企业管理中，无论是生产、经营，还是核算、分配，都需要实现规范化、程序化、科学化，都离不开标准化。现代企业实行自动化、精确化管理的前提也是标准化。

漫知标准化

1899年，泰勒所在的伯利恒钢铁公司有一项铲掘煤粉和铁矿石的工作。最开始，工人使用相同的铁锹进行这两项作业，生产效率不高。于是泰勒进行了"铁锹试验"，发现一铁锹的铲取量为21磅（约为9.5千克）时，工人一天的材料搬运量最大，并且在搬运铁矿石和煤粉时，最好使用不同的铁锹。于是，泰勒针对不同的物料设计了12种不同形状和规格的铁锹，使得工人每铲的载荷都能为21磅左右。通过对工具的标准化，工厂和工人都受益很大，堆料场的工人从400~600人减少到140人，每人每天的操作量从16吨提高到59吨，工人的日工资从1.15美元提高到1.88美元。

标准化为企业现代化管理提供了基础条件。集约化生产要求企业依据生产技术的发展和客观的经济规律进行管理，实现管理机构高效化、管理技术现代化。要实现生产过程中技术上的相互衔接、管理上的有序高效、信息传递的准确高速，就必须通过制定和贯彻各类标准来实现统一技术要求、统一管理规范、统一工作程序，并将其作为指导企业生产、技术、经营和管理活动的依据。标准化将生产程序和管理业务衔接起来，使它们成为一个有机的整体，保障企业整个管理系统功能的发挥，成为企业动态管理的基础。

（三）标准化是质量安全的支撑

标准是检验产品、监督工程、测评服务和市场监管的依据。产品（包括工程和服务）包括功能性（性能参数、工作参数、结构参数）、可信性（可用性、可靠性、维修性）、安全性、环境适应性等质量特性，这些均需要标准定量地给出衡量要求及评测方法。因此，标准为产品质量提供了准绳，是检验产品质量的依据。在市场中，不论是国有企业还是私营企业，不论是外资企业还是内资企业，它们的产品质量合格与否或能否达到市场准入要求，都要使用同一标准来衡量。此外，市场监管的技术依据同样是标准，从质量监督的检查程序、方法到试验设备和测量设备等试验手段的配备，再到质量合格的评估和鉴定，都离不开标准。

（四）标准化是国际贸易合作的桥梁

贸易全球化和市场一体化是大势所趋，而在各个国家和地区之间发挥连接作用的"桥梁"就是技术标准。世界贸易组织已经形成了一套完整的非关税国际贸易规则，技术性贸易措施体系对技术法规、标准、合格评定都做出了明确规定。因此，我们应主动掌握标准化手段，发展市场经济，促进国际贸易，维护国家利益。

只有按照同一标准组织生产和贸易，市场行为才能够在更大的范围和更广阔的领域发挥应有的作用，人类创造的物质财富和精神财富才能在更大的范围内为人类所共享。生产是为了消费，生产者要找到消费者就要开发市场，标准不但为生产者扩大生产规模、满足市场需求提供了可能，也为生产者提供售后服务、增强竞争力创造了条件。随着贸易自由化在全球的推进，标准已经成为产品和服务走向国际市场的"通行证"。标准决定着市场的控制权，已成为市场竞争的制高点。

三、标准化发展简史

（一）中国古代标准化发展史

标准化与人类的生产生活息息相关，它来源于人类的生产生活，又服务于人类的生产生活，推动着人类社会向前发展。古代标准化活动是古代人类为了适应、改造自然及满足调整生产关系现实需求而产生的零散的、无组织的行为，属于标准化发展的自发阶段。

在我国不同的历史时期，人们在日常的生产生活中自觉或不自觉地进行了一系列的标准化活动。以下列举的内容，是对现存文献资料中记载的代表性事件展开的叙述，以便读者对古代标准化的历史发展有个大致的了解。

1. 汉字的创造和统一

文字是语言标准化的表现形式，随着文字的产生，语言逐步走向规范化。汉字的产生大致可以分为三个阶段，即结绳（见图 6-4）、图画和书契。由结绳至图画，由图画至书契，是汉字的最初发展过程。仓颉以前虽已有造书者，但字形没有定式；仓颉开始将字形调整得整齐划一，以所定的符号作为书契的标准形式。因此，后世认为，仓颉在汉字创造过程中发挥了重要作用。

甲骨文是目前发现的较为成熟的汉字（见图 6-5）。它最初出土于商王朝后期的都城遗址"殷墟"，因刻于龟甲和兽骨，故称"甲骨文"。汉字"六书"中的象形、指事、形声、会意、转注、假借这六种构成文字的方法，在甲骨文中都有所体现。可见，汉字在商代晚期，就形成了严密、规范的文字系统。

图 6-4 结绳记事

图 6-5 十二生肖象形文字（甲骨文）

李斯受秦始皇命令统一文字，他以秦国的文字为基础，制定小篆并写成范本，在全国推行（见图 6-6）。后来，秦人程邈将小篆圆转的笔画改为方折，比小篆更容易书写的隶书由此形成了。近代吴伯陶先生在《从出土秦简帛书看秦汉早期隶书》的文章中说道："小篆还保存了象形字的遗意，画其成物随体诘屈；隶书就更进了一步，用笔画符号破坏了象形字的结腹，成为不象形的象形字。"汉字由篆变隶，图画性消失了，象形文字变为真正的符号，汉字发生了质的变化。

数字资源 6-1
汉字的起源

图 6-6 李斯的小篆

2. 统一度量衡

度是计量长短的标准。我国古代以 100 粒黍子横着连接起来的长度为一尺，叫作"度尺"。《汉书·律历志》中有如下记载："度者，分、寸、尺、丈、引也，所以度长短也。本起黄钟之长。以子谷秬黍中者，一黍之广，度之九十分，黄钟之长。一为一分，十分为寸，十寸为尺，十尺为丈，十丈为引，而五度审矣。"《孙子算经》中有记载："度之所起，起于忽。欲知其忽，吐丝为忽，十忽为一丝，十丝为一毫，十毫为一牦，十牦为一分，十分为一寸，十寸为一尺，十尺为一丈，十丈为一引，五十引为一端，四十尺为一匹，六尺为一步，二百四十步为一亩，三百步为一里。"

量是计量多少的器具。《汉书·律历志》中有记载:"量者,龠、合、升、斗、斛也,所以量多少也……合龠为合,十合为升,十升为斗,十斗为斛,而五量嘉矣。"《孙子算经》中有记载:"六粟为一圭,十圭六十粟为一撮,十撮六百粟为一抄,十抄六千粟为一勺,十勺六万粟为一合,十合六十万粟为一升,十升六百万粟为一斗,十斗六千万粟为一斛……"

衡即衡量轻重的器具。《荀子·礼论》中有"衡诚县矣,则不可欺以轻重"。《孙子算经》中有记载:"称之所起,起于黍。十黍为一絫,十絫为一铢,二十四铢为一两,十六两为一筋,三十筋为一钧,四钧为一石。"《汉书·律历志》中有记载:"二十四铢为两。十六两为斤。三十斤为钧。四钧为石。"从中足见古人对衡器的标准以及计量的准确性极为重视。

度量衡的统一,即标准化器物的统一,是在当时的历史条件下保证公平交换、等价交换原则的重要存在。历代帝王都很重视统一度量衡。《史记·五帝本纪》提到尧命舜摄行天子之政,五载一巡狩,"合时月正日,同律度量衡";《史记·夏本纪》中记载大禹治水时,"行山表木……左准绳,右规矩",也就是说禹从事勘查测量使用的是较标准的测量方式。《礼记·王制》中有"用器不中度,不鬻于市。兵车不中度,不鬻于市"的记载,即不符合标准的用器、兵车等不准在市肆上销售。《汉书·食货志》中有言"太公为周立九府圆法,黄金方寸而重一斤,钱圆函方,轻重以铢;布、帛广二尺二寸为幅,长四丈为匹"。《周礼·地官·质人》中有记载"掌稽市之书契,同其度量,壹其淳制,巡而考之。犯禁者举而罚之",即由质人统一度量衡,并对犯禁者进行处罚。公元前 350 年,商鞅统一了秦国度量衡(见图 6-7)。秦王朝建立后,秦始皇用商鞅所定的度量衡标准器来统一全国的度量衡。

数字资源 6-2
国家宝藏国宝展示

图 6-7　商鞅方升

3. 统一货币

货币是商品交换的媒介,是商品流通的必然产物,是实现公平交易的一种特殊标准。据《中国古钱目录》记载,殷商至周使用的钱币有天然贝币、骨币、铜币(包括布币、刀币、圆钱)等。铜币始铸于殷商晚期,圆钱在西周初年就已通用。春秋晚期,金属铸币已较为流行。在山西侯马晋国遗址中,人们发现了铸币的作坊,说明当时的晋国已通行铸币。战国时期,为了满足商品交换的需要,各诸侯国铸造了大量的金属钱币,但钱币形式不一。秦统一中国后,废止各国不相同的货币,改以黄金为上币,以镒(20 两,还有一说为 24 两)为单位;以圆形方孔的铜钱为下币,文曰半两,重如其文。至此，方孔圆钱便在之后很长一段时间内流传。各诸侯国的钱币和秦的统一货币如图 6-8 所示。

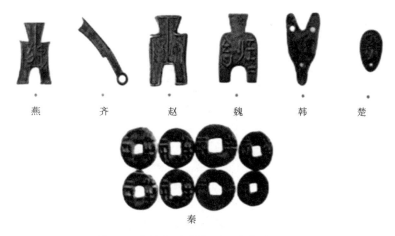

图 6-8　各诸侯国的钱币和秦的统一货币

4. 造纸术和印刷术

植物纤维造纸方法的大规模推广始于公元 105 年。据《后汉书·蔡伦》记载，蔡伦改进了西汉以来的造纸技术，并形成了一套较为完整的造纸工艺流程。他用树皮、麻头、敝布、破渔网为原料，通过原料分离、打浆、抄造、干燥四个步骤，使得造纸的成本更加低廉，造出的纸张更加顺滑、更加便于使用。从那以后，纸完全代替了简帛，成为普遍的书写材料。可以说，蔡伦改进的造纸技术中蕴含了标准化意识。古代造纸标准化流程如图 6-9 所示。

图 6-9　古代造纸标准化流程

11 世纪中叶，毕昇发明了活字印刷术，将印刷工作分为三个主要步骤——制活字、排版和印刷。毕昇的发明是中国印刷史上重要的技术创新。公元 1297 年，王祯创制了木活字与转轮排字架，把制造木活字的方法及拣字、排版、印刷的全过程，撰写成《造活字印书法》，这是世界上最早的关于活字印刷术的文献。

值得一提的是，从毕昇发明活字印刷术开始，汉字用毛笔以不同的风格和字体书写的传统局面开始改变，逐渐实现字体的统一。从标准化的角度看，活字印刷术已具有现代标准化的标准件、互换性、分解组合、重复利用等特点。

5.《营造法式》

《营造法式》是宋代的建筑学著作,由李诫在《木经》的基础上编成,是北宋官方颁布的一部建筑设计、施工的规范书,标志着中国古代建筑技术已经发展到了较高阶段。在此之前,中国古代的标准基本上是以实物标准的形态存在的,且与生产工具、日常用具等,尤其是度量衡密切相关,而《营造法式》却是一本文字形式的"标准"。

《营造法式》全书36卷,共357篇、3555条,是当时建筑设计与施工经验的集合与总结,对后世产生了深远影响。第3卷至第15卷,分别说明了壕寨制度、石作制度、大木作制度、小木作制度、雕作制度、旋作制度、锯作制度、竹作制度、瓦作制度、泥作制度、彩画作制度、砖作、窑作制度13个工种的制度,并说明如何按照建筑物的等级来选用材料,确定各种构件之间的比例、位置、相互关系。其他篇文分别规定了各工种在各种制度下的构件劳动定额和计算方法,各工种的用料的定额和所应达到的质量,各工种、做法的平面图、断面图、构件详图及各种雕饰与彩画图案。

在当时,《营造法式》是一本建筑技术规范。有了它,无论是确定群体建筑的布局设计或单体建筑及构件的比例、尺寸,还是编制各工种之间先后顺序、相互关系(相当于现在的施工组织设计和进度计划)和质量标准都有法可依、有章可循,既便于建筑设计和施工顺利进行,又便于开展施工质量检查和竣工验收的相关工作。

图 6-10 为梁思成手绘《〈营造法式〉注释》中的插图。

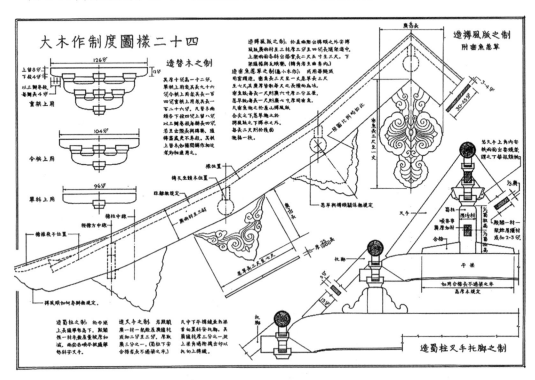

图 6-10 梁思成手绘《〈营造法式〉注释》插图

除了以上内容，在我国古代历史长河中还有非常多的标准化活动能够作为例证来说明标准化的发展有迹可循。标准化的发展有力地推动着人类文明的进步。

> **漫知标准化**
>
> **古代标准化的特征**
>
> 第一，人们开始有意识地制定标准，并以不同的形式进行传播，有的还采用了强制方法贯彻执行，起到了比较明显的管理与协调作用。
>
> 第二，标准化活动涉及范围扩大。随着社会化的发展，人类社会活动的多个领域都在不同程度上建立或遵循某种类型的标准。
>
> 第三，标准化活动中的政治和军事因素突出。
>
> 第四，标准化还不是一项有组织的活动。
>
> 第五，标准化发展不够均衡。除了度量衡、建筑制式等少数标准由官方组织编写外，更多的标准以言传身教的形式进行传承。
>
> 总之，古代标准化虽建立在小农经济和手工业生产基础上，多处于个别的、分散的、模糊的、无组织的状态，却为近代标准化的发展奠定了基础。

（二）世界近代标准化发展史

18世纪末，以蒸汽机的应用为标志、以纺织工业为首的一场气势磅礴的工业革命在欧洲兴起。随着产业革命的产生和发展，人们开始有意识地组织标准化活动。在机器化生产、工业化生产和社会化生产的基础上，标准化发展逐渐脉络清晰、目的明确，进而成为有组织的社会性活动。

1. 技术领域标准化萌芽

随着英、美、法、德、日等国先后完成了工业革命，旧的生产结构被打破，新的技术手段推动手工作坊劳动向机器作业转变，并很快形成了合营广泛、规模庞大、职责细化的大机器工业化生产方式。为了充分激发大机器工业化生产方式的生产潜力，社会各企业、工厂逐渐开始采用标准化的生产方式，使得生产模式系统化和规范化。

> **案例分析 6-1**
>
> **"美国工业标准化之父"伊莱·惠特尼**
>
> 18世纪末，美国由于国内外战火尚未停息，政府急需大量军火，1798年美国当时的副总统杰斐逊同因发明轧棉机而出名的伊莱·惠特尼签订了一项合同，要求惠特尼在两年之内向政府提供一万支来复枪。按传统的造

枪方法,靠工匠用工具单独制造枪机零件后进行装配,来复枪每年仅能产出500支,但是惠特尼按时按量完成了任务。

原来,惠特尼将枪支部件分拆,用特别设计的模子和机器制造相同的零件,再将各零件组装成完整的枪。这种方法就是把整个工作分为若干工序,用标准的零件模型、专用工装(钻孔模板、夹具和导轨等)来保证零件的精度,使得零件间的误差微小,部件可应用于任何一支枪;另外,他还设计了专用机床来提高产量。这样,整个工件就可以雇用更多的非专业工人来同步进行标准零件的制造、合格枪支的装配。惠特尼运用科学的加工方法和互换性原理,在零部件通用互换的基础上打造了生产分工专业化、产品零件标准化的生产方式,奠定了大规模生产的基础。他因此被誉为"美国工业标准化之父"。

思考:惠特尼的做法对促进标准化工业生产起到了什么样的作用?

近代工业标准化对于当时劳动力匮乏的美国而言,大大缩减了对劳动力的需求,尤其是对技术人员的需求。伊莱·惠特尼的方法在工业制造业中被广泛推广,各企业争相仿用。依据标准化的原理,许多新式大型机器被研发出来,零件的产量与品质都得到了大幅提升,促进了制造业的新一轮发展。

2. 标准化推向行业领域

整个 19 世纪,在新兴的西方资本主义社会中,新技术新发明不断涌现,产生了电器、电力、石油、化工、汽车、轮船等制造业。从 19 世纪 40 年代起,各种学术团体、行业协会等组织纷纷成立,如英国的机械、土木、造船、钢铁、电气工程协会,美国的土木、机械工程师、锅炉商协会以及成立于 1898 年的美国材料与试验协会等。为了解决工程技术上统一、协调等方面的问题,大多数学术团体和行业协会都开展

数字资源 6-3
案例分析

了标准化工作,制定和发布各种团体、行业标准。工业化时代的标准化作为人类一项有明确目标和系统组织的社会性特定活动,较之整个农业时代分散、自发的标准化实践活动,是质的飞跃。因此,以工业标准化为开端的近代标准化,是世界标准化发展的重要起点。

(三)世界现代标准化发展史

1. "泰勒制""福特制"与美国国力的腾飞

20 世纪初,标准化观念与方法上的新突破为美国国力的腾飞做出了巨大的贡献,

这就是"泰勒制"与"福特制"。美国人 F·泰勒被称为"科学管理之父",他把零部件等实物标准化提升到方法和管理层面,将操作方法、工时定额以及相关管理规程都纳入标准化。1903 年,美国机械学会刊发了泰勒的论文《工厂管理法》。1911 年,泰勒出版了《科学管理原理》一书,系统地阐述了有关企业定额管理、作业规程管理、计划管理、专业管理、工具管理等理论。这是建立在行动分析基础上的一整套企业管理方法,常被统称为"时间研究",它使企业的生产效率空前提高,因此该原理方法也被称为"泰勒制"。

与泰勒同时代的亨利·福特,是我们熟知的"汽车工业之父"。作为一位富有革新精神的企业家,他首创了一种新型的生产组织形式:将公司所研发的"T 型车"的制造全过程分解为 7882 道工序,在实行全面标准化的基础上组织大批量生产,以连续不停的传送带运转保证一切作业的机械化和自动化,使得工厂中组装汽车的劳动流程就像流水一样有条不紊。在 1913 年的生产力条件下,该生产方式使得装配一个汽车底盘所用的时间从原来的 12 小时 28 分缩短为 1 小时 33 分,生产效率和企业利润大大提高。这种流水线的生产组织形式,因此被称为"福特制"。

"泰勒制"和"福特制"对美国经济的快速发展发挥了巨大作用。尽管这种生产体制从某种角度上看仿佛是"把人变为机器",曾招致社会上的非议,但从标准化的角度看,这意味着从零件标准化向作业标准化和管理标准化新领域的拓展,是标准化理论与实践的重大飞跃。

2. 国家标准化的发展

由于运输业的发展,工业制造市场扩大,同样的零部件如何在更大的范围内实现统一互换成为急需解决的问题。于是,各个国家都开始成立各类标准化组织。

1901 年,英国标准学会(British Standards Institution,BSI)正式成立,这是世界上第一个国家标准化组织。同年,美国商务部设立了国家标准局,这是一个官方计量和标准化机构,主要负责制定计量基准和一些政府部门的订货标准。1902 年,英国纽瓦尔公司编辑出版了纽瓦尔标准"极限表",这是最早出现的公差制。1918 年,美国材料与试验协会、美国机械工程师协会、美国采矿、冶金和石油工程师协会、美国土木工程师协会、美国电气与电子工程师协会 5 个民间组织,在美国商务部、陆军部和海军部 3 个政府机构的主导下,共同发起成立了美国工程标准委员会(American Engineering Standards Committee,AESC)。除英国与美国外,其他一些工业国家也成立了本国的国家级标准化机构,这些国家有荷兰(1916 年)、德国(1917 年)、瑞士(1918 年)、法国(1918 年)、瑞典(1919 年)、比利时(1919 年)、奥地利(1920 年)、日本(1921 年)等。截至 1932 年年底,已有 25 个国家成立了国家标准化机构。开展国家标准化的必要性和紧迫性已成为诸多工业国家政府和企业界的共识。

数字资源 6-4
现代标准化的
主要特征

国家标准化机构的成立，使得由中立的第三方对产品质量是否符合标准做出公正评价成为可能。1903 年，英国工程标准委员会率先在生产的钢轨上刻印风筝标志（BS 标志）（见图 6-11），以表明这种产品是按英国钢轨尺寸标准生产的。1926 年，英国标志委员会向英国电气总公司颁发了第一个"风筝标志使用许可证"，这便是"认证制"的开端。

图 6-11　BS 标志

第二节　标准的价值和使用价值

价值和使用价值是商品的两个基本属性。价值是凝结在商品中无差别的一般人类劳动，即脑力劳动和体力劳动；使用价值是指商品能满足人们某种需要的属性，是商品的自然属性。

标准是由标准相关方的代表依据一定的规则和程序编制的，可以理解为一种特殊的技术产品。标准的产品属性决定了标准具有自身的价值和使用价值。

一、标准的价值

价值是商品所特有的本质属性和社会属性，体现着商品生产者之间相互比较劳动耗费量和交换劳动的社会经济关系。按照政治经济学原理，在创造商品过程中不可避免地要耗费人类的各种具体劳动，因此一般人类劳动支出是衡量商品价值的基础。

标准的价值反映的并不是一项标准是否有用或者有用性的大小，而是在标准的生产（制定）过程中物化于该标准（产品）中的一般性人类劳动。标准的价值是标准的社会属性，体现在标准的策划与制定阶段。作为一种特殊的技术产品，标准的生产（制定）需要投入人力（主要是脑力）、物力（材料、设备）和财力（研究经费、试验费用）。这些投入不管是来自政府还是来自企业，都是不可缺少的，它们构成了标准的成本。尽管这些成本在商品市场上并不像其他商品那样可以直接转化为商品价格，并通过交换完全实现价值，但它们是真实存在的。因此，标准的价值是客观存在的，体现了标准的社会属性。

二、标准的使用价值

在讨论标准的价值和使用价值时,我们经常会联想到"某个标准有用""某个标准落后"等社会上对标准价值进行评价的话题。事实上,"某个标准有用"这种评价涉及的就是标准的使用价值。

根据经济学原理,任何物品都首先要具有能够满足人们某种需要的效用,这种效用就是物品的有用性,即物品的使用价值。使用价值是物品的自然属性。标准亦是如此。有用性是标准的自然属性。制定一项标准的前提是该标准有用,人们在生产生活中要用到它,没有用的标准即使花费了再大的精力、进行了再多的投入去研制也是没有意义的。标准的适用性可以作为衡量一项标准的使用价值大小的客观尺度。一项标准应用得越广泛,或者解决的问题越关键,其使用价值就越大。

对于企业而言,创新技术专利化、专利技术标准化、标准技术全球化是标准价值体现的主要形式。索尼公司有这样一句名言:一流的企业卖标准,二流的企业卖技术,三流的企业卖产品。跨国公司成功将自己的创新成果融入标准,通过运作标准达到出售技术、销售产品的目的,这是一流企业的通常做法。美国高通公司将自己1400多项创新成果全部申请专利,然后将一些解决方案申请为国际通信标准,并通过标准许可费用、产品专利费用、芯片等形式获取收入,这也是其维持运作的主要手段之一。IBM的知识产权收益从20世纪90年代的3000万美元上升到近些年的10亿美元同样是通过运作标准实现的。

三、标准的价值和使用价值的关系

标准的价值和使用价值的关系如图6-12所示。标准的价值体现在标准的制定过程中,标准的使用价值体现在标准化的过程中。如标准在节省企业成本、提升竞争力、推动技术创新等方面的作用,体现的就是标准的使用价值。

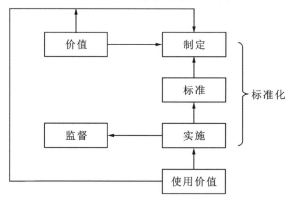

图 6-12 标准的价值和使用价值的关系

标准的价值和使用价值共同决定了标准化活动的意义。只有对标准本身的价值及其使用价值进行准确判断，才能对标准化活动做出正确的部署。从政府层面看，准确把握标准的价值和使用价值，有助于对标准化工作安排做出合理决策，思考如何进一步满足经济发展和社会管理的需要。从企业层面看，正确认识标准的价值和使用价值也是企业管理者安排企业标准化工作的依据。

第三节　我国的标准化工作

一、我国标准化发展历程

我国于1931年12月正式成立了工业标准委员会，由当时的全国度量衡局代管标准工作。1946年9月24日，国民政府颁布了《标准化法》；1947年3月，全国度量衡局与工业标准委员会合并成立中央标准局。新中国成立以来，特别是改革开放后，我国的标准化事业呈现前所未有的大发展。标准化在新中国的不同历史时期发挥了不同的作用，成为促进我国经济和科技发展的重要技术支撑。整体来说，新中国成立后中国标准的历史进程大致可划分为三个阶段。

（一）起步探索期（新中国成立至改革开放前）

1949年以后，我国党和政府非常重视标准化工作。这一时期，标准主要服务于工业生产，由政府主导制定并强制执行。1949年10月，我国成立了中央技术管理局，内设标准处和度量衡处，负责标准制定、管理和全国度量衡的管理工作。同月，中央人民政府政务院财政经济委员会审查批准了中央技术管理局制定的《工程制图》，这是新中国成立后发布的第一项标准。

1950年，在朱德同志的领导下，全国钢铁标准工作会议顺利召开，会议之后我国开始有计划地开展冶金标准的制定工作，并于1952年发布了我国第一批钢铁标准。

1956年，中央决定成立国家技术委员会；1957年在国家技术委员会内设标准局，开始对全国的标准化工作实行统一领导，同年加入国际电工委员会（IEC）。

1958年，国家技术委员会起草1号国家标准（GB 1-58）《标准格式与幅面尺寸（草案）》。

1962年，国务院发布了《工农业产品和工程建设技术标准管理办法》，这是新中国成立以来第一个标准化管理法规，对标准化工作的方针、政策、任务及管制等都做出了明确的规定。

1963年，我国召开了第一次全国标准化工作会议，编制了《1963—1972年标准化发展规划》，规划提出要建立一个以国家标准为核心，适应我国资源和自然条件，充分反映国内先进生产技术水平、门类齐全、相互配套的标准体系。

1963年9月,国家科学技术委员会批准成立国家科委标准化综合研究所(现为中国标准化研究院),同年12月,经文化部批准成立技术标准出版社,到1966年已颁布了1000项国家标准。

一些地方和部门的标准化工作与计量工作相结合,有力地促进了产品质量的提高;与生产专业化相结合,取得了明显的经济效益;与设计工作相结合,推广了产品系列化和零部件通用化,促进了产品品种的多样化;在标准化管理方面,提出了"标准来自实践""面向生产、发动群众、突出重点、讲究实效""确定标准指标时宽严适度、繁简相宜"等原则。这些成果都是对这一时期广大群众标准化实践的经验总结。

1966—1976年,由于"文化大革命",我国好不容易建成的标准体系遭到严重破坏。这期间我国标准化工作的总体情况是机构瘫痪、工作停滞、人才流散。

(二)开放发展期(改革开放至党的十八大)

1978年5月,国家标准总局成立,加强对标准化工作的管理。同年9月,我国以中国标准化协会的名义参加国际标准化组织(ISO),并在1982年9月当选并连任理事国(1983—1994年)。党的十一届三中全会以后,我国标准化开始迅速发展。

1979年,第二次全国标准化工作会议在北京召开,会议在总结经验的基础上,提出了"加强管理、切实整顿、打好基础、积极发展"的工作方针,并提出了之后的主要任务。同年7月31日,国务院批准颁发了《标准化管理条例》,该条例体现了标准化工作要为发展国民经济和实现"四个现代化"服务的指导思想,同年还在杭州召开了中国标准化协会首次代表大会。

1988年,国务院为了加强政府对技术、经济的监督职能,决定将国家标准局、国家计量局和国家经济委员会的质量司合并成立国家技术监督局,统一管理全国的标准化工作。

为了发展社会主义市场经济,推动科技成果转化为生产力,进一步规范市场秩序,促进国际贸易,维护国家和人民的利益,1988年12月29日,第七届全国人民代表大会常务委员会第五次会议通过了《标准化法》,该法于1989年4月1日起施行。《标准化法》的颁布实施对于推进我国标准化工作管理体制的改革、发展社会主义市场经济有着十分重大的意义。

1990年4月6日,国务院发布了《标准化法实施条例》,对标准化工作的管理体制、标准的制修订、强制性标准的范围和法律责任等条款做了更为具体的规定,进一步充实完善了《标准化法》的内容,成为《标准化法》的重要配套法规。

依据《标准化法》的有关规定,国务院于1991年5月7日发布了《产品质量认证管理条例》,在该条例的基础上国务院于2003年9月3日颁布了《认证认可条例》,对规范认证认可工作进行了更为明确的规定。

为了适应我国经济和社会发展需要,1998年,国家技术监督局更名为国家质量技术监督局,直属国务院领导,统一管理全国标准化、计量、质量工作。1999年,为进一步加大质量技术监督力度，党中央、国务院决定对质量技术监督管理体制实行重大改革，在全国省以下质量技术监督系统实行垂直管理。

2001年，国家质量技术监督局与国家出入境检验检疫局合并，成立国家质量监督检验检疫总局。同年，为了履行入世承诺、强化国家对标准化的领导，独立的国家标准化管理机构——国家标准化管理委员会成立。它专门管理全国的标准化工作。我国的标准化管理工作迈上了一个新台阶。同年还成立了独立的国家认证认可管理机构——国家认证认可监督管理委员会，专门管理全国的认证认可工作。这两个委员会在国家质量监督检验检疫总局的直接领导下，独立开展工作。

2008年，我国提出组建的第一个IEC技术委员会获批成立；同年10月，在阿联酋迪拜召开的第31届国际标准化组织大会上，中国正式成为国际标准化组织的常任理事国。这是我国自1978年加入国际标准化组织后首次进入这一组织高层的常任席位，标志着我国标准化工作实现了历史性的重大突破。

2011年10月28日，在澳大利亚召开的第75届国际电工委员会（IEC）理事大会正式通过了中国成为IEC常任理事国的决议。同时，成为IEC理事局（CB）、标准化管理局（SMB）和合格评定局（CAB）的常任成员。

（三）全面提升期（党的十八大至今）

党的十八大以来，我国进入了中国特色社会主义新时代，也进入了标准化事业的全面提升期，这一时期党中央、国务院高度重视标准化工作。

2015年，国务院相继出台了《深化标准化工作改革方案》和《国家标准化体系建设的发展规划（2016—2020年）》等政策文件。

2017年11月4日，第十二届全国人民代表大会常务委员会第三十次会议通过修订的《标准化法》，修订后的《标准化法》于2018年1月1日起施行。

2018年10月26日，国家电网董事长舒印彪在当天召开的国际电工委员会（IEC）第82届大会上当选主席，任期为2020—2022年。这是IEC成立100多年来首次由中国人担任最高领导职务，是我国参与国际标准工作的又一重要里程碑。

2021年，中共中央、国务院印发了《国家标准化发展纲要》，该纲要指出，"标准是经济活动和社会发展的技术支撑，是国家基础性制度的重要方面。标准化在推进国家治理体系和治理能力现代化中发挥着基础性、引领性作用"。

2022年，国家市场监督管理总局发布修订后的《国家标准管理办法》，该办法于2023年3月1日正式实施。

2023年，多部委根据《国民经济和社会发展第十四个五年规划和2035年远景目标纲要》，制定《新产业标准化领航工程实施方案（2023—2035年）》《乡村振兴标准化行动方案》等方案，持续完善产业标准体系建设，前瞻布局未来产业标准研究，不断

数字资源6-5
《国家标准化发展纲要》图解

提升新产业标准的技术水平和国际化程度,为加快新产业高质量发展、建设现代化产业体系提供坚实的技术支撑。

综上所述,新中国成立以来,我国标准化法制体系不断健全,标准数量和质量大幅提升,标准体系日益完善,标准化管理体制和运行机制更加顺畅,标准化的人才队伍不断壮大,全社会的标准化意识不断提升。

二、我国标准化发展现状

(一)标准化工作现状

据统计,截至2022年年底,国家标准化管理委员会共批准发布国家标准4万多项,备案行业标准7万多项,备案地方标准60000多项,社会团体公布的团体标准50000多项,40多万家企业通过企业标准信息公共服务平台自我声明公开标准2620000多项,全国专业标准化技术委员会有1000多个,各地开展国家级标准化试点示范项目7000多个,已基本形成了以国家标准为主体,行业标准、地方标准、团体标准、企业标准相互衔接配套的标准体系。标准化的领域已实现从传统的工农业产品向高新技术、生态文明、安全卫生和服务等领域的拓展。

(二)标准化改革成效

2015年,国务院发布《深化标准化工作改革方案》,把政府单一供给的现行标准体系,转变为由政府主导制定的标准和市场自主制定的标准共同构成的新型标准体系。政府主导制定的标准由6类整合精简为4类,分别是强制性国家标准、推荐性国家标准、推荐性行业标准、推荐性地方标准;市场自主制定的标准分为团体标准和企业标准。政府主导制定的标准侧重于保基本,市场自主制定的标准则侧重于提高竞争力。通过改革,我国标准化工作取得显著成效,其主要体现在以下七个方面。

1. 建立高效、权威的标准化协调推进机制

建立了由国务院领导同志为召集人、由有关部门负责同志组成的国务院标准化协调推进机制,负责统筹标准化重大改革,研究标准化重大政策,对跨部门跨领域、存在重大争议的标准的制定和实施进行协调。国务院标准化协调推进机制日常工作由国务院标准化主管部门承担。

2. 整合精简强制性标准

按照"一个市场、一个底线、一个标准"的改革目标,经过评估清理,在标准体系上,对强制性标准进行整合精简,建立新型强制性国家标准体系。在标准范围上,将强制性国家标准严格限定在保障人身健康和生命财产安全、国家安全、生态环境安全和满足社会经济管理基本要求的范围之内。

3. 优化完善推荐性标准

我国进一步优化推荐性国家标准、行业标准、地方标准体系结构，向政府职责范围内的公益类标准过渡，现有推荐性标准的数量和规模逐步缩减。同时，我国标准制修订进程在全国标准信息公共服务平台（https：//std.samr.gov.cn/）即可查询，制修订全过程信息公开，强化了制修订流程中的信息共享、社会监督和自查自纠，有效避免了推荐性国家标准、行业标准、地方标准在立项、制定过程中的交叉、重复或矛盾。

4. 培育发展团体标准

为满足市场和创新需要，《标准化法》明确了团体标准的法律地位。2019年1月18日，依据《标准化法》，国家标准化管理委员会、民政部印发布了《团体标准管理规定》，对团体标准进行规范管理。智慧交通、共享经济、养老服务等领域相继诞生了团体标准，提升了标准的供给能力，有效满足了技术创新和市场发展的需求。

5. 放开搞活企业标准

全面取消企业标准的备案，建立企业标准自我声明公开和"领跑者"制度。截至2022年年底，40万多家企业在标准信息公共服务平台上公开的企业标准有260多万项，这为消费者合理选择产品提供了指引，也为企业公平竞争营造了良好的环境。这个良好的环境主要体现在三个方面：一是企业制定好标准，所谓"好标准"就是具有创新性和竞争力的标准，鼓励企业制定高于国家标准的企业标准；二是有一个好的实施，企业只有好的标准是不够的，还要实实在在地认认真真地以好的标准组织生产、提供服务；三是有好的效益，要让那些制定好标准、实施好标准的高质量的企业获得效益。

6. 提高国际标准化水平

中国积极参与国际标准化工作，自身的国际影响力也在不断提升。国际标准化的参与和竞争体现的是各成员间科技实力的竞争。目前，中国是国际标准化组织（ISO）理事会成员、国际电工委员会（IEC）理事局成员和执委会成员，以积极成员身份（P成员）参加了国际标准化组织的134个技术委员会（TC）和300多个分技术委员会（SC）的活动，以观察员身份参加了国际标准化组织的450多个技术委员会、200多个分技术委员会的活动；中国还是国际电工委员会的80多个技术委员会和100多个分技术委员会的P成员。中国承担的国际标准组织秘书处主要分布于农业、能源、原材料、传统工业等领域，同时逐渐向先进装备制造、高新技术新兴产业领域、节能环保、社会治理、电子商务等领域积极拓展。

7. 推动开展地方标准化改革

根据《标准化法》的规定，赋予设区的市以地方标准制定权，增强了地方标准供给与服务能力，推动各级地方政府建立标准化工作协调推进机制。国务院先后批准了浙江、江苏、广东、山东、山西 5 省开展地方标准化综合改革试点，各地方在新旧动能转化、产业转型升级、促进新兴产业加快发展、生态文明建设、现代服务业、现代农业及城市建设管理等多个领域大力开展良好的标准化实践，获得了积极的成效。

三、我国标准化工作发展趋势

（一）标准化重点工作

1. 健全高质量发展标准体系

标准和计量、认证认可、检验检测共同构成了国家的质量基础设施，它也是经济可持续发展的四大支柱之一。在推动高质量发展标准体系的建设中，我国将从以下五个方面来推动经济高质量发展。

第一，持续开展国际标准和国外先进标准的转化应用。围绕提升装备制造业的竞争力和促进消费升级，持续开展国际标准的比对分析和转化工作，一方面要参考国际化标准组织制定的国际标准；另一方面，对一些区域经济组织、行业标准组织制定的本领域内领先的国际标准广泛进行对比，把适用的国际标准和国外先进标准转化为国内标准，推动一批重点行业的标准水平达到国际先进水平。

第二，着力构建现代农业标准体系。围绕实施乡村振兴战略，以农业投入品质量安全、农产品质量分等级等为重点，构建现代农业全产业链的标准体系。一方面，通过标准来推进安全优质、绿色农产品的供给。通过农村综合标准化改革工作和新型城镇化标准化试点，推进构建农村人居环境标准体系，完善乡村治理标准，促进农业更强、农村更美、农民更富。2023 年 8 月 15 日印发的《乡村振兴标准化行动方案》提出，到 2025 年，农业高质量发展标准体系基本建立。制修订农业领域国家和行业标准 1000 项，与国际标准一致性程度显著提升，构建现代农业全产业链标准体系 30 个。乡村建设标准体系初步形成。制修订一批乡村建设国家、行业和地方标准，国家层面创建示范美丽宜居村庄 1500 个左右。标准化示范作用显著增强。创建国家农业标准化示范区 100 个，农业标准化服务与推广平台示范带动作用进一步增强。

第三，大力推动传统产业标准体系的提档升级。主要针对产品工程服务等一些传统产业领域，以大幅提升标准水平为目标，用高标准推动高质量发展，重点是健全工业产品以及一些重点消费品的质量安全标准，筑牢产品质量的安全底线，优化制造业高端化的标准体系，推动制造业和服务业融合发展，推动传统产业转型升级。

第四，加快构建新产业和现代服务业标准体系。重点加强战略性新兴产业的标准制定工作，实施新材料标准领航行动，加快完善人工智能、物联网、网络安全、智慧城市等新一代信息技术标准体系，加强机器人智能制造、可持续金融、电子商务等标准体系的建设和应用。以新能源汽车制造行业为例，新能源汽车的发展急需先进的标准体系为支撑,如今我国已经制定颁布了100多项标准,其中,国家标准80多项、行业标准40多项。

第五,不断完善生态文明标准体系。加强能源资源节约与利用、绿色生产与消费、污染防治等重点领域的国家标准的制修订,提高大气、水、土壤等质量标准的水平,助力建设美丽中国,支撑打好污染物防治攻坚战。

2. 增强市场主体的标准创新能力

增强团体标准供给热度、企业标准化活跃度对市场主体创新具有重要的推动作用。截至2022年年底,共有1679家企业的2856项企业标准成为"领跑者",其中564家企业的881项企业标准是2022年新增的"领跑者"。在产品方面,"领跑者"标准已覆盖电气机械、通用设备、金属冶炼、纺织服装、化学制品、汽车制造、电子器件、家具制造、文教玩具、造纸印刷等上百个大类实施范围,"领跑者"标准指标选取紧贴市场前沿需求,指标水平优于国内外标准要求。在服务方面,"领跑者"标准已覆盖物流、互联网、再生资源回收管理、旧货零售服务、汽车救援服务、二手车鉴定评估服务、保健服务、污水处理及垃圾焚烧运营服务、银行网点服务、金融信息服务等20多个行业,以高水平标准的引领,增强中高端服务的有效供给。

3. 提升地方标准化发展效能

2022年1月,国家标准化管理委员会印发《服务国家区域重大战略实施标准化工作指南》,推动京津冀协同发展、长江经济带发展、粤港澳大湾区建设、长三角一体化发展、黄河流域生态保护和高质量发展等国家区域重大战略实施。2022年2月,广东省粤港澳大湾区标准促进会正式成立,标志着广东省粤港澳大湾区标准化建设进入新阶段,在推进粤港澳大湾区创新驱动发展和高质量发展,促进粤港澳三地标准互联互通、创新标准化工作机制方面发挥重要作用。同年9月,第四届中部六省标准化战略合作联盟会议在大同召开,会议要求中部六省市场监管部门要围绕《国家标准化发展纲要》贯彻落实,加强文物保护和科技成果转化应用标准化工作;要密切沟通、协调配合、凝聚共识、区域协同,着力推动区域标准化务实合作,全面推进标准化战略实施,为中部地区高质量发展提供有力的标准支撑。上海、浙江、江西等地签署省部标准化合作协议,加强工作联动,吉林、黑龙江、宁夏等地将标准化"十四五"规划纳入省级重点专项规划,标准化工作与地方发展有效衔接、同频共振。

4. 提升标准的国际化水平

通过鼓励外资企业的专家参与国家标准制修订、注重采用国际标准提升我国标准与国际标准一致性程度、积极参与国际标准化活动、积极开展标准化对外交流合作、持续推进国家标准外文版等工作,提升我国标准的国际化水平。2022年我国发布国家标准外文版335项,涵盖大宗贸易商品、对外承包工程、节能低碳、装备制造、服务业等领域,水电、公路标准在海外工程中得到了更广泛的应用。

数字资源6-6
案例分析

（二）标准化工作的重点任务

当前，我国标准化工作的重点任务包括以下几点。

1. 推动标准化与科技创新互动发展

加强关键技术领域标准研究，同步部署技术研发、标准研制与产业推广。以科技创新提升标准水平，健全科技成果转化为标准的机制，完善标准必要专利制度，加强标准制定过程中的知识产权保护。

2. 提升产业标准化水平

筑牢产业发展基础，推进产业优化升级，实施高端装备制造标准化强基工程，形成产业优化升级的标准群。实施新产业标准化领航工程，引领新产品、新业态、新模式快速健康发展。实施标准化助力重点产业稳链工程，增强产业链、供应链稳定性和产业综合竞争力。实施新型基础设施标准化专项行动，以标准化助推新型基础设施提质增效。

3. 完善绿色发展标准化保障

实施碳达峰、碳中和标准化提升工程，建立健全碳达峰、碳中和标准，持续优化生态系统建设和保护标准，推进自然资源节约集约利用，构建自然资源标准体系，筑牢绿色生产标准基础，强化绿色消费标准引领。

4. 加快城乡建设和社会建设标准化进程

实施乡村振兴标准化行动、城市标准化行动。加快数字社会、数字政府、营商环境标准化建设。围绕乡村治理、综治中心、网格化管理，开展社会治理标准化行动。实施公共安全标准化筑底工程，织密筑牢重点领域安全标准网。实施基本公共服务标准体系建设工程，推动基本公共服务均等化、普惠化、便捷化。开展养老和家政服务标准化专项行动，提升保障生活品质的标准水平。

5. 提升标准化对外开放水平

深化标准化交流合作，履行国际化标准组织成员国责任义务，积极参与国际标准化活动。强化贸易便利化标准支撑，大力推进中外标准互认。推动国内国际标准化协同发展，实施标准国际化跃升工程，推进中国标准与国际标准体系兼容。

6. 推动标准化改革创新

优化标准供给结构，推动形成政府颁布标准与市场自主制定标准相结合的二元结构。深化标准化运行机制创新，健全企业、消费者等相关方参与标准制修订的机制。促进标准与国家质量基础设施融合发展，强化标准的实施应用，加强对标准制定和实施的监督。

7. 夯实标准化发展基础

提升标准化技术支撑水平，构建以国家级综合标准化研究机构为龙头，以行业、区域和地方标准化研究机构为骨干的标准化科技体系。大力发展标准化服务业，培育壮大标准化服务业市场主体，加强标准化人才队伍建设，营造标准化良好的社会环境。

四、我国标准化法律法规

我国标准化立法始于 20 世纪 60 年代，随着经济社会的发展，标准化法制日益完善。我国的标准化体制、标准化管理体系和机构以及相关技术组织是依据中国标准化法律、法规建立并运行的。

（一）我国的标准化法律体系

标准化法律体系是指国家在标准化方面的法律、法规，国家行政机关发布的标准化规章制度以及纳入国家法律、法规要强制执行的各类标准的总和。它们具有法律、法规的所有属性，是标准化管理的基本依据。根据不同的制定机关，我国标准化法律体系可以划分为标准化法律、标准化行政法规、标准化行政规章、标准化地方性法规及规章等。

1. 标准化法律

《标准化法》是我国标准化法制建设的最高形式，是标准化活动的最高准则，也是我国标准化管理工作的根本法。有关标准化工作的根本性问题都在该法中进行了原则性规定。我国《标准化法》于 1988 年 12 月 29 日第七届全国人民代表大会常务委员会第五次会议通过，并以国家主席第 11 号令发布。2017 年 11 月 4 日，第十二届全国人民代表大会常务委员会第三十次会议通过了修订的《标准化法》，并自 2018 年 1 月 1 日起施行。

2. 标准化行政法规

标准化行政法规是国务院为领导和管理全国标准化行政工作，根据我国《标准化法》，按照一定程序制定和颁布的标准化的规范性文件。标准化行政法规具有法律规范的诸多要素，是对我国《标准化法》的补充和具体化。目前，我国已颁布的标准化行政法规有《标准化法实施条例》《认证认可条例》等。

3. 标准化行政规章

标准化行政规章即部门规章，一般是根据国务院各部门的职权和业务范围，按"一事一定"的原则制定的，专业性较强。标准化行政规章一般由国务院标准化行政主管部门负责起草、发布。目前，我国已发布的标准化行政规章有《〈中华人民共和国标准化法〉释义》《国家标准管理办法》《行业标准管理办法》《地方标准管理办法》《企业标准化管理办法》《全国专业标准化技术委员会章程》《农业标准化管理办法》《能源标准化管理办法》《采用国际标准管理办法》等。

4. 标准化地方性法规及规章

地方性法规是各省、自治区、直辖市以及国务院确定的较大城市的地方人民代表大会根据我国《标准化法》的基本原则，结合本地区实际，制定颁布有关标准化工作的法律规范；地方规章则是由各省、自治区、直辖市以及国务院指定的较大城市人民政府制定和发布的调整本地区范围内标准化工作的规范性文件。

数字资源 6-7
国家级标准化
法律法规汇总

依据我国《标准化法》的规定，我国目前的标准化工作实行"统一管理、分工负责"的管理体制。所谓"统一管理"是指国务院标准化行政主管部门（国家标准化管理委员会）统一管理全国的标准化工作（包括工作方针、政策、规划、计划、项目、审批、编号、发布及标准备案）；"分工负责"则是指各部门、各地方分工管理本部门、本地区的标准化工作，即国务院有关行政主管部门分工管理本部门、本行业的标准化工作，地方人民政府标准化行政主管部门统一管理本行政区域内的标准化工作。

（二）我国《标准化法》简介

《标准化法》是我国的一部重要法律，它规定了我国标准化工作的方针、政策、任务和标准化体制等。现行《标准化法》自 2018 年 1 月 1 日起施行，其核心内容规定了立法宗旨、标准的分类、标准的制定、标准的实施、对标准的监督管理和法律责任等 6 个部分，共 45 条。

1. 总则

《标准化法》第一章"总则"主要规定了制定《标准化法》的目的、制定标准的范围、标准化工作的任务和标准化工作的管理体制，同时明确了鼓励企业、社会团体和教育、科研机构等开展或者参与标准化工作，规定了结合国情采用国际标准的内容。

2. 标准的制定

标准是从事生产、建设工作以及商品流通工作需要遵守的准则和依据。《标准化法》第二章"标准的制定"规定了我国的标准体制、标准制定的范围和主体、制定标准的原则等内容。

《标准化法》规定我国的标准体系构成为国家标准、行业标准、地方标准、团体标准和企业标准。

《标准化法》在有关标准制定的规定中，具有以下三大特点。

一是对强制性标准的制定实施统一管理。《标准化法》第 10 条对强制性标准范围做了严格的限定，并对强制性标准制定的程序进行了规定，强制性国家标准由国务院批准发布或者授权批准发布。此外，《标准化法》还规定强制性标准免费向社会公开。

二是强调团体、企业、组织、个人等在标准制定中的作用，构建了政府标准与市场标准协调配套的新型标准体系，赋予了团体标准法律地位，鼓励社会团体组织制定团体标准，积极支持鼓励在重要行业、战略性新兴产业、关键共性技术等领域利用自主创新技术制定团体标准、企业标准。

三是规定了标准化军民融合制度，推进标准化军民融合和资源共享，提升军民标准通用化水平，积极推动军民标准相互转化和合理采用。

3. 标准的实施

《标准化法》第三章"标准的实施"主要规定了标准实施的方式和制度等内容。《标准化法》对强制性标准的实施进行了规定，要求不符合强制性标准的产品、服务，不得生产、销售、进口或者提供，并且从国家层面上建立强制性标准实施情况统计分析报告制度。

《标准化法》还明确要求建立政府标准化协调机制，国务院标准化行政主管部门根据标准实施信息反馈、评估、复审情况，对有关标准之间重复交叉或者不衔接配套的，应当会同国务院有关行政主管部门作出处理或者通过国务院标准化协调机制处理。要求县级以上人民政府支持开展标准化试点示范和宣传工作。

《标准化法》在标准的实施中设立企业标准自我声明公开和监督制度，要求企业向社会公开执行的产品和服务标准相关情况，充分释放了企业的创新活力。

4. 监督管理

对标准实施的监督管理，《标准化法》规定主要以政府标准化行政主管部门及相关行政主管部门为主，以第三方监督（单位、个人等监督）为辅。针对实施过程中出现的争议，建立协调机制，由国务院标准化行政主管部门组织协商。

5. 法律责任

《标准化法》第五章"法律责任"规定了对主要违法行为的处罚，以及对执法人员违法失职的处罚。

6. 附则

《标准化法》第六章"附则"简单对军用标准的制定、实施和监督办法以及该法的施行日期进行了补充说明。

本章小结

标准是通过标准化活动，按照规定的程序经协商一致制定，为各种活动或其结果提供规则、指南或特性，供共同使用和重复使用的文件。标准化是为了在既定范围内获得最佳秩序，促进共同效益，对现实问题或潜在问题确立共同使用和重复使用的条款以及编制、发布和应用文件的活动。从定义看，标准是标准化活动的结果。

标准化发展的历史悠久，甚至可以追溯到远古人类生活的时代。纵观整个标准化的发展历史，可将其分为四个阶段，即远古标准化、古代标准化、近代标准化和现代标准化。

《标准化法》是我国现行有效的经济法之一，其目的是加强标准化工作，提升产品和服务质量，促进科学技术进步，保障人身健康和生命财产安全，维护国家安全、生态环境安全，提高经济社会发展水平。它是国家推行标准化、实施标准化管理和监督的重要依据。

练习题

1. 名词解释

标准　标准化　国家标准化　ISO　技术法规

2. 思考题

（1）简述我国标准化的发生与发展。

（2）简述标准与标准化的定义，并举例说明两者之间的关联。

3. 案例分析题

2023年3月30日，由中国标准化协会、江苏省南京市人民政府和江苏省市场监管局共同主办的首届中国标准化大会，在南京IEC国际标准促进中心召开。本届大会以"标准与统一大市场"为主题，充分彰显了标准与统一大市场建设的紧密联系。大会提出要完善标准体系，支撑市场规则建设；坚持标准引领，激发市场主体活力；强化标准协同，畅通市场要素循环；稳步扩大标准制度型开放，促进国内国际市场互联互通。

党的二十大报告强调，加快构建新发展格局，着力推动高质量发展，必须加快构建全国统一大市场，深化要素市场化改革，建设高标准市场体系。

请阅读以上新闻，并结合所学知识，谈谈标准化对于统一大市场建设的意义。

数字资源 6-8
第六章即测即评

数字资源 6-9
数字时代的标准化

学习效果测评

项目测评表

知识测评		
知识点	评价指标	自评结果
知识点 1	掌握标准、标准化的定义	□A⁺ □A □B □C □C⁻
	了解标准化的作用	□A⁺ □A □B □C □C⁻
	了解标准化发展简史	□A⁺ □A □B □C □C⁻
知识点 2	了解我国标准化发展历程	□A⁺ □A □B □C □C⁻
	了解国内外主要的标准化组织及机构	□A⁺ □A □B □C □C⁻
	熟悉我国标准化法律法规	□A⁺ □A □B □C □C⁻

能力测评		
技能点	评价指标	自评结果
技能点 1	掌握标准与标准化的含义	□A⁺ □A □B □C □C⁻
	了解标准的价值与使用价值的含义及关系	□A⁺ □A □B □C □C⁻
技能点 2	了解我国标准化的发展阶段	□A⁺ □A □B □C □C⁻
	了解世界标准化的发展阶段	□A⁺ □A □B □C □C⁻
	熟悉我国标准化法律法规体系的构建	□A⁺ □A □B □C □C⁻

素养测评		
素养点	评价指标	自评结果
素养点 1	了解我国标准化发展现状及趋势	□A⁺ □A □B □C □C⁻
素养点 2	建立与标准化相关的法制意识	□A⁺ □A □B □C □C⁻

薄弱项记录	
我掌握得不太好的知识	
我还没有掌握的技能	
我想提升的素养	
教师签字	

第七章 标准种类

思维导图

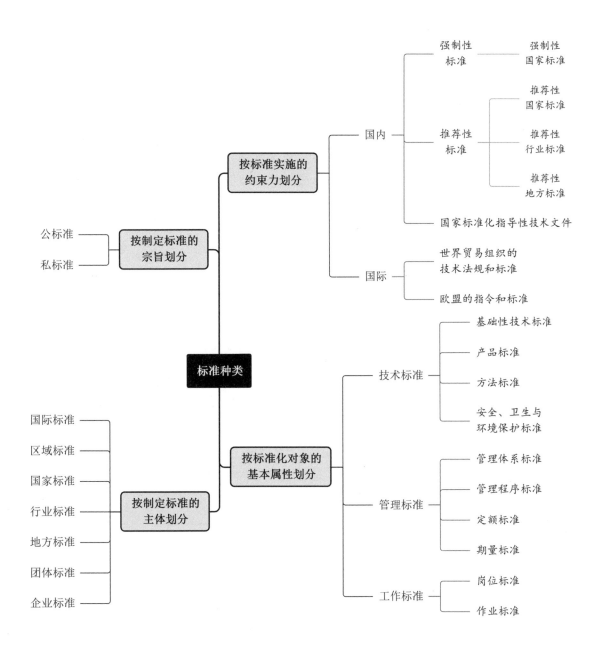

学习目标

- 掌握标准划分的原则、分类、区别及意义；
- 了解各类标准的基本含义与特点；
- 了解强制性标准和推荐性标准的含义及区别；
- 了解技术标准、管理标准、标准文件和标准样品的概念；
- 培养标准化、精细化、规范化管理的意识。

情境导入

农夫山泉"标准门"事件

2013年4月10日到5月6日，《京华时报》连续27天用67个版面对农夫山泉进行了"炮轰"，直指农夫山泉水源地有问题，其援引饮用水行业协会观点，指出农夫山泉执行的标准不如自来水标准，其使用的地方标准宽松于国家标准等。同年5月6日下午，饱受"标准门"困扰的农夫山泉在北京就标准问题召开新闻发布会，农夫山泉董事长钟睒睒表示：公司执行了国家强制性卫生（安全）标准以及地方标准DB 33/383—2005（见图7-1）；农夫山泉之所以选择在标签上标注地方标准，是因为DB 33/383—2005是饮用天然水行业最高的行政质量标准。这一事件在当时引起了广大消费者对饮用水安全的强烈关注，被称为农夫山泉"标准门"事件。

想一想，农夫山泉"标准门"事件的主要原因是什么呢？

农夫山泉饮用天然水部分指标对比

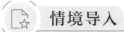

检测指标	单位	农夫山泉执行标准：浙江标准 DB33/383—2005	广东省现行（饮用天然山泉水标准）DBS44/001—2011	国家（生活饮用水卫生标准）GB5749—2006	国家瓶(桶)装饮用水卫生标准 GB 19298—2003
铬	mg/L	≤0.05	≤0.05	≤0.05	
砷	mg/L	≤0.05	≤0.05	≤0.01	≤0.05
镉	mg/L	≤0.01	≤0.005	≤0.005	≤0.01
氰化物	mg/L	≤0.05	≤0.05	≤0.05	≤0.002
菌霉、酵母菌	cfu/L	各≤0.10	各≤10	无此项	各≤10
硝酸盐	mg/L	≤45	≤10	≤10(地下水≤20)	无此项
硒	mg/L	≤0.05	≤0.01	≤0.01	无此项

图7-1 农夫山泉采用的地方标准

标准化工作是一项复杂的系统工程。为适应不同的要求,标准构成一个庞大且复杂的系统。为了便于研究和应用,我们需要从不同的角度、以不同的属性对标准进行分类。

>>>>>

第一节 按制定标准的宗旨划分

分类就是以事物的性质、特点、用途等为区分的标准,将符合同一标准的事物聚类,将不符合同一标准的事物分开的一种认识事物的方法。标准分类是人们认识标准和管理标准的一种方法。

按制定标准的宗旨,可将标准划分为两大类:一类是为社会公众服务的公共标准(简称公标准);另一类是为制定标准的组织服务的私有标准(简称私标准)。

一、公标准

(一)公标准的定义

公标准是动用公共资源制定的标准,其宗旨是维护公共秩序、保护公共利益,为全社会服务。

(二)公标准的特征

1. 动用公共资源

通俗地讲,凡使用纳税人的钱制定的标准,均属于公标准。公标准动用的是公共资源,与社会公众密切相关。

2. 谋取最佳公共利益

谋取最佳公共利益是公标准永远不可偏离的宗旨,任何形式的偏离都会损害公标准的公信力,损害政府的形象。

3. 法定性质

在我国,所有公标准都是依据国家相关法律、法规,由政府组织按照特定程序制定,并由政府行政主管部门批准发布的。

4. 程序公开

公标准形成的全过程均须公开,以接受社会公众的监督。

5. 广泛参与

利益相关方的广泛参与，是标准公正性和公平性的组织保证。从理论上讲，每一个中华人民共和国公民都有公标准的参与权，只是参与的方式有所不同。

6. 充分协调

公标准以取得最佳公共利益（而不是某一方的利益）为宗旨，并以维护社会公众利益为目标，同时还要考虑标准的科学性和可行性。

7. 与安全、环保、健康等相关的标准应是公标准的重点

安全、环保、健康是现代社会发展的重要指标，公标准注重社会公众在各个领域工作环境的安全、环境的保护、健康水平的提升等。

（三）公标准的运作方式

为保证公标准的公开性、公正性和公益性，在公标准的制定过程中，首先，采取组织措施，确保标准起草人员代表的全面性和人员构成的合理性；其次，从规章制度（如技术委员会章程和工作细则）上规范民主协商程序，防止个别企业操纵控制公标准；再次，在制定程序上设定公示环节，让所有相关方享有知情权和表达意见的机会；最后，严格把关标准审查和批准环节。

二、私标准

（一）私标准的定义

私标准是由非公共资源转化的标准，具有独占性质。私标准的宗旨是为本组织的利益服务，如提高本组织的竞争力、获取最大利益等。

（二）私标准的特征

1. 动用非公共资源

即使国有企业的本质是国家所有的财产，如果国家已通过立法将其授予企业经营管理，企业就对其享有占有、使用和依法处置的权利。因此，私标准中用以制定标准的资源，应视为一个独立的经济主体的经营性投入，而不是国家投资。

2. 为市场竞争服务

在市场经济条件下，标准的市场行为主要表现为通过制定和实施标准，提高本组织的市场竞争力，有时甚至要击败竞争对手，获得市场的垄断地位。

3. 吸收专利诀窍

将企业的发明、创造、专利和技术诀窍纳入相关标准，对于提升企业的竞争力和

产品的市场竞争力,有极其重要的作用。此外,这样做能够真正使标准成为组织的技术积累并将创新成果转化为现实的生产力。

4. 独占性和不公开性

私标准是企业的技术机密,是独立的经济主体(或联合体)的独占资源,具有不可外泄和不可侵犯的性质。

5. 自主性

在遵守国家法律、法规和履行企业社会责任的前提下,私标准如何制定、制定成什么样、规定什么和不规定什么、采取什么形式等都由企业根据自身的情况决定。企业标准化是企业的内部事务,不受任何干预,以体现经济主体对标准的独立支配权。只有充分尊重企业的这种自主性,才有利于企业创造性地用标准来提升自身的竞争能力。

(三)私标准的运作方式

私标准的目的跟公标准截然不同,私标准的目的同企业市场竞争的目的是一样的,即获取组织的最大经济利益。我们不可能要求私标准像公标准那样考虑最佳公共利益,也不能要求私标准像公标准那样在各相关方之间取得平衡。

私标准是"隐规则",公标准是"显规则"。"隐规则"是内部规则,不仅其内容是不可外泄的,其形成过程也是不受任何干预的。我们不能要求私标准的制定像公标准那样,必须按照统一的程序、遵照统一的格式编写,更不能要求私标准像公标准那样公开制定、广泛传播。

总而言之,私标准就其本质来说是企业市场竞争的工具。企业制定标准、开展标准化活动的根本目的就是以标准为市场竞争服务,这也是企业标准化的宗旨。

数字资源 7-1
区分公标准与私标准的意义

第二节 按制定标准的主体划分

按制定标准的不同主体,可将标准划分为国际标准、区域标准、国家标准、行业标准、地方标准、团体标准和企业标准。这类标准划分也和标准的使用范围紧密相关。

一、国际标准

(一)国际标准

国际标准是指国际标准化组织(ISO)、国际电工委员会(IEC)和国际电信联盟

(ITU)制定的标准，以及其他国际组织制定的标准。国际标准化组织、国际电工委员会和国际电信联盟制定的标准分别称为 ISO 标准、IEC 标准和 ITU 标准。国际标准（译本）样例如图 7-2 所示。这三类标准主要应用于工业领域。此外，在全球范围内还有上百个国际组织也在制定不同领域的国际标准，如 CAC（国际食品法典委员会）标准、OIML（国际法制计量组织）标准、CIE（国际照明委员会）标准、IFRS（国际财务报告准则）标准、ILO（国际劳工组织）标准等。这些组织在不同的领域都有广泛影响。

译者：十头鸟　　　　　　ISO 12944-9:2018（中文译本）

国际标准　　　　　　　　**ISO12944-9**
第一版
2018-03

色漆和清漆—防护涂料体系对钢结构的防腐蚀保护—
第九部分：海上建筑及相关结构用防护涂料体系和实验室性能测试方法

参考编号
ISO12944-9:2018(E)

图 7-2　国际标准（译本）样例

（二）国际标准的种类

国际标准化组织为标准的种类制定了 ICS（国际标准分类法）。这种分类法是一种按照专业领域划分的树形分类方法，一共分为三级。第一级设 40 个大类；第二级是第一级的细分，共有 392 个二级类；二级中的 144 类又进一步细分为 909 个三级类。ICS 的第一级如表 7-1 所示。

数字资源 7-2
案例分析

表 7-1　ICS 的第一级

类目号	类目名称	类目号	类目名称
01	综合、术语学、标准化、文献	53	材料储运设备
03	服务、企业组织、管理和质量、行政管理，运输、社会学	55	货物的包装和调运
07	自然和应用科学	59	纺织和皮革技术
11	医药卫生技术	61	服装工业
13	环境、健康防护、安全	65	农业
17	计量学和测量、物理现象	67	食品技术
19	实验	71	化工技术
21	机械系统和通用部件	73	采矿和矿产品
23	流体系统和通用部件	75	石油及相关技术
25	制造工程	77	冶金
27	能源和热传导工程	79	木材技术
29	电气工程	81	玻璃和陶瓷工业
31	电子学	83	橡胶和塑料工业
33	电信、音频和视频工程	85	造纸技术
35	信息技术	87	油漆和颜料行业
37	成像技术	91	建筑材料和建筑物
39	精密机械、珠宝	93	土木工程
43	道路车辆工程	95	军事事务、军事工程、武器
45	铁路工程	97	家用和商用设备、文娱、体育
47	造船和海上建筑物	99	（无标题）

注：表中类目号不是顺序号；表中共有 40 项专业领域，第 41 项（类目号 99）属于收容项。ICS 采用阿拉伯数字编码；第一级到第三级分别用两位、三位、两位数字表示；各级之间用下脚点（.）相隔。例如：一级——43 道路车辆工程；二级——43.040 道路车辆系统；三级——43.040.20 照明、信号和示警装置。

二、区域标准

区域标准是指由国际上的区域标准化组织通过并公开发布的标准。区域标准的种类通常按制定区域标准的组织进行划分。目前在全球范围内有重要影响的区域标准主要有欧洲三个标准化组织制定的标准，包括欧洲标准化委员会（CEN）标准、欧洲电工标准化委员会（CENELEC）标准、欧洲电信标准学会（ETSI）标准。全球范围内分布着近十个区域标准化组织。除了欧洲标准化组织，还有其他区域标准化组织制定了少量的区域标准，如阿拉伯标准化与计量组织（ASMO）标准、非洲地区标准化组织（ARSO）标准等。还有一些区域标准化组织本身并不制定标准，而仅仅是协调成员之间的国家标准，以及成员在国际标准化活动中的立场。几种常见的区域标准代号如表 7-2 所示。欧洲标准样例如图 7-3 所示。不同国家或地区的不同插头如图 7-4 所示。

表 7-2　几种常见的区域标准代号

序号	代号	含义	负责机构
1	ARS	非洲地区标准	非洲地区标准化组织（ARSO）
2	ASMO	阿拉伯标准	阿拉伯标准化与计量组织（ASMO）
3	EN	欧洲标准	欧洲标准化委员会（CEN）
4	ETS	欧洲电信标准	欧洲电信标准学会（ETSI）
5	PAS	泛美标准	泛美技术标准委员会（COPANT）

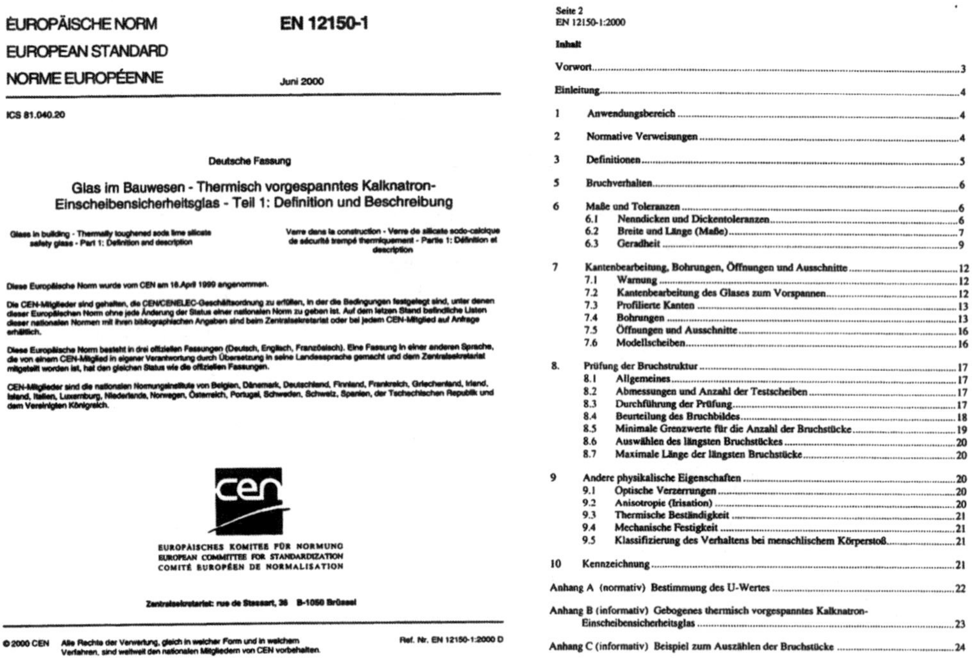

EUROPÄISCHE NORM
EUROPEAN STANDARD
NORME EUROPÉENNE

EN 12150-1

Juni 2000

ICS 81.040.20

Deutsche Fassung

Glas im Bauwesen - Thermisch vorgespanntes Kalknatron-Einscheibensicherheitsglas - Teil 1: Definition und Beschreibung

Glass in building - Thermally toughened soda lime silicate safety glass - Part 1: Definition and description

Verre dans la construction - Verre de silicate sodo-calcique de sécurité trempé thermiquement - Partie 1: Définition et description

Diese Europäische Norm wurde vom CEN am 16.April 1999 angenommen.

Die CEN-Mitglieder sind gehalten, die CEN/CENELEC-Geschäftsordnung zu erfüllen, in der die Bedingungen festgelegt sind, unter denen dieser Europäischen Norm ohne jede Änderung der Status einer nationalen Norm zu geben ist. Auf dem letzten Stand befindliche Listen dieser nationalen Normen mit ihren bibliographischen Angaben sind beim Zentralsekretariat oder bei jedem CEN-Mitglied auf Anfrage erhältlich.

Diese Europäische Norm besteht in drei offiziellen Fassungen (Deutsch, Englisch, Französisch). Eine Fassung in einer anderen Sprache, die von einem CEN-Mitglied in eigener Verantwortung durch Übersetzung in seine Landessprache gemacht und dem Zentralsekretariat mitgeteilt worden ist, hat den gleichen Status wie die offiziellen Fassungen.

CEN-Mitglieder sind die nationalen Normungsinstitute von Belgien, Dänemark, Deutschland, Finnland, Frankreich, Griechenland, Irland, Island, Italien, Luxemburg, Niederlande, Norwegen, Österreich, Portugal, Schweden, Schweiz, Spanien, der Tschechischen Republik und dem Vereinigten Königreich.

EUROPÄISCHES KOMITEE FÜR NORMUNG
EUROPEAN COMMITTEE FOR STANDARDIZATION
COMITÉ EUROPÉEN DE NORMALISATION

Zentralsekretariat: rue de Stassart, 36 B-1050 Brüssel

© 2000 CEN Alle Rechte der Verwertung, gleich in welcher Form und in welchem Verfahren, sind weltweit den nationalen Mitgliedern von CEN vorbehalten.

Ref. Nr. EN 12150-1:2000 D

Seite 2
EN 12150-1:2000

Inhalt

Vorwort 3
Einleitung 4
1 Anwendungsbereich 4
2 Normative Verweisungen 4
3 Definitionen 5
5 Bruchverhalten 6
6 Maße und Toleranzen 6
6.1 Nenndicken und Dickentoleranzen 6
6.2 Breite und Länge (Maße) 7
6.3 Geradheit 9
7 Kantenbearbeitung, Bohrungen, Öffnungen und Ausschnitte 12
7.1 Warnung 12
7.2 Kantenbearbeitung des Glases zum Vorspannen 12
7.3 Profilierte Kanten 13
7.4 Bohrungen 13
7.5 Öffnungen und Ausschnitte 16
7.6 Modellscheiben 16
8. Prüfung der Bruchstruktur 17
8.1 Allgemeines 17
8.2 Abmessungen und Anzahl der Testscheiben 17
8.3 Durchführung der Prüfung 17
8.4 Beurteilung des Bruchbildes 18
8.5 Minimale Grenzwerte für die Anzahl der Bruchstücke 19
8.6 Auswählen des längsten Bruchstückes 20
8.7 Maximale Länge der längsten Bruchstücke 20
9 Andere physikalische Eigenschaften 20
9.1 Optische Verzerrungen 20
9.2 Anisotropie (Irisation) 20
9.3 Thermische Beständigkeit 21
9.4 Mechanische Festigkeit 21
9.5 Klassifizierung des Verhaltens bei menschlischem Körperstoß 21
10 Kennzeichnung 21
Anhang A (normativ) Bestimmung des U-Wertes 22
Anhang B (informativ) Gebogenes thermisch vorgespanntes Kalknatron-Einscheibensicherheitsglas 23
Anhang C (informativ) Beispiel zum Auszählen der Bruchstücke 24

图 7-3　欧洲标准样例

三、国家标准

国家标准是指由国家标准管理机构通过并公开发布的标准。

各国普遍使用的是 ISO 按专业划分的方法（ISO/ICS）。我国于 1989 年发布实施的《中国标准文献分类法》（CCS）采用两级类目：第一级按专业领域划分为 24 类，用字母标识，如 B 表示农业、E 表示石油、G 表示化工；第二级进一步细分，用双位数字标识，如 G25 表示农药。

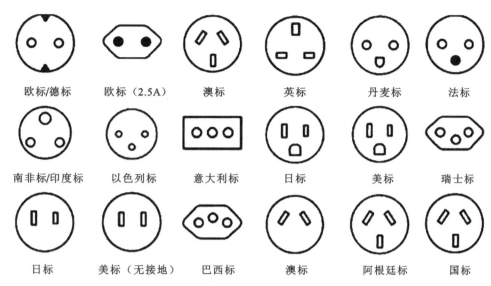

图 7-4　不同国家或地区的不同插头

我国国家标准由强制性国家标准与推荐性国家标准组成。强制性国家标准是指保障人体的健康、人身、财产安全的标准和法律、行政法规强制执行的标准，如药品标准、食品卫生标准，其代号为 GB；推荐性国家标准是指国家发布的关于某一产品或服务质量、技术性能、安全性、使用方法等推荐性标准，是以国家有关部门发布的技术文件为基础，经过专家讨论、社会公众讨论并经过国家有关部门批准后发布的，其代号为 GB/T。我国国家标准的编号方法为"国家标准代号＋标准顺序号＋发布年号"。我国强制性国家标准的编号方法为 GB xxxx—xxxx；我国推荐性国家标准的编号方法为 GB/T xxxx—xxxx（见图 7-5）。

图 7-5　国家标准样例

四、行业标准

行业标准是指由行业组织通过并公开发布的标准。工业发达国家的行业协会属于社会组织,它们制定的标准种类繁多、数量庞大,通常称为行业协会标准。

我国的行业标准是指由国家有关行业行政主管部门公开发布的标准(见表7-3)。根据我国《标准化法》的规定,对没有推荐性国家标准、需要在全国某个行业范围内统一的技术要求,可以制定行业标准。行业标准由国务院有关行政主管部门制定,报国务院标准化行政主管部门备案。

表 7-3 我国的行业标准类别

序号	行业标准代号	行业标准类别
1	AQ	安全生产
2	BB	包装
3	CB	船舶
4	CH	测绘
5	CJ	城镇建设
6	CY	新闻出版
7	DA	档案
8	DB	地震
9	DL	电力
10	DY	电影
11	DZ	地质矿产
12	EJ	核工业
13	FZ	纺织
14	GA	公共安全
15	GC	国家物资储备
16	GH	供销合作
17	GM	国密
18	GY	广播电影电视
19	HB	航空
20	HG	化工
21	HJ	环境保护
22	HS	海关
23	HY	海洋

续表

序号	行业标准代号	行业标准类别
24	JB	机械
25	JC	建材
26	JG	建筑工程
27	JR	金融
28	JT	交通
29	JY	教育
30	LB	旅游
31	LD	劳动和劳动安全
32	LS	粮食
33	LY	林业
34	MH	民用航空
35	MR	市场监管
36	MT	煤炭
37	MZ	民政
38	NB	能源
39	NY	农业
40	QB	轻工
41	QC	汽车
42	QJ	航天
43	QX	气象
44	RB	认证认可
45	SB	国内贸易
46	SC	水产
47	SF	司法
48	SH	石油化工
49	SJ	电子
50	SL	水利
51	SN	出入境检验检疫
52	SW	税务
53	SY	石油天然气
54	TB	铁路
55	TD	土地管理

续表

序号	行业标准代号	行业标准类别
56	TY	体育
57	WB	物资管理
58	WH	文化
59	WJ	兵工民品
60	WM	外经贸
61	WS	卫生
62	WW	文物保护
63	XB	稀土
64	YB	黑色冶金
65	XF	消防救援
66	YC	烟草
67	YD	通信
68	YJ	减灾救灾与综合性应急管理
69	YS	有色金属
70	YY	医药
71	YZ	邮政
72	ZY	中医药

注：该行业类别未包括军用标准，军用标准采用单独的分类方法。

我国行业标准的编号方法为“行业标准代号/T＋标准顺序号＋发布年号”，即XX/T xxxx—xxxx（见图7-6）。

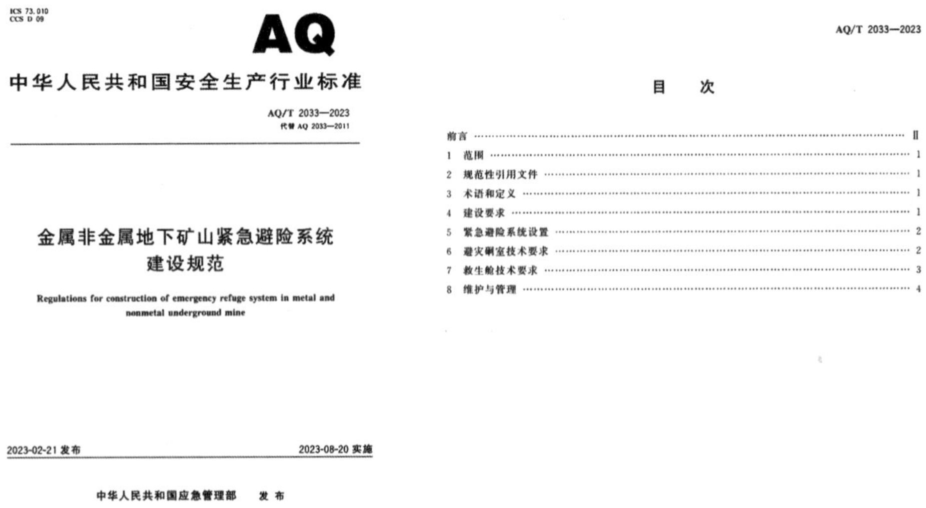
ICS 73.010
CCS D 09

AQ

中华人民共和国安全生产行业标准

AQ/T 2033—2023
代替 AQ 2033—2011

金属非金属地下矿山紧急避险系统建设规范

Regulations for construction of emergency refuge system in metal and nonmetal underground mine

2023-02-21 发布　2023-08-20 实施

中华人民共和国应急管理部　发布

AQ/T 2033—2023

目　次

图 7-6　行业标准样例

五、地方标准

地方标准是国家内部的某个区域组织制定并公开发布的标准。

我国的地方标准是指由省、自治区、直辖市标准化行政主管部门公开发布的标准。其他国家基本没有地方标准。根据我国现行《标准化法》的规定，为满足地方自然条件、风俗习惯等特殊技术要求，可以制定地方标准。

我国地方标准的编号方法为"地方标准代号＋标准顺序号＋发布年号"，即DBxx/T xxxx—xxxx（注：DB后边的xx和T后边的xxxx位数没有明确限制）（见图7-7）。

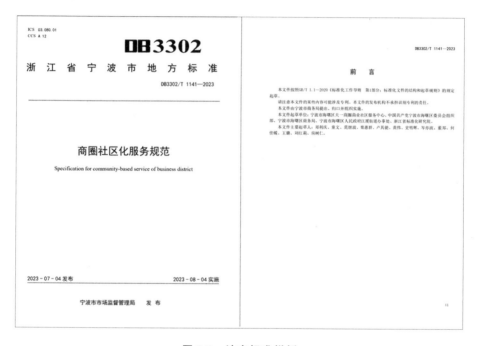

图 7-7 地方标准样例

案例分析 7-1

柳州螺蛳粉的地方标准

2022年11月24日，广西食品安全地方标准《柳州螺蛳粉（修订）》（DB S45/034—2021）正式实施。用标准化的理念规范种养、生产、经营和监管，实现原料、加工工艺和产品质量有标准可循、有标准可依，发挥标准化示范引领作用，推动柳州螺蛳粉上下游全产业链标准化建设，形成对柳州螺蛳粉全产业链质量安全和风味特色的标准全保护、严保护和强保护的工作格局，保证了柳州螺蛳粉质量安全及"柳州味道"独特品质，预包装柳州螺蛳粉的全国质量抽检合格率保持在97.5%以上，实现了规模化、标准化、品牌化发展，使得柳州螺蛳粉产业提质升级加速，一、二、三产业高质量融合发展。

思考：以柳州螺蛳粉为例，谈谈制定地方标准的意义和作用。

六、团体标准

团体标准是社会团体或非营利组织制定并公开发布的标准。

根据我国《标准化法》的规定，国家鼓励学会、协会、商会、联合会、产业技术联盟等社会团体协调相关市场主体共同制定满足市场和创新需要的团体标准。团体标准区别于政府行政部门制定的标准。我国学会、协会、商会、联合会制定的标准等同于发达国家的行业协会标准。大部分社会标准化组织会采用一定的组织原则（如公开透明和协商一致）协调产业利益，所制定的标准可以视为公标准。

数字资源 7-3
联盟标准

我国团体标准编号方法为"团体标准代号/社会团体代号＋标准顺序号＋发布年号"，即 T/xxx xxxx—xxxx（见图 7-8）。

图 7-8 团体标准样例

七、企业标准

企业标准是在企业范围内为协调和统一技术要求、管理要求和工作要求而制定的标准。企业标准是企业组织生产、经营活动的依据。国家鼓励企业自行制定严于国家标准或者行业标准的企业标准。企业标准由企业制定，由企业法人代表或法人代表授权的主管领导批准、发布。

企业标准通常只在制定该标准的企业内部应用。随着世界经济一体化和全球供应链的发展，有些企业技术标准的应用范围逐渐从该企业扩散到供应链上下游的多个企业。在这种情况下，名义上的一个企业标准在事实上已经成为供应链范围内多个企业共用的企业标准。

数字资源 7-4
华为的标准革命

企业标准一般以“Q”开头，其编号方法为“Q/企业代号＋标准顺序号＋发布年号”，即“Q/xxxx xxxx—xxxx”（见图 7-9）。

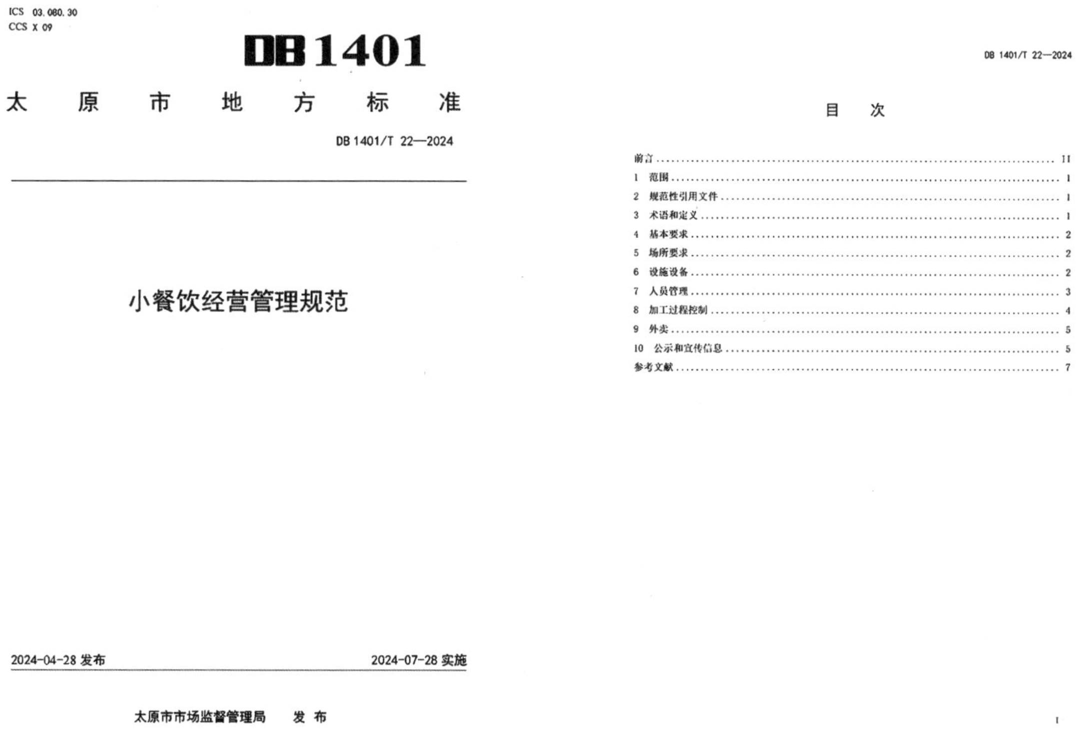
ICS 03.080.30
CCS X 09

DB1401

太　原　市　地　方　标　准

DB 1401/T 22—2024

小餐饮经营管理规范

2024-04-28 发布　　2024-07-28 实施

太原市市场监督管理局　发 布

DB 1401/T 22—2024

目　次

I

图 7-9　企业标准样例

第三节　按标准化对象的基本属性划分

按标准化对象的基本属性，可以将标准分为技术标准、管理标准和工作标准三大类（见表 7-4）。

表 7-4　将标准按标准化对象的基本属性分类

名称	标准化对象的基本属性	分类
技术标准	标准化领域中需要协调统一的技术事项	基础性技术标准、产品标准、方法标准、检测试验标准及安全、卫生与环境保护标准等
管理基础	标准化领域中需要协调统一的管理事项	管理体系标准、管理程序标准、定额标准、期量标准等
工作标准	整个工作过程的协调、提高工作质量和工作效率对部门工作和岗位工作	岗位标准、作业标准

一、技术标准

技术标准是指对标准化领域中需要协调统一的技术事项制定的标准，是从事生产、建设及商品流通行业的人员共同遵守的技术依据。技术标准是根据生产技术活动的经验和总结，作为技术上共同遵守的法规而制定的各项标准。如为科研、设计、工艺、检验等技术工作，为产品或工程的技术质量，为各种技术设备和工装、工具等制定的标准。技术标准是一个大类，可以进一步分为基础性技术标准，产品标准，方法标准，检测试验标准，设备标准，原材料、半成品、外购件标准，安全、卫生与环境保护标准等。下面简要介绍其中的几种。

（一）基础性技术标准

基础性技术标准是具有广泛适用范围或包含特定领域通用条款的标准。基础性技术标准可直接应用，也可作为其他标准的基础。例如标准化工作导则，其包括标准的结构和文件格式要求、标准编写的基本规定、标准印刷的规定等。这些标准是标准化工作的指导性标准。再如通用技术语言标准，它包括术语标准，符号、代号、代码、标志标准，技术制图标准等。这些标准是为使技术语言统一、准确，便于相互交流和正确理解而制定的。此外，还有量和单位标准，数值与数据标准，公差、配合、精度、互换性、基本系列标准，信息技术、人类工效学、价值工程和工业工程等通用技术方法标准，通用的技术导则，等等。

（二）产品标准

产品标准是规定产品应满足的要求以确保其适用性的标准。产品标准的主要内容如下。

1. 适用范围

产品标准明确规定了标准适用于哪些产品或产品类别。针对不同类型的产品，人们可能需要制定不同的标准。

2. 品种和规格

产品标准规定了不同品种和规格的产品应当符合的要求，包括产品的尺寸、外观、材料、配件等方面的规格要求。

3. 结构性能

产品标准确定了产品应当具备的结构性能，即产品在使用过程中必须满足的功能要求，一般涉及产品的可靠性、耐用性、安全性等方面的要求。

4. 质量特性

产品标准规定了产品的质量特性，即产品应当满足的质量要求，一般包括产品的化学成分、物理特性、机械性能、电气性能等方面的要求。

5. 检验方法和标准

产品标准规定了对产品进行试验和检验的方法和标准，包括产品测试的具体步骤、试验条件、设备要求等，以确保产品的质量和性能得到有效评估。

6. 包装和运输要求

产品标准还包括产品的包装、储存和运输方面的要求，以确保产品在运输和存储过程中不受损坏，并保持质量稳定。

7. 检验和验收规则

产品标准规定了对产品进行检验和验收的规则和程序。它明确了产品的合格判定标准和标准的适用性，以及验收过程中的抽样方法、测试指标和评定标准等。

（三）方法标准

方法标准是指以产品性能和质量方面的检测、试验方法为对象而制定的标准。其内容包括检测或试验的类别、检测规则、抽样和取样测定、操作、精度要求等方面的规定，还包括所用仪器、设备、检测和试验条件、方法、步骤、数据分析、结果计算、评定、合格标准、复验规则等。

（四）安全、卫生与环境保护标准

这类标准是以保护人和物的安全、保护人类的健康、保护环境为目的而制定的标准。这类标准一般都会强制贯彻执行。

数字资源 7-5
技术标准对
企业的作用

二、管理标准

管理标准是指针对组织中需要协调统一的管理事项制定的标准。管理标准主要是对管理目标、管理项目、管理职能、管理程序、管理方法、组织机构等方面所做的规定。管理标准能够协调生产、交换、分配、消费之间的关系，使管理机构更好地行使计划、组织、指挥、协调、控制等管理职能，高效率地组织生产和经营。管理标准是组织管理生产经营活动的依据和手段。

管理标准可具体分为管理体系标准、管理程序标准、定额标准、期量标准等。

（一）管理体系标准

管理体系标准通常是指 ISO 9000 质量管理体系标准、ISO 14000 环境管理体系标准、ISO 45001 职业健康安全管理体系要求及使用指南、ISO 50001 能源管理体系标准以及其他管理体系标准。

数字资源 7-6
21 个管理
标准体系

（二）管理程序标准

管理程序标准通常是在管理体系标准的框架结构下，对具体管理事务（事项）的过程、流程、活动、顺序、环节、路径、方法的规定，是对管理体系标准的具体展开。

（三）定额标准

定额标准指在一定时间、一定条件下，对生产某种产品或进行某项工作消耗的活劳动（即物质资料生产过程中，劳动者体力和脑力的直接耗费）、物化劳动、成本或费用所规定的数量限额标准。定额标准是进行生产管理和经济核算的基础。

定额标准通常分为劳动定额标准和物资消耗定额标准两大类。

1. 劳动定额标准

劳动定额标准是对能计算考核工作量的工种和岗位，在一定的生产技术组织条件下，对劳动消耗的数量所规定的限额标准。

劳动定额的基本形式是工时定额和产量定额。工时定额表现为生产单位产品或完成单位工作所需要的劳动时间。产量定额表现为在单位时间内应完成的合格产品的数量。

2. 物资消耗定额标准

物资消耗定额标准是指在一定的生产技术组织条件下，对生产单位产品或完成单位工作量所需要的材料、能源等物资消耗数量所规定的限额标准。

（四）期量标准

期量标准是生产管理中关于生产期限和生产数量的标准。在生产期限方面，主要有流水线节拍和节奏、生产周期、生产间隔期、生产提前期等标准；在生产数量方面，主要有批量、在制品定额等标准。

三、工作标准

工作标准是为实现整个生产过程的协调，提高工作质量和工作效率，对各个岗位的工作制定的标准。工作标准就其属性来说是管理标准的一种，它是对每个具体工作和岗位的规定。

工作标准的对象主要是人，工作标准的主要内容为岗位目标、工作程序和工作方法、业务分工与业务联系方式、职责与权限、质量要求与定额、对岗位人员的基本技能要求、检查与考核办法等。

工作标准主要可分为两类：一是岗位标准，二是作业标准。

（一）岗位标准

岗位标准主要对各岗位的职责、条件、资格、管理等提出要求。它是针对工作范围、构成、程序、要求、效果和检验方法等制定的标准。

（二）作业标准

作业标准主要对具体的作业、活动、流程、工序等提出要求和规定，通常包括工作的范围和目的、工作的组织和构成、工作的程序和措施、工作的监督和质量要求、工作的效果与评价、相关工作的协作关系等。

数字资源7-7
企业的"7S"管理

第四节 按标准实施的约束力划分

一、强制性标准和推荐性标准

按标准实施的约束力,我国标准分为强制性标准、推荐性标准和国家标准化指导性技术文件三类(见表7-5)。

表7-5 我国标准按照标准实施的约束力划分

名称	约束力	涉及范围
强制性标准	强制实施	国家标准和行业标准中保障人体健康和人身、财产安全的标准,以及法律、行政法规规定强制执行的标准
推荐性标准	推荐采用、自愿执行	企业自愿采用,一旦采用则为必须执行
国家标准化指导性技术文件	参考使用	技术尚在发展中,需要有相应的标准文件引导其发展或具有标准化价值,尚不能制定为标准的项目或采用国际标准化组织、国际电工委员会及其他国际组织(包括区域性国际组织)的技术报告的项目

(一)强制性国家标准

根据我国现行《标准化法》的规定,对保障人身健康和生命财产安全、国家安全、生态环境安全以及满足经济社会管理基本需要的技术要求,应当制定强制性国家标准。除少数特殊行业有强制性行业标准外(如建筑行业、环保行业等),我国的强制性标准主要是强制性国家标准。强制性国家标准的代号是 GB。依据现行《标准化法》,强制性标准文本应当免费向社会公开。

强制性标准的强制性是指标准的应用方式的强制性,即需要利用国家的法律效力强制实施。这种强制性不是标准固有的,而是国家法律法规赋予的。

(二)推荐性标准

强制性标准以外的标准是推荐性标准。根据我国现行《标准化法》规定,我国现有推荐性国家标准、推荐性行业标准和推荐性地方标准。我国推荐性国家标准的代号是 GB/T。通常,国家和行业主管部门鼓励企业积极采用推荐性标准,企业则完全按自愿原则自主决定是否采用。企业采用推荐性标准的自愿性和积极性一方面来自市场需要和顾客要求,另一方面来自企业发展和竞争的需要。

我国实行企业标准自我声明公开和监督制度。《标准化法》规定:"企业应当公开其执行的强制性标准、推荐性标准、团体标准或者企业标准的编号和名称。"企业之间的协议如果采用了某推荐性标准作为产品标准,那么该推荐性标准就具有相应的法律约束力。

(三)国家标准化指导性技术文件

对于一些技术尚在发展中、需要有相应的标准文件引导其发展,或具有标准化价值但尚不能制定为标准的项目,或者采用国际标准化组织、国际电工委员会及其他国际组织(包括区域性国际组织)的技术报告的项目,国家标准化指导性技术文件可以为其相关标准化工作提供指南或信息,供科研、设计、生产、使用和管理等有关人员参考使用。国家标准化指导性技术文件不宜由标准引用使其具有强制性或行政约束力。我国国家标准化指导性技术文件的代号为 GB/Z。

二、世界贸易组织的技术法规和标准

在世界贸易组织的《技术性贸易壁垒协定》中,技术法规指强制性法规文件,而标准仅指自愿性标准。技术法规体现国家对贸易的干预,标准则反映市场对贸易的要求。

总体来说,标准与技术法规、法律的关系如图 7-10 所示。

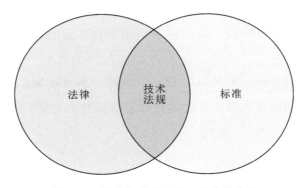

图 7-10 标准与技术法规、法律的关系

(一)技术法规

技术法规是指规定技术要求的法规,它或者直接规定技术要求,或者通过引用标准、技术规范或规程来规定技术要求,或者将标准、技术规范或规程的内容纳入法规。

技术法规可附带技术指导,列出为了符合法规要求可采取的某些途径,即权益性条款。

（二）标准

《技术性贸易壁垒协定》对"标准"的定义是：由公认机构批准的、非强制性的、出于通用或反复使用的目的，为产品或相关加工和生产方法提供规则、指南或特性的文件。标准也可以包括或专门规定用于产品、加工或生产方法的术语、符号、包装、标志或标签要求。

三、欧盟的指令和标准

欧盟在建立和维持市场技术秩序方面采用了新方法指令和协调标准两种技术手段。

（一）新方法指令

欧盟对涉及产品安全、工业安全、人体健康、保护消费者和保护环境方面的技术要求制定新方法指令。新方法指令的性质是技术法规，各成员国依法强制实施。

（二）协调标准

协调标准是指不同标准化机构各自针对同一标准化批准的具有一些特性的若干标准。按照这些标准提供的产品、过程或服务具有互换性，提供的试验结果或资料能够相互理解。

协调标准的作用在于凡按照这些标准生产的产品，即可被推定为符合新方法指令的基本要求。由此可以推定，产品只要符合协调标准的要求，就可以投放欧盟市场。企业也可以不采用协调标准，但必须证明其产品符合新方法指令的基本要求。欧盟用协调标准支撑技术协调指令的做法有效地推动了标准化的发展。

本章小结

标准化工作是一项复杂的系统工程。为适应不同的要求，标准构成一个庞大且复杂的系统。为了便于研究和应用，人们需要从不同的角度和属性对标准进行分类。

按制定标准的宗旨，可将标准分为公标准与私标准两大类；按制定标准的不同主体，可将标准分为国际标准、区域标准、国家标准、行业标准、地方标准、团体标准和企业标准；按标准化对象的基本属性，可以将标准分为技术标准、管理标准和工作标准三大类；按标准实施的约束力，可将标准分为强制性标准和推荐性标准。

练习题

1. 名词解释

国际标准　行业标准　公标准　私标准　强制性标准

2. 思考题

（1）公标准与私标准的区别有哪些？
（2）简述我国的国家标准、行业标准、地方标准和企业标准的划分依据及各层级之间的内在关联。

3. 案例分析题

随着大数据行业的兴起，数据的重要性不言而喻。对数据进行应用的工具层出不穷，给企业和个人带来了巨大的经济效益。可很快人们就发现社会上出现了诸多与数据有关的问题，这些问题严重制约着数据应用的持续发展。2021年，《个人信息保护法》《网络数据安全管理条例（征求意见稿）》相继出台，明确提出建立数据分类分级标准。浙江省、贵州省等多地分别发布了公共数据开放分级分类试行指南，为落实数据分类分级管理提供了指导性参考。

请查阅相关资料，简述在大数据时代建立数据标准的意义及作用。

数字资源 7-8
第七章即测即评

数字资源 7-9
《电子商务平台知识产权保护管理》国家标准

学习效果测评

项目测评表

知识测评		
知识点	评价指标	自评结果
知识点 1	掌握标准的分类依据	□A⁺　□A　□B　□C　□C⁻
	了解标准的种类	□A⁺　□A　□B　□C　□C⁻

续表

知识测评		
知识点	评价指标	自评结果
知识点 2	了解各类标准的基本含义	□A⁺ □A □B □C □C⁻
	了解各类标准的基本特点	□A⁺ □A □B □C □C⁻

能力测评		
技能点	评价指标	自评结果
技能点 1	学会区分公标准与私标准	□A⁺ □A □B □C □C⁻
	学会区分强制性标准与推荐性标准	□A⁺ □A □B □C □C⁻
技能点 2	了解国内标准与国际标准的划分依据和使用范围	□A⁺ □A □B □C □C⁻
	了解技术标准、管理标准及工作标准的关系	□A⁺ □A □B □C □C⁻
	了解标准与技术法规的区别与联系	□A⁺ □A □B □C □C⁻

素养测评		
素养点	评价指标	自评结果
素养点 1	了解标准分类的意义	□A⁺ □A □B □C □C⁻
素养点 2	建立标准化、精细化、规范化管理的意识	□A⁺ □A □B □C □C⁻

薄弱项记录	
我掌握得不太好的知识	
我还没有掌握的技能	
我想提升的素养	
教师签字	

第八章 标准的制定

思维导图

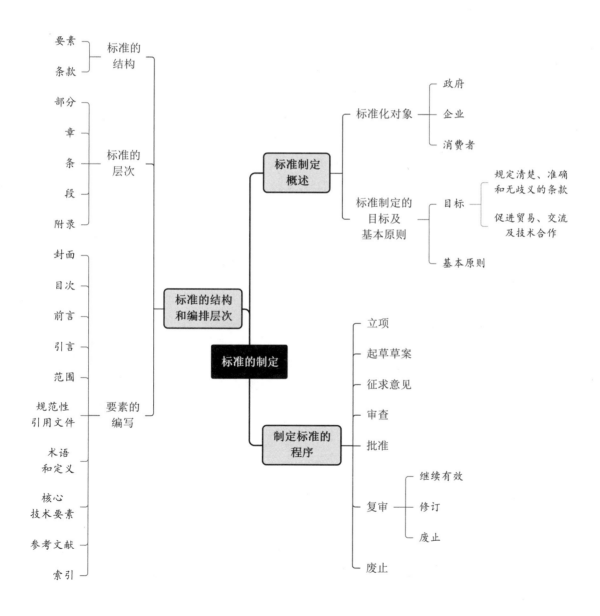

学习目标

- 掌握标准制定的基本原则及流程；
- 了解编写标准应遵循的基本要求；
- 掌握企业标准的制定与实施；
- 了解国家标准制定的程序。

情境导入

这项标准的制定让直播延时缩至 1 秒！

2022 年 2 月，火山引擎与阿里云、腾讯云三家企业联合发布了一项"超低延时直播协议信令标准"，首次正式定义了直播"客户端-服务器"信令交互流程，将传统直播技术 3~6 秒的延时缩短到 1 秒。这项技术标准简化了信令交互流程，并对原来直播一直在使用的 WebRTC（网页即时通信）技术做了大量优化，提升扩展性、播放秒开率和成功率，包括支持更多的音视频封装、通信协议，支持快速建立链接降低首帧渲染时间，以及支持信令安全增强等特性。

此次火山引擎与阿里云、腾讯云的技术合作是共建开放的协议标准，任何公司和开发者都可以按照标准接入，共同推动视频技术发展和应用创新。

漫说知产

当人们谈及标准的制定时，一般针对的是各种领域的标准，包括技术标准、行业标准、产品标准等。我们所说的标准的制定常常是指制定一套规则或指南，用于统一某个领域的操作、设计或实施规范。

＞＞＞＞＞

第一节　标准制定概述

标准制定是标准化的基础性工作之一。标准制定是以公平、公正、公开、协调为基础和前提的、社会广泛参与的活动过程。人们在制定每个标准之前都应明确标准化对象，清楚制定标准需要遵循的基本原则、编制程序及方法。

一、标准化对象

(一)标准化对象的内涵

标准化对象是指需要标准化的主体。这里的主体包括企业、消费者和政府三类。企业为了提升质量、提高管理效率和水平、促进创新而制定和实施标准,是标准的直接使用者,也是标准的直接需要主体;消费者出于对自我利益的保护,要求企业按标准生产产品和提供服务,是标准的间接需要主体;政府部门及相关机构为促进社会经济发展,充分发挥标准的本质作用,在对标准产生的必要性进行论证和把关的基础上进行标准的制定、实施和监督。政府监管的需求是正式标准产生的必要条件。

数字资源 8-1
制定标准的
对象——重复性事物

(二)确定标准化对象需要考虑的内容

标准化对象不同,标准的内容也不同,人们在确定标准化对象时,可以从以下几个方面考虑。

1. 标准需求分析

衡量哪些对象需要标准化是一个十分重要的问题。只有建立对需求迫切性的评估程序,使需求分析充分到位,才能使标准准确及时地反映市场需求。标准需求分析可以从标准化目的和用途、实施标准的可行性、制定标准的适时性等方面考虑。

2. 考察是否具备标准的特点

从标准的定义可知,标准需要具备共同使用和重复使用两个特点,因此必须考察所确立的标准化对象是否同时具备这两个特点,缺少任何一个都不适宜作为标准发布。

3. 了解本领域的技术发展状况

应随时掌握本领域的技术发展动向,尤其是新技术、新工艺、新发明,为确定标准化对象做好充分的技术准备。

4. 考虑与有关文件的协调

要考虑新项目与现行法律、法规、标准或其他文件的关系,并评估它们的特性和水平,判断是否需要在技术上进行协调,在此基础上决定是否开展新的标准项目。

数字资源 8-2
一图读懂标准
编写的依据

二、标准制定的目标及基本原则

（一）标准制定的目标

制定标准化文件的目标是通过规定清楚、准确和无歧义的条款，使得文件能够为未来技术发展提供框架，并被未参加文件编制的专业人员理解且易于应用，从而促进贸易、交流及技术合作。

数字资源 8-3
案例分析

（二）标准制定的基本原则

标准制定是一项系统工程，涉及科学技术性、经济性以及协调性。人们应考虑国情，在国家政策和法律法规允许的框架内制定标准。标准制定一般遵循以下原则。

1. 符合国家有关政策和法规，有利于我国经济社会发展

标准是生产、市场贸易和科学管理的重要技术依据，因此标准制定应该符合国家的相关政策，为经济建设服务。标准制定有利于市场经济的发展，有利于调整和优化产业结构，有利于提高产品的质量和竞争能力，有利于提高我国的综合国力和国际影响力。

2. 保护人类安全、保护环境、合理利用资源，有利于安全和可持续发展

标准作为经验的集中体现，在制定时，应当避免危害人类安全、健康和生活环境。在制定标准时，要把节约能源、原材料消耗、环境保护等作为重要的因素加以考虑，力图保护环境，合理利用资源，助力构建节约友好型可持续发展社会。

3. 维护消费者的利益，有利于促进商品交易

标准对消费者和被管理者起到了引导合理消费的作用。标准在很大程度上弥补了消费者在信息获取方面的能力缺陷，使之更容易找到适合自己的商品，也更能够保护自己的权利，这符合生产以消费为目的的经济学基本原理。

4. 技术先进、经济合理、安全可靠，有利于合理提高标准的适用性

技术先进是指所制定的标准的水平应该反映现代先进科学技术、先进科研成果和先进生产工艺的水平。在制定标准时应考虑到未来一段时间内科学发展趋势对标准水平的影响。

经济合理是指在确定各项技术指标时要进行更全面的经济分析，在保证技术先进的前提下，考虑这些指标能否保证产品总量的增长、产品带来的经济效益和产品的可持续发展。

安全可靠是指对那些涉及人身安全的标准中必须具有的安全指标或隐含安全的指标。

5. 统一协调，有利于发挥标准的纽带作用

制定标准时，要注意与相关标准的协调，只有这样才能发挥标准在生产、贸易等活动中的技术支撑作用。制定产品标准时只有与相应的基础标准、方法标准、安全卫生标准等协调配套，才能保证该产品的质量、性能、安全卫生等达到相关要求。

6. 积极采用国际标准，有利于与国际接轨

我国自加入WTO以后，积极采用国际标准。屡见不鲜的贸易壁垒案例给我国造成了一定的贸易损失。因此，在制定标准时，应积极采用国际标准。实际上，这也是消除贸易壁垒的最佳手段。

7. 遵循目的性原则，有利于提高标准的合理性

目的性原则是依据所确立的目的有选择地规定标准的技术内容，确保标准技术内容选择的科学性。人们可以从不同的方面，如产业发展的需求、质量发展的需求、技术创新与产品创新的需求等考虑标准制定的目的性，考虑标准的技术内容，提高标准的合理性。

第二节 制定标准的程序

制定标准是一个十分严谨的过程，要严格遵守标准的制定程序。ISO/IEC在《ISO/IEC导则 第1部分：技术工作程序》中，对制定国际标准的程序进行了规定。本节以企业标准为例，介绍制定标准的程序。

企业标准的制定程序一般包括七个阶段，即立项、起草草案、征求意见、审查、批准、复审和废止。

一、立项

通过调查研究收集相关信息是制定标准的关键环节。调查研究的目的是获得相关信息，充足的信息是制定标准的依据，信息是否充足直接影响到制定标准的质量。企业应根据标准化对象、内容及适用范围进行调查研究和收集信息。相关信息可从企业标准信息公共服务平台（https://www.qybz.org.cn/）（见图8-1）获取。

（一）标准化对象的国内外现状和发展趋势

在制定某项标准时，首先需要了解标准化对象的国内外技术水平、产品实现情况、质量状况、市场占有情况、发展趋势等内容。

图 8-1　企业标准信息公共服务平台界面

如制定某一项产品标准,就必须首先掌握同类产品在国内外市场的现状,包括生产情况、主要技术指标、质量水平、市场占有率、影响产品质量的因素和提高质量的可能性、消费者和市场的要求以及今后的发展趋势等,然后分析本企业实现产品的能力,如资源能力、工艺条件、检验能力等,这样才能够对制定标准的依据和能够制定标准的条件做到心中有数。

(二) 最新科技成果

科技成果是制定标准的基础。企业可通过收集国内外有关科技文献及出版物,有关专利和发明方面的信息,产品样本、样机、样品等,了解有关科技成果和发展趋势,并将其转化为标准。

(三) 消费者的需求和期望

消费者的需求和期望是制定企业标准的重要依据。消费者对产品或服务的要求,有明示的、隐含的和必须履行的需求或期望。这些需求和期望可归纳为性能要求、可靠性要求、安全性要求、经济性要求、交付周期、售后服务、美学等。企业可以通过市场调研了解消费者对产品的需求和期望。

(四) 生产或服务提供过程及市场反馈的统计资料、技术数据

企业在实施质量管理体系标准及其他管理体系标准过程中,对生产或服务进行全过程测量,积累了大量数据,企业还拥有市场反馈的统计资料以及在生产实践中积累的技术数据、统计资料等。企业将这些资料收集起来,进行分析、对比、研究,就能够为合理确定标准中的技术指标提供科学依据。

（五）国际标准、国外先进标准和技术法规及国内相关标准

国际标准、国外技术法规及我国国家标准和行业标准的信息资料是公开发行的，企业可以比较容易地收集。国外先进标准则相对较难收集，企业可采取经济合作、技术引进、出国考察等多种途径获取。

在经过充分的调查研究和信息收集的基础上，企业才能提出标准立项申请。企业标准立项申请通过后，可进一步制订工作计划，配备相应的资源。

二、起草草案

企业在标准立项后，要成立标准起草小组（或起草工作组）。参加起草小组的人员和人数应根据所起草标准的对象而定，一般由具有实践经验的从事技术工作或管理岗位的骨干成员组成。

起草小组对收集的信息资料进行整理、分析、对比、优选，必要时进行试验验证，然后编写标准征求意见稿和编制说明。

编制说明的结构和内容可由企业根据实际情况和使用习惯自行规定，以能够向相关方说明标准制修订的原则、主要技术内容和变化及相应的理由为基本原则。企业标准草案按 GB/T 1.1—2020《标准化工作导则 第 1 部分：标准化文件的结构和起草规则》（见图 8-2）起草。

数字资源 8-4
GB/T 1.1 标准化文件的结构和起草规则

产品标准内容的编写应反映产品特性，至少包括满足产品使用需求的功能性指标、技术指标、必要的理化指标及相关检验方法，可包括环境适应性、人类工效学等方面的要求，还可包括检验规则、标志、包装、储运等要求。具体按照 GB/T 20001.10—2014《标准编写规则 第 10 部分：产品标准》（见图 8-3）的规定编写。

数字资源 8-5
《标准编写规则 第 10 部分：产品标准》

服务标准内容的编写应体现功能性、经济性、安全性、舒适性、时间性、文明性等特征要求，至少包括服务流程、服务提供、服务质量与控制及验证等内容。具体按照 GB/T 24421.3—2009《服务业组织标准化工作指南 第 3 部分：标准编写》（见图 8-4）的规定编写。

产品或服务标准一般不包括产品的配方、组成、工装等可能涉及企业技术或商业秘密的内容。

数字资源 8-6
《服务业组织标准化工作指南 第 3 部分：标准编写》

图 8-2 《标准化工作导则 第 1 部分：标准化文件的结构和起草规则》

图 8-3 《标准编写规则 第 10 部分：产品标准》

图 8-4 《服务业组织标准化工作指南 第 3 部分：标准编写》

三、征求意见

标准起草小组将标准草案和编制说明以及相关的附件等发至标准使用的相关部门和人员广泛征求意见，必要时可发至企业外有关科研、设计单位以及高等院校、使用单位征求意见。

起草小组对收到的反馈意见要逐一分析研究、决定取舍，进一步修改标准草案，形成标准送审稿、编制说明和征求意见汇总处理表。

四、审查

审查时根据标准的复杂程度、涉及面的大小，可灵活采取会审或函审的方式审查标准送审稿。审查企业标准应吸收本企业有经验的工程技术人员、管理人员等参加，必要时也可邀请外单位的专家和用户参加。

（一）审查内容

审查内容至少包括以下几点：一是标准是否符合有关法律法规、强制性标准要求；二是标准是否符合或达到预定的目标和要求；三是标准的可操作、可验证；四是该标准与本企业相关标准的协调情况；五是标准是否符合本企业规定的标准编写格式。

（二）审查过程

在标准审查过程中，起草小组要认真听取各方面的意见，特别是用户的意见。对反对的意见应尤其慎重考虑，只要这些意见有一定的依据，就不要轻易否决。对各种分歧意见要充分讨论和协商，使标准能充分反映各方面的利益。只有得到大多数人同意，最好是没有反对的意见，审查才算通过。

（三）审查结果

会议审查应有会议纪要和对标准草案的审查结论。企业标准审查会议纪要样式如图 8-5 所示。

企业标准审查会议纪要

标准名称		起草单位	
审查会或函审概况(时间、地点审查组组成等)			
对标准的主要修改意见			
审查结论			
负责起草人或单位签章： 签章： 日期：		审查意见： 签章： 日期：	

图 8-5　企业标准审查会议纪要样式

企业标准审查会议纪要的主要内容包括审查会议的主持单位、参加审查会的单位和人员对标准水平的认定情况等。会议审查时，经审查修改后的标准送审稿和审查会议纪要应经与会代表通过。经审查通过的标准送审稿，起草小组应根据审查意见进行修改，编写标准报批稿及编制说明、审查会议纪要和意见汇总处理表。

五、批准

审查后根据审查意见进行修改，编写标准报批稿，准备报批需要呈交的相关文件资料，报企业法定代表人或授权人批准、发布。

数字资源 8-7
企业标准的
备案流程

六、复审

企业标准应定期复审，复审周期一般不超过 3 年；当外部或企业内部运行条件发生变化时，应及时对企业标准进行复审。复审的结论包括继续有效、修订、废止 3 种。

（一）继续有效

标准内容不进行修改仍能适应当前需要，确认继续有效。对标准只进行少量修改时，可采用修订单，确认标准继续有效。

（二）修订

对于需要改动才能适应当前使用需求和科学技术发展的标准内容，予以修订。

（三）废止

对于已经完全不适应当前需要的标准，予以废止。

七、废止

对于复审结论决定为"废止"的标准，企业予以公告废止。企业在自主研制标准时，建议采用完整的企业标准制定程序，以保证标准的适用性、先进性和合理性。除了上述一般程序之外，企业在不同的情形下，标准制定的程序也可能有所不同。

数字资源 8-8
如何制定
国家标准

第三节　标准的结构和编排层次

标准是一种规范性文件。标准编写在格式和章、条编号，文字结构以及表达方式等方面都有统一规定。

一、标准的结构

（一）要素

无论一项标准涉及的标准化对象是什么、范围如何、叙述内容多少，其都是由各种要素构成的。标准的要素主要有两种分类方式。

1. 按要素的作用划分

根据要素的作用来划分，可将其分为规范性要素和资料性要素。

规范性要素是声明符合标准而应遵守的条款的要素。也就是说，声明某一产品、过程或服务符合某一项标准，并不是说符合标准中的所有内容，而只要符合标准中的规范性要素的条款。

资料性要素是标识标准、介绍标准、提供标准附加信息的要素。也就是说，是在声明某一产品、过程或服务符合标准时无须遵守的要素。这些要素在标准中存在的目的，并不是让标准使用者遵照执行，而只是提供一些附加资料。

2. 按要素的存在状态划分

根据要素存在的状态来划分，可将其分为必备要素和可选要素。必备要素是在标准中必须存在的要素，如封面、前言、范围、核心技术要素。可选要素是在标准中存在与否取决于特定标准的具体条款的要素。一般来说，除了上述四个要素（封面、前言、范围、核心技术要素）之外，其他要素都是可选要素。标准中要素的类别、构成及所允许的表述形式如表 8-1 所示。

表 8-1　标准中要素的类别、构成及所允许的表述形式

要素	要素的类别		要素的构成	要素所允许的表述形式
	必备或可选	规范性或资料性		
封面	必备	资料性	附加信息	标明文件信息
目次	可选			列表（自动生成的内容）
前言	必备			条文、注、脚注、指明附录

续表

要素	要素的类别		要素的构成	要素所允许的表述形式
	必备或可选	规范性或资料性		
引言	可选			条文、图、表、数学公式、注、脚注、指明附录
范围	必备	规范性	条款、附加信息	条文、表、注、脚注
规范性引用文件	可选	资料性	附加信息	清单、注、脚注
术语和定义	可选	规范性	条款、附加信息	条文、图、数学公式、示例、注、引用、提示
符号和缩略语	可选	规范性	条款、附加信息	条文、图、表、数学公式、示例、注、脚注、引用、提示、指明附录
分类和编码/系统构成	可选			
总体原则和/或总体要求	可选			
核心技术要素	必备			
其他技术要素	可选			
参考文献	可选	资料性	附加信息	清单、脚注
索引	可选			列表
章编号和标题的设置是必备的，要素内容的有无根据具体情况进行选择。				

（二）条款

1. 条款的类型

标准中的条款分为以下五种类型：① 陈述，即表达信息的条款；② 推荐，即表达建议或指导的条款；③ 要求，即表达如果声明符合标准需要满足的准则，并且不允许存在偏差的条款；④ 指示，即表达行动或步骤的条款；⑤ 允许，即表达应允的条款。

2. 条款的表述方式

在标准的编制过程中，上述五种不同类型的条款是通过使用不同的句式或能愿动词来表达的。

（1）陈述型条款的表述

陈述型条款可以通过汉语的陈述句或利用能愿动词来表述。例如，"章是标准内容划分的基本单元"就是用汉语的陈述句解释"章"的含义。利用能愿动词"能"或"不能",表示由材料的、生理的或某种原因导致的能力。利用能愿动词"可能"或"不可能",表示由材料的、生理的或某种原因导致的可能性。

(2) 推荐型条款的表述

推荐型条款是表达建议或指导的条款,通常用能愿动词"宜"或"不宜"来表达,表示在几种可能性中推荐特别适合的一种,不提及也不排除其他可能性;或某个行动步骤是首选的,但未必是所要求的。

(3) 要求型条款的表述

要求型条款可以通过汉语的祈使句或利用能愿动词来表述。表达要求型条款的能愿动词有"应"或"不应"。

(4) 指示型条款的表述

指示型条款主要用于在规程或试验方法中表示直接的指示,例如需要履行的义务、采取的步骤等,一般用祈使句来表述。

(5) 允许型条款的表述

允许型条款主要利用能愿动词"可"或"不必",表示在标准的界限内允许的行动或行动步骤。

由上述内容可知,使用不同的能愿动词可以表示不同类型的条款。通常使用的能愿动词有五类。表 8-2 列出了各类条款表述使用的能愿动词或句子语气类型。

表 8-2 各类条款表述使用的能愿动词或句子语气类型

条款	能愿动词	等效表述	功能
要求型	应（shall）	应该/只准许	表达要求型条款,表示声明符合标准需要满足的要求
	不应（shall not）	不应该/不准许	
指示型	祈使句	—	在规程或试验方法中表示直接的指示,例如需要履行的义务、采取的步骤等
推荐型	宜（should）	推荐/建议	表示推荐或指导,其中肯定形式表达建议的可能选择或认为特别适合的行动步骤;否定形式表达某种可能选择或行动步骤不是首选的但也不是禁止的
	不宜（should not）	不推荐/不建议	
允许型	可（may）	可以 允许	表达允许型条款
	不必（need not）	可以不 无须	
陈述型（能力）	能（can）	能够	表达陈述型条款,"能"是指主客观原因导致的能力
	不能（can not）	不能够	

续表

条款	能愿动词	等效表述	功能
陈述型（可能性）	可能（could）	有可能	表达陈述型条款，"可能"是指主客观原因导致的可能性
	不可能（could not）	没有可能	
陈述型（一般性陈述）	陈述句	是、为、由、给出等	表达陈述型条款，一般性陈述的表述应使用陈述句

3. 条款内容的表达形式

（1）条文

条文是条款的文字表达形式，也是最常用的形式。标准中的文字应使用规定汉字，标点符号的使用应符合 GB/T 15834—2011《标点符号用法》的规定。关于全称、简称和缩略语，数和数值的表示，尺寸和公差的表示，量、单位及符号的表示，可参考 GB/T 1.1—2020 的有关规定。

（2）引用和提示

若标准中有些内容已经包含在现行有效的其他文件中，或者包含在标准自身的其他条款中，可通过提及文件编号或内容编号的形式表述。在线引用文件，应提供足以识别和定位来源的信息，并尽量提供所引文件的第一来源以确保可追溯性。

（3）附录

附录用来承接和安置不便在文件正文、前言或引言中表述的内容，是对正文、前言或引言的补充或附加。附录的设置可以使文件的结构更加均衡。

在编写标准时，遇到以下情况应将其作为附录：一是独立部分内容篇幅过长；二是对条款的补充或细化；三是附加的技术内容；四是复杂的示例；五是提供资料性信息；六是说明与国际标准的技术性差异或结构变化。

数字资源 8-9
附录的编写

（4）图

各类图形的绘制要遵循相应的规则：机械工程制图应遵循 GB/T 1182、GB/T 4458.1、GB/T 4458.6、GB/T 14691、GB/T 17450、ISO 128-30：2001 以及 ISO 129-1：2018 的规则；电路图和接线图应遵循 GB/T 5094、GB/T 6988.1 和 GB/T 16679 的规则；流程图应遵循 GB/T 1526 的规则。图均应有编号并从 1 开始，最好有图题，全文件中有无图题应一致。

（5）表

标准中表的表述形式越简单越好，不准将表再细分为分表，如将"表 2"细分为

"表 2a"和"表 2b"。表均应有编号并以 1 开始,最好有表题,全文件中有无表题应一致。表应有表头,表头中不准使用斜线。

(6) 数学公式

当需要使用符号表示量之间的关系时宜使用数学公式。

(7) 示例

示例是帮助人们更好地理解或使用标准的一种表述形式。在每个章、条或术语条目中只有一个示例时,在具体内容之前应标明"示例:";有多个示例时,应标示例编号,同一章、条或术语条目下示例的编号均从 1 开始,即"示例 1:""示例 2:""示例 3:"……当示例较多时,可以"××示例"为标题形成资料性附录。

(8) 注

注是有助于人们理解或使用文件内容的说明。按照注所在位置,可分为条文中的注、术语条目中的注、图中的注和表中的注。

(9) 脚注

脚注可以分为条文脚注和图表脚注。

二、标准的层次

根据标准文体与结构的特点,标准的层次划分和设置采用部分、章、条、段和附录等形式(见表 8-3)。这些层次只是一项标准可能具有的层次,具体标准具有的层次及其设置应视标准篇幅的长短、内容的繁简而定。例如,有些标准没有分成"部分",有些标准不设附录等。

表 8-3 标准的层次及其编号示例

名称	英文对应词	编号示例
部分	part	XXXX.1
章	clause	1
条	subclause	1.1
段	paragraph	无编号
附录	annex	A

(一) 部分

部分是一项标准被分别起草、批准发布的系列文件之一。部分是标准中十分重要的一个层次。ISO/IEC 通过把标准划分成部分,将同一个标准化对象的各个方面或内容放在同一个标准号之下的不同部分中,这样既方便了标准的管理,又方便了标准的使用。我国标准也借鉴了 ISO/IEC 这一做法,重视标准中部分的使用。

1. 部分的划分原则

(1) 基本原则

标准化对象可能需要编织成若干部分的情况包括以下三种：篇幅过长；使用者需求不同；编制的目的不同。

在开始起草标准之前，应充分考虑标准划分为部分的原因以及各部分之间的关系，并给出各部分的名称，明晰各部分的范围。例如 GB/T 20000《标准化工作指南》分为 11 个部分（后第 4、5 部分废止）出版。

(2) 划分为部分的两种方式

① 将标准化对象分为若干个特殊方面，每个部分涉及其中的一两个方面，并且能够单独使用。例如 GB/T 20000.1—2014《标准化工作指南 第 1 部分：标准化和相关活动的通用术语》，GB/T 20000.2—2001《标准化工作指南 第 2 部分：采用国际标准》，GB/T 20000.3—2014《标准化工作指南 第 3 部分：引用文件》等。

② 将标准化对象分为通用和特殊两个方面。通用方面作为文件的第 1 部分，特殊方面（可修改或补充通用方面，不能单独使用）作为文件的其他各部分。例如：第 1 部分，基本要求；第 2 部分，组织要求；第 3 部分，管理要求。

2. 注意事项

第一，部分的编号应位于标准顺序号之后，使用阿拉伯数字从 1 开始编号。如"第 1 部分："，而不能写为"第一部分："。部分的编号与标准顺序号之间用下脚点相隔。例如：××××.1、××××.2 等。部分的编号和章、条的编号一样，是一项标准的内部编号。

第二，部分的名称只能用分段式，至少要由主体要素和补充要素两段组成。

(二) 章

章是标准内容划分的基本单元，是标准或部分中划分出的第一层次，构成了标准结构的基本框架。在每项标准或每个部分中，章的编号应从"范围"一章开始，一直连续到"附录"之前。章的编号应使用阿拉伯数字，并从 1 开始。每一章都应有标题，标题位于编号之后，并与其后的条文分行。

(三) 条

条是对章的细分，凡是章以下有编号的层次均称为条。

1. 条的编号

条的设置是多层次的，最多可划分五个层次。条的编号采用阿拉伯数字加下脚点的形式。

2. 条的标题

条有标题时写在编号后面（编号与标题或文字之间空一个字的间隙），单独占一行。章和条的编号都应顶格排。原则上，第一层次的条都应有标题。

对于无标题的条，可将首句中的关键术语或短语标为黑体，以标明所涉及的主题。但这类术语或短语不应列入目次。

3. 条的划分原则

条的划分可遵循以下原则。

第一，段与段之间涉及的内容明显不同，为了便于区分，将它们分成彼此独立的条。

第二，当某章或条的几段内容中的某段可能被本标准或其他标准引用时，尤其是本标准内部就需要引用时，应考虑设立条，这样通过直接引用相应的条编号就可达到准确引用的目的。

（四）段

段是章或条中不编号的细分部分。没有编号是段与条进行区分的明显标志。在标准中应尽量避免出现"悬置段"。所谓的"悬置段"就是在章标题或条标题与下一层次条之间的2个以上的段（见图8-6）。

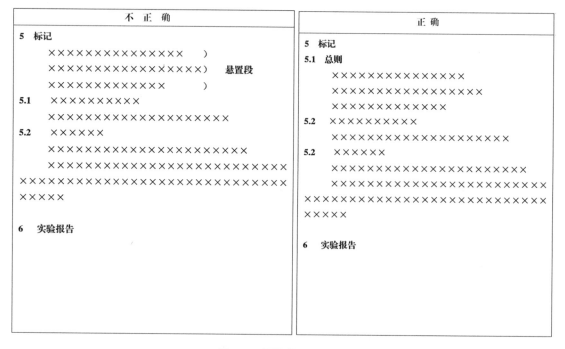

图8-6 悬置段正误示例

（五）列项

列项是段中的子层次，用于强调细分的并列各项中的内容。列项应由引语和被引出的并列的各项组成。

列项可以进一步细分为分项，但这种细分不宜超过两个层次。在列项的各项之前应标明列项符号或列项编号。列项符号为破折号（——）或间隔号（·）；列项编号为字母编号，即后带半圆括号的小写拉丁字母，如 a)、b) 等；或数字编号，即后带半圆括号的阿拉伯数字，如 1)、2) 等。通常在第一层次列项的各项之前使用破折号，第二层次列项的各项之前使用间隔号。列项中的各项如果需要识别或表明先后顺序，在第一层次列项的各项之前使用字母编号。在使用字母编号的列项中，如果需要对某一项进一步细分，根据需要可在各分项之前使用间隔号或数字号。

列项的特征是有引语，并且引语所引出的内容应是并列关系。同时要注意它与条的编号不同。在列项的各项中，可将其中的关键术语或短语标为黑体，以标明各项所涉及的主题。这类术语或短语不应列入目次；如果有必要列入目次的，则不应使用列项的形式，而应采用条的形式，将相应的术语或短语作为条标题。

（六）标准的结构样式

综合上文所述，标准的结构样式如图 8-7 所示。

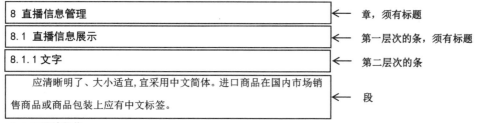

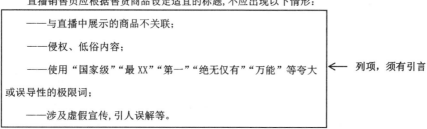

图 8-7　标准的结构样式

三、要素的编写

(一) 封面

1. 封面的信息要素

每项标准均应有封面。在标准的封面上需要标示以下内容。

① 国际标准分类号（ICS）位于封面的左上第一行，五号黑体。

② 中国标准文献分类号（CCS）位于封面的左上第二行，五号黑体。

③ 备案号不适用于国家标准，仅适用行业标准或地方标准，位于封面的左上第三行，五号黑体。

④ 标准的标志位于封面的右上第一行，国家标准的标志为GB，专用美术体。

⑤ 标准编号位于封面的右上第二行，四号黑体。

⑥ 被代替标准编号位于封面的右上第三行，五号宋体。被代替标准的编号之前编排"代替"两字，标准编号和被代替标准编号右端对齐。

⑦ 标准的层次"中华人民共和国国家标准"/"中华人民共和国××行业标准"标示位于封面通栏的第一行，字体和字号为专用字。

⑧ 标准名称位于封面通栏的第二行，一号黑体。

⑨ 标准名称的英文译名位于封面通栏的第三行，四号黑体。

⑩ 与国际标准的一致性程度标识位于封面通栏的第四行，四号宋体。当标准与国际文件存在一致性程度时，需要标示一致性程度标识，并加上圆括号。

⑪ 标准的发布日期及实施日期位于封面的倒数第二行，四号黑体。

⑫ 标准的发布部门或单位位于封面的倒数第一行，字体和字号为专用字。在发布部门或单位之后，编排"发布"字样，四号黑体。

2. 封面示例

以国家标准为例，封面的内容有"中华人民共和国国家标准"字样和标准的标志、中文名称、英文名称、ICS（国际标准分类号）、中国标准文献分类号、标准编号、代替标准编号、发布日期、实施日期、发布标准的部门等（见图8-8）。其他级别的标准的封面一般包含标准的编号、名称、发布部门、发布日期及实施日期等内容。

(二) 目次

目次为标准的可选要素。为了显示标准的结构，方便查阅，目次位于标准封面之后，其主要有三种功能：一是显示标准的结构；二是说明标准的内容承接和关联性；三是引导读者阅读。

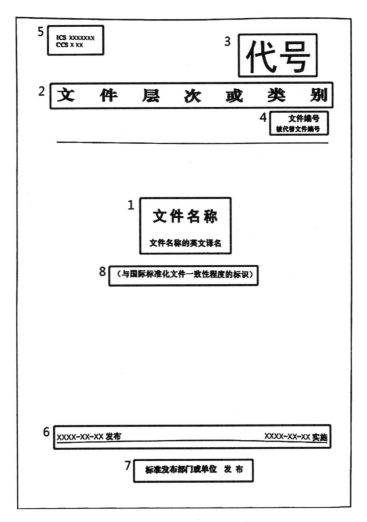

图 8-8　国家标准封面样式

1. 目次的内容

目次所列的各项内容和顺序如下：前言；引言；章；带有标题的条（需要时列出）；附录；附录中的章（需要时列出）；附录中的带有标题的条（需要时列出）；参考文献；索引；图（需要时列出）；表（需要时列出）。

2. 编写目次时应注意的问题

① 目次位于封面之后，一般原则是排在另页位置上，从单数页起排。

② 标准目次的页码采用罗马数字排序，而不是阿拉伯数字排序。

③ "术语和定义"一章中的术语不在目次中列出，因为该章中的术语不是条的标题。

④ 根据实际需要，决定目次设置到哪一层次。

⑤ 在电子文件中，目次应自动生成，这样可避免手工编辑目次造成的遗漏、错误等现象。

3. 目次示例

标准目次的首页页面从单页码开始编排，以罗马数字依次排列。章、条、图、表的目次应给出编号，后跟标题；附录的目次应给出编号，后跟附录的性质并加圆括号，其后为附录标题。目次样式如图 8-9 所示。

目　次

```
前言 ······················································································· V
引言 ······················································································· Ⅵ
1  范围 ···················································································· 1
2  规范性引用文件 ····································································· 1
3  术语和定义 ··········································································· 1
    3.1  文件 ············································································· 1
    3.2  文件的结构 ···································································· 2
    3.3  文件的表述 ···································································· 2
4  文件的类别 ··········································································· 3
5  目标、原则和要求 ································································· 4
    5.1  目标和总体原则 ····························································· 4
    5.2  文件编制成整体或分为部分的原则 ··································· 4
    5.3  规范性要素的选择原则 ··················································· 4
    5.4  文件的表述原则 ····························································· 5
    5.5  总体要求 ······································································ 5
6  文件名称和结构 ···································································· 6
    6.1  文件名称 ······································································ 6
    6.2  结构 ············································································ 7
7  层次的编写 ·········································································· 9
    7.1  部分 ············································································ 9
    7.2  章 ·············································································· 10
    7.3  条 ·············································································· 10
    7.4  段 ·············································································· 11
    7.5  列项 ··········································································· 11
8  要素的编写 ········································································· 12
    8.1  封面 ··········································································· 12
    8.2  目次 ··········································································· 13
    8.3  前言 ··········································································· 13
    8.4  引言 ··········································································· 14
    8.5  范围 ··········································································· 14
    8.6  规范性引用文件 ··························································· 14
    8.7  术语和定义 ································································· 15
    8.8  符号和缩略语 ······························································ 17
    8.9  分类和编码/系统构成 ··················································· 17
    8.10 总体原则和/或总体要求 ··············································· 17
    8.11 核心技术要素 ····························································· 18
```

图 8-9　目次样式

（三）前言

前言是资料性概述要素，也是必备要素，即每项标准均有前言。前言应位于目次（如果有的话）之后、引言（如果有的话）之前。前言的作用是提供与"怎么样"有关的信息，主要陈述与本文件相关的其他文件的信息。

1. 前言的内容

根据前言的作用，一般而言，前言应依次给出下列内容：标准编制所依据的起草规则；标准代替的全部或部分其他文件的说明；与国际文件关系的说明；有关专利的说明；标准的提出信息（可省略）和归口信息；标准的起草单位和主要起草人；标准所代替标准的历次版本发布情况。

2. 注意事项

① 前言中不应包含要求、指示、推荐或允许型条款。
② 前言中不应使用图、表或数学公式等表述形式。
③ 前言中不应给出章编号且不分条。

3. 前言示例

前言中只准许编写"规定的内容"，比如 GB/T 1.1 规定内容、标准发布机构规定标准前言中需要编写的其他内容。前言样式如图 8-10 所示。

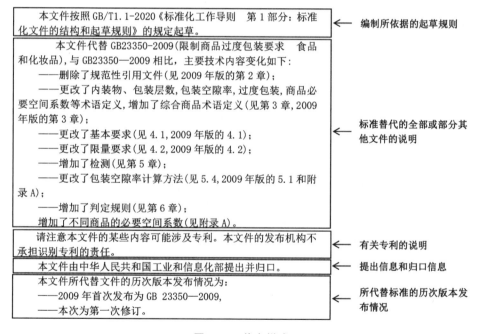

图 8-10　前言样式

（四）引言

引言是可选的概述要素。引言主要回答"为什么"，包括为什么制定该标准，该标准的技术背景如何等。

1. 引言的内容

引言的内容与前言不同，可包括以下方面。

① 编制标准的原因。

② 标准技术内容的特别信息或说明。

③ 专利的声明。

2. 注意事项

① 引言位于前言之后。

② 引言不包含要求。

③ 引言一般不分条，也不编号，需要将引言带有编号时，仅对条编号，编号为 0.1、0.2 等。

④ 引言中如果有图、表、公式或脚注等，均应使用阿拉伯数字从 1 开始对它们进行编号。

3. 引言示例

引言样式如图 8-11 所示。

引　言

随着工业 4.0 时代的到来，我国整个缝制机械行业都朝着自动化、数字化方向转型，未来缝制机械数字化控制将逐步代替人工成为行业主流。

缝制机械的数字控制系统是实现缝制机械数字化控制的主要部件，运行过程中外部数据指令通过数字控制系统控制缝制机械各个单元的动作，从而实现缝制机械自动化。同时，通过服务器与数字控制系统之间的数据交换，能够实现缝制机械之间的互联互通与数据共享。GB/T 24114《机械电气设备　缝制机械数字控制系统》确保了缝制机械数字控制系统基本性能及安全性能，解决了缝制机械互联互通过程中的匹配问题，拟由四个部分构成。　　←标准编制的意义和整体目标

——第 1 部分：通用技术条件。目的在于规范各类缝制机械数字控制系统通用的基本功能和性能要求及安全防护性能、环境适应性能、电磁兼容性能、制造质量、包装运输方面的要求。

——第 2 部分：数据字典。目的在于将各类缝制机械设备加工过程中的静态数据、动态数据、状态数据、加工过程及结果数据、报警维护数据等按照 GB/T 33863《OPC 统一架构》的要求进行规范，形成缝制机械互联互通的基础数据字典。拟划分的部分及制定各部分的目的。　　←拟划分的目的及制定各部分的目的

——第 3 部分：数据交换。目的在于在第 2 部分的基础上，建立数字控制系统与服务器之间的数据交换协议，实现 MES、VMS、MDC、SCADA 等管理软件和缝制机械数字控制系统之间的自由数据交换。建立缝制机械设备模型和模型与协议之间的映射要求，最终实现缝制机械的互联互通和在安全性保证前提下的数据共享。

——第 4 部分：试验与验收。目的在于对第 1 部分～第 3 部分的要求进行试验验证方面的规范。

图 8-11　引言样式

（五）范围

范围为必备要素，它用于简要说明一项标准的对象和涉及的相关方面、适用范围和领域，必要时可指出标准不适用的界限。范围应能作为标准的内容提要来使用。

1. 范围的内容

范围的内容分为两部分：一部分阐述标准中"有什么"，即标准化的对象；另一部分阐述标准"有什么用"，即标准的适用性。

编写"有什么"的内容时应明确标准化对象，也就是要说明对"什么"制定标准。用非常简洁的语言对标准的主要内容进行提要式的说明，具体编写时要前后照应。

这里的"前后照应"中的"前"是指范围之前的标准名称，在标准名称中有的内容，在范围中一定要有；标准名称中写不下的内容，在范围中一定要补全。"后"是指范围之后的规范性要素，对于标准中的规范性要素，要按照章的顺序将章的标题恰当地、有机地组织到"有什么"的条款中。

"有什么用"阐明标准的适用性或标准的适用领域，由此指明标准的适用界限。要阐述标准本身有什么用，而不是描写标准所涉及的标准化对象有什么用。

2. 注意事项

① 范围的陈述应简洁，以便能作为内容提要使用。

② 在范围中不应陈述可在引言中给出的背景信息。

③ 范围应表述为一系列事实的陈述，使用陈述型条款，不应包含要求、指示、推荐和允许型条款。

④ 范围的陈述应使用下列适当的表述形式。

a. "本文件规定了……的要求/特性/尺寸/指示"；

b. "本文件确立了……的程序/体系/系统/总体原则"；

c. "本文件描述了……的方法/路径"；

d. "本文件提供了……的指导/指南/建议"。

⑤ 文件适用界限的陈述应使用下列适当的表述形式。

a. "本标准适用于……"；

b. "本标准适用于……，……也可参照（参考）使用"；

c. "本标准适用于……，不适用于……"。

3. 范围示例

范围样式如图 8-12 所示。

GB/T 40094.1—2021

电子商务数据交易 第1部分:准则

1 范围

GB/T 40094 的本部分规定了电子商务数据交易中的交易参与方、交易数据、交易方式、交易程序与规则以及争议处理规则。

本部分适用于电子商务模式下的数据交易平台开展数据交易业务的活动和行为。

图 8-12 范围样式

（六）规范性引用文件

1. 规范性引用文件内容

规范性引用文件是规范性一般要素，也是可选要素，用来列出标准中规范性引用的文件。只要标准中有规范性引用的文件，均应作为标准的第 2 章。

（1）规范性引用的内涵

规范性引用是指标准中引用了某文件或文件的条款后，这些文件或其中的条款即构成标准整体中不可分割的组成部分，也就是说，所引用的文件或条款与标准文本中规范性要素具有同等的效力。

数字资源 8-10
资料性引用

（2）标准中规范性引用的表述

标准中规范性引用一般表述为："……应符合……的规定"或"按照……的要求"。

（3）引用的方式

规范性引用有注日期引用和不注日期引用两种方式。注日期引用就是在引用时指明了所引文件的年号或版本号。凡是使用注日期引用的方式，表明仅注日期版本的内容适用于引用它的标准，该标准以后被修订的新版本中的内容不适用。不注日期引用是在引用时不提及所引文件的年号或版本。凡是使用不注日期引用的方式，表明引用文件是最新版的。

（4）"规范性引用文件"一章的引导语

规范性引用文件清单应由以下引导语引出："下列文件中的内容通过文中的规范性引用而构成本文件必不可少的条款。其中，注日期的引用文件，仅该日期对应的版本适用于本文件；不注日期的引用文件，其最新版本（包括所有的修改单）适用于本文件。"

需要注意的是,对于不注日期的引用文件,如果最新版本未包含所引用的内容,那么包含了所引用内容的最后版本适用。

如果不存在规范性引用文件,应在章标题下给出以下说明:"本文件没有规范性引用文件。"

(5)注意事项

① 不要列入不能公开得到的文件。

② 不要列入起草过程中依据或参考过的文件等,这些只能列入"参考文献"中。

③ 不要列入尚未发布的标准或尚未出版的文件。

④ 引用文件的排列顺序为:国家标准、行业标准、地方标准、国内有关文件、ISO 标准、IEC 标准、ISO 或 IEC 有关文件、其他国际标准以及其他国际有关文件。国家标准、ISO 标准、IEC 标准按标准顺序号排列;行业标准、地方标准先按标准代号的拉丁字母顺序排列,再按标准顺序号排列。

⑤ 如果引用的文件可在线获得,宜提供详细的获取和访问途径。应给出被引用文件的完整网址(见 GB/T 7714)。为了提供溯源性,宜提供源网址。

2. 规范性引用文件内容示例

规范性引用文件样式如图 8-13 所示。

2　规范性引用文件

下列文件对于本文件的应用是必不可少的。凡是注日期的引用文件,仅注日期的版本适用于本文件。凡是不注日期的引用文件,其最新版本(包括所有的修改单)适用于本文件。

GB/T 31524—2015　电子商务平台运营与技术规范
GB/T 35409—2017　电子商务平台商家入驻审核规范
GB/T 36073　数据管理能力成熟度评估模型
GB/T 36344　信息技术　数据质量评价指标
GB/T 40094.2—2021　电子商务数据交易　第 2 部分:数据描述规范
ISO 8000(所有部分)　数据质量(Data quality)

图 8-13　规范性引用文件样式

(七)术语和定义

术语和定义在非术语标准中为可选要素,若标准中以"术语和定义"为标题单独设一章,则其为该标准的规范性技术要素。

1. 术语和定义的内容

(1)术语的选择

非术语标准中的术语,仅限该标准使用,其选择可考虑以下方面。

① 理解不一致的术语,如在不同语境中有不同解释,或在标准中使用了通用技术术语的特定含义。

② 列入"术语和定义"中的术语应是标准中多次使用的术语。
③ 尚无定义或需要改写已有定义的术语。

(2) 术语和定义的引导语

标准中的"术语和定义"根据不同的情况，选择不同的引导语。对标准中界定的术语和定义，可采用"下列术语和定义适用于本文件"的字样。对标准中采用的其他文件中界定的术语和定义，可用"GB/T xxxx 界定的以及下列术语和定义适用于本文件"的字样。

(3) 术语条目的内容

术语条目至少要包含以下内容：条目编号；术语；英文对应词；符号；术语的定义；概念的其他表述形式（如图、数学公式等）；示例；注；来源。

2. 术语和定义示例

术语和定义样式如图 8-14 所示。

> 3 术语、定义和缩略语
>
> 3.1 术语和定义
>
> 下列术语和定义适用于本文件。
>
> 3.1.1
> 数据 data
> 信息的可再解释的形式化表示，以适用于通信、解释或处理。
> 注：数据可以由人工或自动的方式加工、处理。
> [GB/T 18391.1—2009，定义 3.2.6]
>
> 3.1.2
> 电子商务数据交易平台 E-commerce data transaction platform
> 数据交易平台 data transaction platform
> 在电子商务模式下为交易双方或多方提供数据交易撮合及相关服务的信息网络系统。
>
> 3.1.3
> 交易主体 transaction subject
> 在电子商务数据交易平台进行数据交易的组织或个人。
>
> 3.1.4
> 数据提供方 data supplier
> 在电子商务数据交易中，拥有数据所有权或受数据所有者合法授权而获得部分或全部权益的向平台提供交易数据的交易主体。

图 8-14 术语和定义样式

（八）核心技术要素

核心技术要素是标准的核心要素，用于表述标准的特定功能。标准的功能类型不同，核心技术要素也不同，所使用的条款类型应有差异。各种功能类型核心要素的具体编写应遵循相关规定。

（九）参考文献

参考文献用来列出文件中资料性引用的文件清单以及其他信息资源清单，例如起草文件时参考过的文件，以供参阅。参考文献置于最后一个附录之后，表述时不应分条，列出的清单可以通过描述性的标题进行分组，标题不应编号。参考文献样式如图 8-15 所示。

GB/T 40094.1—2021

参 考 文 献

[1] GB/T 18391.1—2009 信息技术 元数据注册系统（MDR） 第 1 部分：框架
[2] GB/T 35408—2017 电子商务质量管理 术语
[3] GB/T 36310—2018 电子商务模式规范
[4] SB/T 10519—2009 网络交易服务规范

图 8-15 参考文献样式

（十）索引

索引用来给出通过关键词检索文件内容的途径，是标准的最后一个要素。索引由索引项形成的索引列表构成。索引项以文件中的"关键词"作为索引标目，同时给出文件的规范性要素中对应的章、条、附录和/或图、表的编号。索引项通常以关键词的汉语拼音字母顺序编排。为了便于检索，可在关键词的汉语拼音首字母相同的索引项之上标出相应的字母。电子文本的索引宜自动生成。

数字资源 8-11
《限制商品过度包装要求食品和化妆品》

本章小结

本章介绍了标准制定应遵循的原则和规范、标准制定的依据等，强调了标准化对象是需要标准化的主题，标准的编写可采取自主研制或直接采用国际标准的方式。

标准的要素包括封面、目次、前言、引言、范围、规范性引用文件、术语和定义、核心技术要素、参考文献、索引等。

标准的层次划分和设置采用部分、章、条、段和附录等形式。

练习题

1. 名词解释

规范性要素　资料性要素　条款　部分

2. 思考题

（1）请简要罗列标准的制定程序（以国家标准为例）。
（2）请列举必备要素有哪些，并说明它们所起的作用。

3. 案例分析题

近年来，直播带货在全国范围内持续火爆。北京市消费者协会委托北京阳光消费大数据研究院开展直播带货消费调查发现，部分平台直播带货存在虚假宣传、信息公示不全以及售后没有保障等损害消费者权益的问题。针对直播带货乱象，自2022年以来，广东、山东、浙江、黑龙江等地积极开展直播电商规则和标准建设专项行动，已发布直播电商领域国家、行业、地方、团体和企业标准共计50项，标准内容涉及平台管理、用户管理、主播行为规范、产品质量、售后服务、基地建设等方面。

请根据本章所学，结合案例谈谈标准制定的作用，并按要求编写网络营销直播间管理标准。

数字资源 8-12
第八章即测即评

数字资源 8-13
《电子商务平台知识产权保护管理》国家标准解读

学习效果测评

项目测评表

知识测评			
知识点	评价指标	自评结果	
知识点 1	了解标准化对象含义	□A⁺　□A　□B　□C　□C⁻	
	了解标准制定的目标及基本原则	□A⁺　□A　□B　□C　□C⁻	

续表

知识测评		
知识点	评价指标	自评结果
知识点 2	了解标准制定的程序	□A⁺ □A □B □C □C⁻
	了解标准的规范及要求	□A⁺ □A □B □C □C⁻
	了解标准的结构及编排层次	□A⁺ □A □B □C □C⁻

能力测评		
技能点	评价指标	自评结果
技能点 1	掌握标准制定的原则	□A⁺ □A □B □C □C⁻
	掌握标准制定的流程及注意事项	□A⁺ □A □B □C □C⁻
技能点 2	了解标准编制的要素	□A⁺ □A □B □C □C⁻
	了解标准编制内条款的类型及表述方式	□A⁺ □A □B □C □C⁻
	学会编制标准文件	□A⁺ □A □B □C □C⁻

素养测评		
素养点	评价指标	自评结果
素养点 1	了解标准编制的意义	□A⁺ □A □B □C □C⁻
素养点 2	掌握标准编制的规范	□A⁺ □A □B □C □C⁻

薄弱项记录	
我掌握得不太好的知识	
我还没有掌握的技能	
我想提升的素养	
教师签字	

第九章　标准化与知识产权

思维导图

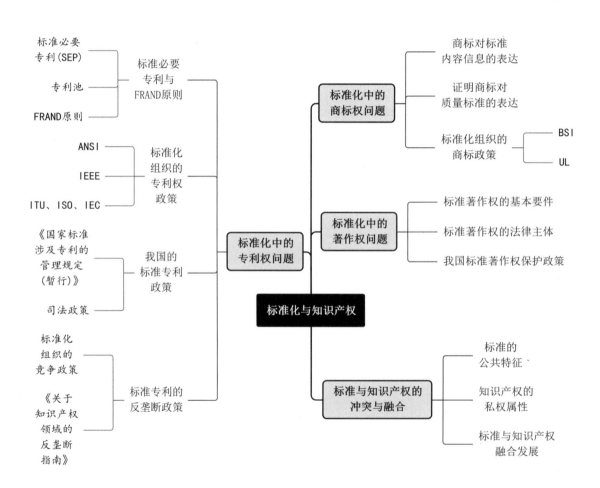

学习目标

- 理解标准的公共特征与知识产权的私权属性;
- 理解标准必要专利与 FRAND 原则;
- 了解国内外标准专利政策;
- 了解证明商标与标准化组织的商标政策;
- 了解标准著作权的归属与标准化组织的著作权政策;
- 理解国家实施标准化战略推动中国标准"走出去"的重大意义,同时理解国际标准"话语权"博弈背后"得标准者得天下"的深层含义。

情境导入

以索尼、日立、LG 电子、松下、三菱、先锋、飞利浦、三星电子、夏普电子等为首的"蓝光联盟",和以东芝、NEC、微软和英特尔等为主的"HD DVD 联盟",在新一代光盘标准大战中投入了大量的资金和技术来争夺未来市场的主导权。2008 年 1 月,电影巨头华纳兄弟娱乐公司突然宣布投入"蓝光联盟",这使"HD DVD 联盟"遭受了沉重的打击。2008 年 2 月 19 日,东芝宣布放弃 HD DVD 业务,并于 2009 年 8 月加入了"蓝光联盟",这场光盘标准大战以索尼为首的"蓝光联盟"获胜。之后蓝光标准成为新一代光存储行业的主导技术规范,索尼等公司通过收取专利使用费等方式获得了巨大的商业利益。

然而,这种新趋势在某些时候也可能产生限制竞争的效果,尤其是当其被用作一种明显的实现固定价格、分配市场和消费者的机制时,会对竞争产生严重的妨碍作用,妨碍公平竞争,形成垄断局面。在当前的国际竞争秩序下,发展中国家更加难以突破发达国家跨国企业的技术垄断,更难获得有利的贸易地位。

漫说知产

专利与标准"双剑合璧"

2020 年 3 月,习近平总书记在浙江考察时指出,推进国家治理体系和治理能力现代化,必须抓好城市治理体系和治理能力现代化。运用大数据、云计算、区块链、人工智能等前沿技术推动城市管理手段、管理模式、管理理念创新。2021 年 3 月,杭州市高新区(滨江)开展专利融入标准机制创新试点。所谓专标融合,就是将企业的技术发明专利,在得到同行业认可的情况下,融入行业标准。此举一方面能提升行业竞争力,另一方面能让企业享受标准制定者的"红利"。

第一节 标准与知识产权的冲突与融合

一、标准的公共特征

(一) 标准体现了多元化利益

我们常用利益相关方形容参与标准制定的主体。在 ISO 的《会员手册》(Membership Manual) 中,利益相关方包括企业、政府、消费者、劳工组织、学术研究机构、标准机构和非政府组织等。利益相关方作为标准制定主体参与标准化活动是通过特定机制安排实现的;标准化技术委员会是这一特定机制安排的基本形式;各国标准化政策均强调标准化技术委员会须由利益相关方组成。例如,我国《全国专业标准化技术委员会管理规定》规定:"技术委员会的委员应当具有广泛的代表性,可以来自企业、科研机构、检测机构、高等院校、政府部门、行业协会、消费者等。"

(二) 标准制定过程是一个技术民主化的过程

标准制定过程的技术民主化是通过标准化组织健全的组织结构和严谨的工作程序得以保障的。我国《标准化法》规定,制定推荐性标准的"标准化技术委员会和专家组的组成应当具有广泛代表性""制定团体标准,应当遵循开放、透明、公平的原则,保证各参与主体获取相关信息,反映各参与主体的共同需求"。这从立法上强调了标准制定过程是一个技术民主化的过程。标准制定过程与法律制定过程类似,旨在保障标准制定过程中用户的意见诉求得以充分呈现,使最终形成的标准能够真正反映所有用户的利益。

(三) 国家标准的制定或发布主体是权威的标准化机构

根据 ISO/IEC 关于标准的定义(即标准是为了在一定的范围内获得最佳秩序,经协商一致制定并由公认机构批准,共同使用的和重复使用的一种规范性文件)可知,"公认机构批准"是标准的核心要素之一。国家标准管理机构是制定或发布国家标准的主体,其职责一般由中央政府行政机构或者中央政府承认的权威标准化机构承担。在我国,依据《标准化法》的规定,强制性国家标准由国务院批准发布或者授权批准发布,推荐性国家标准由国务院标准化行政主管部门制定,行业标准由国务院有关行政主管部门制定,地方标准由省、自治区、直辖市人民政府标准化行政主管部门制定。可见,我国的国家标准、行业标准和地方标准的制定和发布主体都是政府机构。在美国、英国和德国等国家,国家标准机构的职责是由社会权威标准化组织承担的。

二、知识产权的私权属性

(一) 知识产权的类型

知识产权是基于智力创造成果和工商标记依法产生的权利的统称,主要包括著作权、专利权和商标权。其中,专利权与商标权也被统称为"工业产权"。知识产权具有人身权和财产权双重属性。其中,著作权中的发表权、修改权、署名权、保护作品完整权,以及专利权中的署名权等权利就是人身权。著作权中的财产权包括复制权、发行权、出租权、展览权、表演权、放映权、广播权、信息网络传播权、摄制权、改编权、翻译权、汇编权以及应当由著作权人享有的其他权利等。专利权和商标权主要为财产权,即通过使用专利技术和商标标识或者许可他人使用专利技术和商标标识获得经济利益的权利。

(二) 知识产权的私权属性

世界贸易组织《与贸易有关的知识产权协定》(TRIPS 协定) 在序言中宣示"知识产权为私权"。知识产权的私权属性本质主要是指知识产权归属于民事权利范畴。在我国,知识产权作为一种私权也得到了理论界的一致认可。知识产权的私权属性主要体现在以下几个方面。

第一,知识产权的主体一般是民法意义上的私人主体。知识产权的权利人是具有平等法律地位的民事法律关系主体,尽管有时候国家也可以成为知识产权的权利人,但此时的国家也是民事主体,与其他民事主体形成平等的法律关系。

第二,知识产权的属性是私有权利。知识产权的私有指知识产权作为民事权利为特定民事主体所享有。所有权是特定人直接支配所有物的权利,知识产权是特定人享有的私有权利,而不是所有人同享的公共权利。

第三,知识产权的内容是私益权利,即知识产权的私益是与公益相对应的个人利益。根据私法的原则,个人可以根据自己的意愿形成相互之间的经济关系和其他关系,追求合法的私利。知识产权归类于私权,主要包括财产权和人身权。

第四,知识产权的形态具有专有性。知识产权的专有性又称独占性、排他性或垄断性。在权利的有效期内,未经知识产权权利人的许可,在规定的地域内,任何人不得使用此项权利。对于一项智力成果,国家所授予的某一类型知识产权应是唯一的,不能再对于同一智力成果授予与他人同一类型的知识产权。

(三) 知识产权使用的限制

为了平衡知识产权作为私权的专有性与公平竞争的公共利益之间的关系,知识产权理论和实践中还有一系列相应的权利限制制度。

第一,权利穷竭制度,即知识产权的权利人或经其授权的被许可人制造的含有知识产权的产品,在第一次投放到市场后,权利人即丧失了对它的进一步的控制权,权利人的权利即被认为已经用尽。

第二,知识产权要受到反垄断法的约束,我国《反垄断法》规定了"经营者依照有关知识产权的法律、行政法规规定行使知识产权的行为,不适用本法;但是,经营者滥用知识产权,排除、限制竞争的行为,适用本法",也就是说,经营者不得滥用知识产权从事排除、限制竞争的行为。经营者在行使知识产权或者从事相关行为时,达成或者实施垄断协议,滥用市场支配地位,或者实施具有或者可能具有排除、限制竞争效果的经营措施,可能构成滥用知识产权排除、限制竞争的行为。

三、标准与知识产权融合发展

(一)知识产权融入标准的客观趋势

专利是创新技术的典型代表,是当今世界最有效的知识产权技术信息,受到各个国家和众多企业的高度重视。实践中,专利技术进入标准在客观上已经变得不可避免。在某一相关技术领域通常会存在多项专利技术,众多专利技术存在密切的联系,如果要将某一技术进行商业化实施,就必须获得其他专利权人的授权,这就是所谓的"专利丛林"。在当今这个知识经济时代,标准的制定与实施已经难以脱离专利技术的支撑,难以逾越"专利丛林"。在制定标准时要求专利权人放弃其专利是不可行的,这样还可能会限制或者阻碍技术创新和传播。欧洲电信协会在1982年主持起草关于全球移动通信系统(GSM)标准时,要求将专利技术纳入GSM标准的企业对后来的标准使用人无偿许可使用其专利技术,以换取该企业在合同中就相关移动通信设备自由定价的权利。这一提案遭到众多专利权人的反对,结果导致这一标准迟迟不能出台。比如,仅摩托罗拉就拥有涉及GSM标准的数十项核心专利技术,没有得到这些专利权人的支持,GSM标准是无法协商一致和有效实施的。

(二)标准与专利技术结合的方式

从标准中的规范性技术要素与专利技术的关系角度出发,可以将标准与专利技术结合的方式分为以下三种类型:一是标准之中的规范性技术要素包含对某种产品或者服务的指标性要求或者功能性要求,而相关的专利技术是实现这一指标性要求或者功能性要求的具体技术方案,如乳制品的营养含量的指标性要求、打火机防止儿童随意开启的"安全锁"的功能性要求;二是标准中的规范性技术要素涉及产品或者服务的某一特征,而相关的专利技术是实现这一特征的技术途径,此时规范性技术要素所规定的特征与相关专利技术权利要求书的条款有部分重合;三是标准中的规范性技术要素包含相关专利技术权利要求书的条款描述的全部技术特征，此时标准中的规范性技术要素的规定内容便构成了一个专利技术，即标准与专利技术在实体技术的要求上是一致的。

（三）专利技术与标准融合的积极效益与消极影响

标准是对先进经验和技术的总结，而专利技术代表了创新性技术。一般来讲，专利技术融入标准会产生三方面的积极影响。一是提高标准的技术水平。专利技术是技术创新的集中体现，反映了最新的创新成果。将专利技术融入标准，能够克服标准原有的滞后性，使新制定的标准更能满足市场发展和产业创新需求，提高标准的市场适应性，有利于填补标准体系的空白和不足。二是提升产业核心竞争力。专利技术融入标准对于提升企业或产业的核心竞争力具有重要作用，欧美等发达国家实施专利标准化战略比较早，大型跨国企业在实践中获得了极大的经济效益，从侧面推动了专利标准化的全球化进程。技术专利化、专利标准化、标准全球化已成为技术贸易壁垒的新趋势。三是有助于提高社会整体效益。专利制度的重要价值之一就是赋予专利权人垄断权，通过许可方式将专利成果进行保护和落实应用，从而提高产品或服务的质效，以获得更多的社会公共利益。当专利技术融入标准之后，随着标准的普遍采用，专利技术也得到广泛使用，专利的社会价值也得到体现。

尽管如此，专利技术与标准的融合也会产生一些消极影响。在专利标准化过程中，专利权人牢牢掌控着专利技术的许可权，获得了在相关市场的支配地位，他们可能会采取拒绝许可、价格歧视、高价许可等垄断行为，获取高额的垄断利润，损害广大中小企业的利益。同时，掌握专利技术的少数大企业可能会采取排斥新技术研发等措施，打压竞争对手，限制甚至排除市场竞争，这不利于科技创新和社会整体利益。

数字资源 9-1
诺基亚与 OPPO
标准必要专利
许可纠纷案

因此，我们既要对创新技术形成专利融入标准进行鼓励，又要规避一旦标准中加入专利对市场形成的垄断，最终达成最优的平衡机制。这是标准化工作者应重点考虑的一个问题。

案例分析 9-1

当前社会上流行这样一句话——"三流企业做产品，二流企业做品牌，一流企业做标准"。"三流企业做产品"是指企业通过提高产品质量，获得产品的竞争优势，但保持这种优势比较困难，容易受到标准的制约以及其他大品牌的打压。"二流企业做品牌"是指在该行业的标准下，企业通过营销、加强内部管理、质量管理树立品牌，企业需要长时间地进行品牌培育，但一旦行业标准改了就需要再次适应新的标准，这种品牌优势属于业内竞争优势（例如国内的海尔品牌）。"一流企业做标准"是指企业作为行业的标杆和领头羊，是制定标准（游戏规则）的。只要企业在特定行业，就得按该行业的标准（游戏规则）来做，所以做标准的企业具有绝对的领先优势，可以通过提高门槛、提高标准来限制其他企业的准入，削弱竞争对手的优势（例如欧洲的汽车排放标准、材料标准等）。

思考：请用3家具有代表性的企业来说一说"三流企业做产品，二流企业做品牌，一流企业做标准"。

第二节 标准化中的专利权问题

一、标准必要专利与 FRAND 原则

（一）标准必要专利（SEP）

当标准的实施不可避免地使用专利技术时，便引发了标准必要专利（standard essential patent，SEP）问题。我国《国家标准涉及专利的管理规定（暂行）》的相关规定指出，国家标准中涉及的专利应当是必要专利，即实施该项标准必不可少的专利。因此，标准必要专利是指技术标准中包含的必不可少和不可替代的专利，即为实施技术标准而不得不使用的专利。

标准必要专利具有标准上的强制性、技术上的锁定性和实施上的必然性。为防止标准必要专利的持有人不正当地利用上述优势，标准制定组织在其知识产权政策中一般都要求标准必要专利持有人遵循 FRAND（fair, reasonable and non-discriminatory，即公平、合理、无歧视）原则，将其标准必要专利公平、合理、无歧视地许可他人使用。当前的标准必要专利只存在于特定的技术领域，其中通信领域最为普遍存在。中国信息通信研究院于2023年5月发布了《全球5G标准必要专利及标准提案研究报告（2023年）》，报告显示2023年全球5G标准必要专利排名前十的有华为、Qualcomm（高通）、Samsung（三星）、中兴、LG、Nokia（诺基亚）、Ericsson（爱立信）、大唐、OPPO、小米（见表9-1）。

表 9-1 2023 年全球 5G 标准必要专利 TOP10

排名	TOP 10 专利权人	全球专利族
1	华为	14.59%
2	Qualcomn	10.04%

续表

排名	TOP 10 专利权人	全球专利族
3	Samsung	8.80%
4	中兴	8.14%
5	LG	8.10%
6	Nokia	6.82%
7	Ericsson	6.28%
8	大唐	4.34%
9	OPPO	4.19%
10	小米	4.10%

(二)专利池

在标准制定过程中，众多专利权人会积极将相关专利技术集合在一起，形成专利池。一般而言，专利池是由多个专利技术权利人，为了通过交叉许可分享彼此的专利技术，或者为了统一对第三方进行专利许可而形成的联盟性组织。专利池按照是否对外许可可以分为开放式专利池和封闭式专利池（见图9-1）。

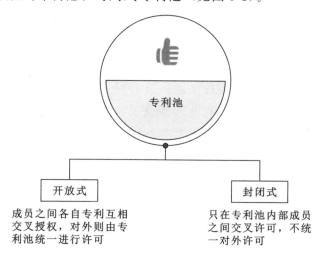

图 9-1 专利池的类型

目前，市场上以开放式专利池为主流，大多采用"一站式打包"的许可方式，将所有的必要专利捆绑在一起对外许可，并采用统一的许可费率。不同的专利池有其差异性，但专利池通常表现出以下几种特征（见图9-2）。

1. 垄断性

专利池具有单项专利难以达到的目的特征——垄断，这是专利权人建立专利池的重要原因。专利池是带有强烈的排他性、对专利权人进行保护的方式。

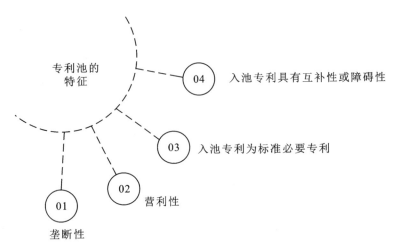

图 9-2 专利池的特征

2. 营利性

营利性是专利权人构建专利池的最终目的。专利池实现盈利的主要方式是通过专利的使用许可来获得高额的专利许可使用费。

3. 入池专利为标准必要专利

当今世界，技术专利化、专利标准化、标准许可化成为标准先行者主导的标准运作的基本模式，标准化成为专利技术追求的最高表现形式。专利池中的专利技术与标准越来越紧密地结合，围绕技术标准建立起来的专利池成为专利池的一种重要方式。

4. 入池专利具有互补性或障碍性

专利之间存在三种关系：障碍性关系、互补性关系和竞争性关系。障碍性专利和互补性专利相互依赖，通过构建专利池实现交叉许可技术的推广与应用。而竞争性专利可以相互替代，不具有互补性，这种专利池的联合授权许可可能构成垄断或不正当竞争，因此构建专利池需要排除竞争性专利。

（三）FRAND 原则

标准必要专利权人应以怎样的许可条件和使用费许可其专利技术给标准实施者，才能既有效保障专利权人获得合理利润，又可维护广大标准实施者的合法权益，并最终不会损害消费者利益，成为标准必要专利问题的核心内容。为解决标准必要专利的这一问题，协调标准必要专利权人与标准使用人的利益冲突，美国和欧盟标准化组织通过司法实践总结出规制标准必要专利行使的基本原则，即 FRAND 原则，即标准必要专利权人承诺在其专利技术被纳入标准后，将以公平、合理、无歧视的条件对所有的标准使用人许可使用其专利技术。FRAND 原则对标准必要专利施以适当限制，旨在防止标准必要专利权人滥用专利权，损害标准使用人和消费者的利益。

二、标准化组织的专利权政策

（一）美国国家标准学会（ANSI）的专利政策

在美国，ANSI 有关专利许可政策的雏形是以建议形式在 1932 年 8 月举办的标准委员会会议上提出的，这也是全世界标准制定组织有关专利政策的最早提案。1969 年，ANSI 制定的专利政策中建立了专利许可条件的审查机制。后来，随着 ANSI 更为积极地介入专利许可条件的判定工作，其对专利进入标准的态度也有了重大转变，并确立了 FRAND 原则。1997 年，ANSI 专利政策做出重大转变——取消审查机制，这主要体现在两方面：一是删去要求权利人向学会委员会提交许可条件及被许可人接受程度声明的规定；二是删去记录 RAND 许可条件的规定。这一转变标志着 ANSI 将从标准必要专利许可的纠纷中解脱出来，将 FRAND 原则许可条件的谈判归还合同当事人，将裁判机制归还法院。随着标准与专利的紧密融合发展，美国企业越来越意识到专利对于标准的重要性，ANSI 的服务目标也转向标准化战略和标准全球化。

（二）美国电气和电子工程师协会（IEEE）的专利政策

作为国际权威的电子技术与信息科学工程师的组织，美国电气和电子工程师协会（IEEE）也是著名的国际标准化组织。IEEE 专门设有 IEEE 标准协会（IEEE-SA）负责标准化工作。IEEE 制定的标准涉及电气与电子设备、试验方法、元器件、符号、定义以及测试方法等多个领域。IEEE 标准属于协会标准，其中常会涉及专利技术，因此 IEEE 专门制定了相应的专利政策。2014 年 9 月，IEEE 向美国司法部递交了其新版专利政策，以寻求反垄断执法机构对该新版专利政策的执法态度。美国司法部认为，IEEE 新版专利政策对公平竞争和消费者利益都有积极影响。IEEE 新版专利政策主要包括以下四方面的内容：一是禁止令是否适用；二是合理费率的界定；三是所有合规使用；四是互惠-回授规则。

（三）ITU、ISO、IEC 共同专利政策

2007 年 3 月，ITU（国际电信联盟）、ISO（国际标准化组织）和 IEC（国际电工委员会）三大国际化标准组织联合制定并发布了《ITU-T/ITU-R/ISO/IEC 共同专利政策实施指南》，该指南于 2012 年、2015 年和 2018 年进行了三次修订。共同专利政策的核心实际上是披露相关政策规定，任何提出标准提案的成员体应当从一开始就告知组织其提案可能涉及专利或在审查当中的专利情况，不论这些专利权归属成员体自身还是其他组织。ITU、ISO、IEC 遵守共同专利政策，而且三大国际标准

化机构都建立了各自的标准必要专利数据库，定期更新并提供可下载的 Excel 文档或其他文档。

三、我国的标准专利政策

（一）标准涉及专利的政策

2013年，国家标准化管理委员会和国家知识产权局联合发布的《国家标准涉及专利的管理规定（暂行）》对国家标准涉及专利问题做了系统规定。该暂行规定指出，国家标准中涉及的专利应当是必要专利，即实施该项标准必不可少的专利，专利包括有效的专利和专利申请。

1. 关于专利信息的披露

在国家标准制修订的任何阶段，参与标准制修订的组织或者个人应当尽早向相关全国专业标准化技术委员会或者归口单位披露其拥有和知悉的必要专利，同时提供有关专利信息及相应证明材料，并对所提供证明材料的真实性负责。

2. 关于专利许可

国家标准在制修订过程中涉及专利的，全国专业标准化技术委员会或者归口单位应当及时要求专利权人或者专利申请人做出专利实施许可声明，该声明应当由专利权人或者专利申请人在以下三项内容中选择一项：专利权人或者专利申请人同意在公平、合理、无歧视基础上，免费许可任何组织或者个人在实施该国家标准时实施其专利；专利权人或者专利申请人同意在公平、合理、无歧视基础上，收费许可任何组织或者个人在实施该国家标准时实施其专利；专利权人或者专利申请人不同意按照以上两种方式进行专利实施许可。

3. 关于标准批准

除强制性国家标准外，未获得专利权人或者专利申请人在做出的专利实施许可声明中不承诺遵守 FRAND 原则的，国家标准不得包括基于该专利的条款。涉及专利的国家标准草案报批时，全国专业标准化技术委员会或者归口单位应当同时向国家标准化管理委员会提交专利信息、证明材料和专利实施许可声明。

4. 关于专利许可费用

国家标准中所涉及专利的实施许可及许可使用费问题，由标准使用人与专利权人或者专利申请人依据专利权人或者专利申请人做出的专利实施许可声明协商处理。

5. 关于强制性标准

强制性国家标准一般不涉及专利，强制性国家标准确有必要涉及专利且专利权人或者专利申请人拒绝做出"在公平、合理、无歧视基础上，免费许可或收费许可任何组织或者个人在实施该国家标准时实施其专利"的专利实施许可声明的，应当由国家标准化管理委员会、国家知识产权局及相关部门和专利权人或者专利申请人协商专利处置办法。

（二）司法政策

2016 年，最高人民法院发布的《关于审理侵犯专利权纠纷案件应用法律若干问题的解释（二）》第 24 条对推荐性国家标准、行业标准和地方标准涉及专利侵权纠纷的司法规则做了规定：推荐性国家、行业或者地方标准明示所涉必要专利的信息，被诉侵权人以实施该标准无需专利权人许可为由抗辩不侵犯该专利权的，人民法院一般不予支持；推荐性国家、行业或者地方标准明示所涉必要专利的信息，专利权人、被诉侵权人协商该专利的实施许可条件时，专利权人故意违反其在标准制定中承诺的公平、合理、无歧视的许可义务，导致无法达成专利实施许可合同，且被诉侵权人在协商中无明显过错的，对于权利人请求停止标准实施行为的主张，人民法院一般不予支持；法律、行政法规对实施标准中的专利另有规定的，从其规定。这也将司法政策和相关立法衔接起来。

四、标准专利的反垄断政策

（一）标准化组织的竞争政策

由于标准化活动可能会触犯反垄断法，标准化组织非常重视竞争政策。德国竞争执法机构联邦卡特尔局与德国标准化学会主席团根据《反限制竞争法》第 38 节的规定签署了一个备忘录，旨在为标准化工作的直接参与方提供一个行动指南，以免其违反《反限制竞争法》。ANSI 也专门发布了"反垄断政策"（Antitrust Policy）和"道德规范"（Code of Ethics）。其中，"反垄断政策"指出，ANSI 不是任何个人或组织就价格、销售条款、客户或市场达成非法协议或从事反竞争行为其他方面的工具。此外，ISO 中央秘书处发布了《ISO 标准制定过程参与者的竞争法指南》，目的是提高 ISO 标准制定的参与者对竞争法问题的认识，并提供广泛的指导。

（二）《关于知识产权领域的反垄断指南》

在我国，标准专利问题在反垄断政策中得到了高度重视。国务院反垄断委员会印发的《关于知识产权领域的反垄断指南》指出，标准制定有助于实现不同产品之间的通用性，降低成本，提高效率，保证产品质量；但是，具有竞争关系的经营者共同参与标准制定可能排除、限制竞争。《关于知识产权领域的反垄断指南》专门规定了标准必要专利涉及的特殊问题。一方面，认定拥有标准必要专利的经营者是否具有市场支配地位，除了依据该指南第 14 条进行分析外，还可以考虑以下因素：标准的市场价值、应用范围和程度；是否存在具有替代关系的标准或者技术，包括使用具有替代关系标准或者技术的可能性和转换成本；行业对相关标准的依赖程度；相关标准的演进情况与兼容性；纳入标准的相关技术被替换的可能性。另一方面，拥有市场支配地位的标准必要专利权人通过请求法院或者相关部门做出或者颁发禁止使用相关知识产权的判决、裁定或者决定，迫使被许可人接受其提出的不公平高价许可费或者其他不合理的许可条件，可能排除、限制竞争。

案例分析 9-2

近年来，与标准必要专利相关纠纷呈现不断向我国法院转移的趋势。2011 年以来，我国法院受理的标准必要专利纠纷案件日益增多。据统计，2012 年我国法院受理标准必要专利纠纷案件为 3 件，2014 年为 10 件，2016 年为 47 件，2018 年达到 51 件。标准必要专利纠纷案件主要发生在一些活跃于通信领域的高科技企业。从标准必要专利纠纷案件超过 71% 的撤诉率可以看出，在标准必要专利纠纷中，赢得诉讼往往并不是当事人发起司法诉讼的主要目的，当事人多是将诉讼作为推动许可谈判的手段，争取更大的自身利益。

思考：与标准必要专利相关的纠纷，可根据国家哪些相关法律用什么方式进行解决？

第三节 标准化中的商标权问题

商标这种事物原本是为区别商品和服务的来源而生的。这曾经是商标的根本功能，也是商标得以生存的唯一理由。随着消费经济的崛起，商标独立于商品的价值日益凸显，同时商标的表达功能得到更大程度的发挥。消费者行为学认为，在符号消费社会中，商品的使用价值已退居次席，人们更加注重的是商品具有的符号意义。如今商标早已不再是单纯的指示商品来源的工具，其自身也成为消费对象的一部分，即商标发挥着表明符号意义的功能。商标的质量保证功能是由商标识别功能衍生的内容之一。

一、商标对标准内容信息的表达

（一）标准的内容是信息

形形色色的产品具有不同的功能、品质与特征，而这些功能、品质与特征多是通过标准来规定的，如电器安全标准规定了电器要符合安全使用的要求，计算机软件兼容标准规定了产品的兼容程度，食品营养标准规定了食品的蛋白质、脂肪、热量等营养成分的含量，绿色食品标准则是对食品的有机性、污染性等方面的规定。当然，这些标准可能是政府强制性的或者市场自愿性的，可能是技术兼容标准或产品质量与安全标准，亦可能是产品标准、过程标准或服务标准。不管标准的形式与效力如何，标准均表达了对产品功能、品质与特征的规定性，这一规定性是对产品所承载的各种各样信息的规定。

（二）商标是标准信息的外在化表现

标准表达的是信息，且这一信息是复杂的、不对称的。但是，产品需要面对消费者，即需要将产品的内在信息外在化。产品内在信息外在化的基本途径是商业标识，如大型零售商家乐福（Carrefour）制订了名为"Carrefour Agir"的系列商业标识计划，该计划包括四类子标识：一是"Carrefour Agir Eco Planete"，该标识的基本含义是表达其所提供产品的环境友好性；二是"Carrefour Agir Bio"，该标识的基本含义是表达其所提供的产品或食品是有机的；三是"Carrefour Agir Solidarie"，该标识的基本含义是其所提供的产品或服务是经过公平贸易的，即没有贸易歧视；四是"Carrefour Agir Nutrition"，该标识的基本含义是其所提供的食品是健康的。附有上述表达不同含义标识的产品须符合相应的标准，如附有表达环境友好性的"Carrefour Agir Eco Planete"标识的木质产品（如木质家具）须符合森林管理委员会（FSC）制定的有关保护森林和避免植被破坏的标准。此外，上述不同标识所表达的部分标准是由 Carrefour 自己制定的。

二、证明商标对质量标准的表达

（一）证明商标的表达作用

证明商标（certification mark，CM）在瑞士的商标法中又被称为"担保商标"（guarantee mark）。证明商标有三种类型：一是用以证明商品或服务来自特定的地域，如法国某地区蒸馏白兰地的证明商标为"COGNAC"；二是用以证明商品或服务符合有关质量、材质或者生产方式的特定标准，如"UL"证明商标；三是用以证明商品或服务由某工会或者其他组织成员来完成，或者证明工作者符合特定的标准。根据我国《商标法》的规定，地理标志可以被注册为证明商标。归结下来，证明商标主要包括两个基本类型：一是产品证明商标（product certification mark），即表示某一产品符合特定标准要求的标识，如质量标识、安全标识、产品注册标识等；二是体系证明商标（systems certification mark），即表示某一管理体系符合特定国家或国际认可标准要求的标识，如质量管理体系、环境管理体系等。

（二）证明商标表达质量标准

证明商标表达质量标准的前提是质量标准体系。现代商标法规定，在申请注册证明商标时，申请人须对商标意图证明的标准做出声明，当然一个商标并不限于证明一个特征。同时，申请人还须提交一份判断他人是否可以在其产品或服务中使用该证明商标的标准。这一标准既可以是申请人自己制定的，也可以是他人制定的，如政府机构制定的标准或者其他行业组织、企业等主体制定的标准。我国《集体商标、证明商标注册和管理办法》规定，证明商标的使用管理规则应当包括多个方面，比如，使用证明商标的宗旨、该商标证明的商品或者服务的特定品质和特点、使用该商标的条件和手续等。证明商标的存在是以质量标准为前提的，因为证明商标旨在证明使用该证明商标的商品符合其质量标准。而且，质量标准通常是以体系化形式表达的。例如，我国的绿色食品标识属于证明商标范畴，其权利人是中国绿色食品发展中心，其表达的标准即属于食品安全标准范畴。

三、标准化组织的商标政策

（一）英国标准协会（BSI）的商标政策

在英国，根据《皇家特许》（Royal Charter）规定，英国标准协会（BSI）的职能是制定、销售和传播标准，同时促进英国标准和国际标准的广泛应用。《皇家特许》还规定，为实现推广应用标准的目的，BSI可以使用标识，并采用检测、认证等技术手段。1903年，英国制造商开始在符合尺寸标准的钢轨上使用世界上第一个认证标识——BSI的"风筝标识"。1919年，英国政府颁布了商标法，规定只有经第三方检验机构检验合格的产品才可使用"风筝标识"。1926年，英国标志委员会向英国电气总公司颁发了第一个"风筝标识使用许可证"。如今，从沙井盖到安全套，从安全锁、灭火器到骑行头盔，人们在数百种产品上都能看到BSI的"风筝标识"。每个BSI"风筝标识"方案都涉及确定是否符合产品的相关标准或规格以及对供应商运营的管理系统的评估。

（二）美国保险商实验室（UL）的商标政策

美国保险商实验室（Underwrites Laboratories Inc.，UL）是全球最大的从事安全试验和鉴定的社会机构之一。在100多年的发展历程中，美国保险商实验室自身形成了一套严密的组织管理制、标准开发和产品认证程序。其中，UL标识是美国保险商实验室对机电类产品（包括民用电器）颁发的安全保证标识。UL标识分为三类，分别是列名、分级和认可标识。这些标识的主要组成部分是UL的图案，它们都注册了商标，用在不同的产品上，相互之间是不通用的。某个公司通过了UL认证并不表示该企业的所有产品都是UL产品，只有附带UL标识的产品才能被认为是在UL跟踪检验服务下生产的产品。早在1998年，UL认证标识作为证明商标就已在我国原国家工商行政管理总局商标局进行了商标注册。后来，UL又将其拥有的UL和RU商标向海关总署进行了知识产权海关保护备案，受到我国《商标法》的严格保护。

> **案例分析 9-3**
>
> **家乐福商标**
>
> 法国的家乐福（Carrefour）是世界上排名第二的零售公司，除去销售理念与众不同，其商标设计也可圈可点。法语中的Carrefour的意思有"十字路口、街道""各种影响、思想或意见的会合处"。一位浪漫的法国人看中了这个词，把它作为公司的名称。显而易见，作为仓储式百货零售店，Carrefour的词义延伸为各式各样的物质产品调集处。这种对词义的挖掘体现了现代物流的概念，恰当而独特，具有文明的内涵和扩充的张力。家乐福的商标如图9-3所示。家乐福商标图案上左边是一个尖端向左的红色箭头，右边像一个指向右边的蓝色箭头。这表示的就是Carrefour的第一个大写字母C，称在法国国旗的红蓝两色上；字母C呈极力扩张态势，使其融入背景，也表明了希望品牌越做越强的愿景。
>
>
>
> 图 9-3　家乐福商标
>
> **思考**：请仔细推敲家乐福这个商标的玄机和深意，思考商标设计应遵循的原则。

第四节 标准化中的著作权问题

一、标准著作权的基本要件

（一）作品是著作权的保护对象

通过给人类的智力劳动成果以著作权保护，鼓励优秀作品的创作与传播是著作权制度的基本价值。我国《著作权法》规定，著作权保护客体为作品。《著作权法实施条例》规定："著作权法所称作品，是指文学、艺术和科学领域内具有独创性并能以某种有形形式复制的智力成果。"作品的构成要件有两个：一是具有原创性或者独创性，即作者在创作作品的过程中投入了某种智力性劳动，创作出来的作品具有最低限度的创造性；二是具有可复制性，但强调作品具有可复制性并不是强调作品必须以某种物质形态固定下来。对于标准而言，上述第二个要件是比较容易满足的，因为标准的本质要求即通用或重复使用。关于第一个要件，标准的制定过程本身就是一个创造性的劳动过程，最后以标准文件的形式呈现。因此，标准获得著作权的条件是具有创造性和可复制性，构成《著作权法》所称的作品。

我国《著作权法》规定，法律、法规，国家机关的决议、决定、命令和其他具有立法、行政、司法性质的文件，及其官方正式译文等，不适用于《著作权法》。

（二）标准构成著作权法保护的汇编作品

汇编作品为著作权客体作品的表达形式之一，其含义是将已有的资料或者数据汇集起来，经过选择、组合、编排形成的作品。汇编作品构成作品的前提是具有原创性，汇编作品的著作权归属汇编人享有。标准被一般性地描述为以先进科学技术成果和工作经验为基础，因此，标准多是汇编的结果，即为一定的目的，将相关领域的科技成果汇集在一起成为一个体系或者一个系统的集合。当汇编而成的标准具有原创性时，便可构成汇编作品，进而获得著作权法的保护。当作为作品的标准是由标准制定组织汇编而成时，其中的著作权归属于标准制定组织，因为标准制定组织是将相关零散的数据和资料进行选择并编排的汇编人。尽管组成该汇编的数据和相关资料的权利人分别对其数据和相关材料部分拥有著作权，但该汇编作品的标准的著作权还是归属于汇编人。各国立法多规定，汇编作品属于标准汇编人共同所有。

二、标准著作权的法律主体

（一）标准是众多技术专家集体创作的作品

在标准化活动实践中，标准制定是一个科学严谨、民主协商的程序，这一过程耗时费力，旨在保障标准的权威性和广泛可接受性。根据《ISO/IEC 导则 第 1 部分：技术工作程序》，ISO/IEC 国际标准的制定和维护工作由技术委员会（TC）和分技术委员会（SC）承担。国际标准的制定一般会经过预阶段、提案阶段、准备阶段、委员会阶段、询问阶段、批准阶段和出版阶段等复杂的过程。由标准化技术委员会这一技术机构制定标准是标准化活动的基本原则，而标准化技术委员会是以众多利益相关方所派技术专家为代表组成的，所以标准化技术委员会具有广泛代表性。可以说，标准是众多利益相关方和技术专家集体智慧的结晶。

（二）标准制定组织通过受让成为标准著作权实际权利人

权利主体明确是法治社会和市场经济的基本要求。产权不清晰既可能造成权利与利益没有主体享有，也可能使得义务与责任没有主体承担。实践中，权利主体的过度分散不利于权利行使和权利保护，也不利于保障标准的权威性。在各国的标准化工作实践中，标准制定组织通常会以不同形式与标准起草人签订标准著作权归属协议，约定标准著作权归标准制定组织所有，这符合著作权协商归属和著作权自由转让的法理。例如，欧洲标准化委员会（CEN）和欧洲电工标准化委员会（CENELEC）均明确要求技术委员会或工作组使用包含"使用权转让声明"的与会者名单，通过获取专家的签名将专家所拥有的撰稿使用权转移给 CEN 或 CENELEC。再如，《荷兰标准化协会法规》规定，某个标准化技术委员会提供的信息、思想或数据产生的著作权受知识产权立法的保护，该权利归标准化协会所有。很多国家的相关组织通过上述与标准起草人个别约定或者统一约定的形式，实现了标准著作权从众多利益相关方和技术专家转移到标准制定组织上，因此，通过受让，标准制定组织成为标准著作权的实际权利人。

三、我国标准著作权保护政策

（一）标准化政策的规定

为保证国家标准、行业标准的出版质量，规范标准出版发行工作，有效保护标准版权和专有出版权，从 1997 年开始，原国家技术监督局和国家新闻出版署联合发布了《标准出版管理办法》（技监局政发〔1997〕118 号），原国家质检总局和国家标准委先后印发了《关于重申国家标准、行业标准出版发行若干规定的通知》（国质检函〔2001〕319号）和《关于进一步加强标准版权保护 规范标准出版发行工作的意见》（国质检标联〔2004〕361号）。2004年，国家标准委召开了"国家标准版权保护和扩大发行工作会议"，会议重申了国家标准的著作权和专有出版权是受我国《标准化法》《著作权法》及《标准出版管理办法》等法律法规保护的对象。

（二）司法解释的规定

《标准化法》规定标准包括国家标准、行业标准、地方标准、团体标准和企业标准。国家标准分为强制标准和推荐性标准，其余标准均为推荐性标准。我国强制性标准是技术法规，这已形成共识。《著作权法》规定，著作权法不适用于法律、法规，国家机关的决议、决定、命令和其他具有立法、行政、司法性质的文件，因此强制性标准不受著作权法保护。在《国家版权局版权管理司关于标准著作权纠纷给最高人民法院的答复》中，最高人民法院指出"强制性标准是具有法规性质的技术性规范，推荐性标准不属于法规性质的技术性规范，属于著作权法保护的范围"。

（三）国家标准全文公开系统

《推进国家标准公开工作实施方案》指出，国家标准公开工作应当遵循"保护版权、免费公开"的原则，即国家标准公开应当保护标准版权，维护标准版权所有者合法权益。国家标准公开实行文本免费在线查阅方式，促进标准的推广应用。《推进国家标准公开工作实施方案》提出，健全促进国家标准公开的机制和措施，及时向社会公开强制性国家标准文本，分阶段向社会公开推荐性国家标准文本，进一步增强国家标准制修订工作的公开性和透明度，确保社会公众能够便捷地获取权威的国家标准信息。

案例分析9-4

企业标准是否同样享有版权呢？企业标准是对企业范围内需要协调、统一的技术要求、管理要求和工作要求所制定的标准。根据著作权法的规定及相关理论，作品要获得著作权法的保护，首先应当具备独创性及合法性。著作权法所要求的作品的独创性是指作品系作者独立完成，是作者独立思考、独立工作的成果。企业标准是企业针对本企业特点和实际情况制定的，一般只适用于制定该标准的企业，反映的是制定该标准的企业在生产方面的特殊要求。这种要求不仅仅是对"严格"的追求，也可能是企业自行创造的体现其核心竞争力的生产标准，具有独创性，是企业自身的智力成果，且非政府文件，故构成著作权法意义上的作品，因此企业标准的版权受到保护是毋庸置疑的。作品要获得著作权法的保护还要具有合法性。

企业标准要获得著作权法的保护，必须具有合法性，即企业标准的内容必须是合法的，没有违反国家有关法律的规定。

思考：企业的规章制度是否具有创新性，能否受到著作权法保护？

本章小结

标准具有强烈的公共特征，知识产权具有鲜明的私权属性，两者既有价值冲突，又融合发展。标准化中的知识产权法律问题成为产业实践、政策制度和理论研究的焦点。

标准必要专利是标准与专利技术结合的核心。标准化组织专门制定了标准专利政策予以应对，形成了标准必要专利许可的FRAND原则。标准必要专利问题也得到反垄断法的高度关注。司法实践中出现了一些相关判例。

商标是标准信息外在化表达的具体形式，是商标质量保证功能和信任传递功能的体现，证明商标是质量标准典型的表达形式。英国标准协会（BSI）等标准化组织制定了专门的商标政策。

标准构成著作权法保护的汇编作品，作为作品的标准应当获得著作权法的保护。标准制定组织通过受让成为标准著作权的实际权利人，标准化组织制定了标准著作权政策。我国立法和政策也不断完善标准著作权保护制度。

练习题

1. 名词解释

标准必要专利　专利池　FRAND原则

2. 思考题

（1）为什么知识产权与标准会融合发展？
（2）标准必要专利的许可政策是什么？
（3）证明商标是如何表达标准信息的？
（4）标准获得著作权保护的条件是什么？

3. 案例分析题

华为公司于 2011 年 12 月向深圳市中级人民法院提起对于美国 IDC 公司的反垄断诉讼。历时近两年，该案终于落下帷幕。2013 年 10 月 28 日，广东省高级人民法院对该案做出终审判决，判定美国 IDC 公司构成垄断，赔偿华为公司 2000 万元。

近几年来，苹果和三星两大智能手机巨头因专利问题几乎"打遍"世界各地，仅 2011 年和 2012 年的两年时间，两家公司在全球各地已进行了 26 起诉讼；微软和摩托罗拉之间就标准必要专利许可使用费纠纷在美国法院"打"得不可开交；HTC（宏达）和苹果之间就标准必要专利的使用费达成和解；我国两大通信兄弟华为和中兴就标准必要专利在家门外也"掐"了起来。我们从中可以嗅到引发混战的导火索——标准必要专利。

请查找一个企业案例来说明标准必要专利在市场竞争中的重要性。

数字资源 9-2
第九章即测即评

数字资源 9-3
重点行业领域中国标准"走出去"典型案例分析

学习效果测评

项目测评表

知识测评		
知识点	评价指标	自评结果
知识点 1	掌握标准的公共特征	□A⁺　□A　□B　□C　□C⁻
	掌握知识产权的私权属性	□A⁺　□A　□B　□C　□C⁻
	了解标准与知识产权的融合发展	□A⁺　□A　□B　□C　□C⁻
能力测评		
技能点	评价指标	自评结果
技能点 1	熟悉标准必要专利与 FRAND 原则	□A⁺　□A　□B　□C　□C⁻
	了解标准化组织的专利权政策	□A⁺　□A　□B　□C　□C⁻
技能点 2	熟悉商标对标准内容信息的表达	□A⁺　□A　□B　□C　□C⁻
	了解标准化组织的商标政策	□A⁺　□A　□B　□C　□C⁻

续表

能力测评		
技能点	评价指标	自评结果
技能点 3	熟悉标准著作权的基本要件和法律主体	□A$^+$ □A □B □C □C$^-$
	了解我国标准著作权保护政策	□A$^+$ □A □B □C □C$^-$
素养测评		
素养点	评价指标	自评结果
素养点 1	熟悉知识产权融入标准的客观趋势	□A$^+$ □A □B □C □C$^-$
素养点 2	了解知识产权与标准融合的积极效益与消极影响	□A$^+$ □A □B □C □C$^-$
薄弱项记录		
我掌握得不太好的知识		
我还没有掌握的技能		
我想提升的素养		
教师签字		

参 考 文 献

[1] 吴汉东. 知识产权法 [M]. 北京：北京大学出版社，2019.
[2] 吴汉东. 知识产权法通识教材 [M]. 北京：知识产权出版社，2007.
[3] 李明德. 知识产权法 [M]. 北京：法律出版社，2008.
[4] 刘伟成. 知识产权与成果转化案例评析 [M]. 北京：光明日报出版社，2020.
[5] 赵华. 智慧经营：企业知识产权管理实务 [M]. 北京：科学技术文献出版社，2017.
[6] 张玉敏. 知识产权与市场竞争 [M]. 北京：法律出版社，2005.
[7] 李明德，许超. 著作权法 [M]. 北京：法律出版社，2009.
[8] 黄峰. 商标法 [M]. 2版. 北京：法律出版社，2015.
[9] 冯晓青. 企业知识产权战略 [M]. 4版. 北京：知识产权出版社，2015.
[10] 余平. 通往标准之路——企业知识产权标准化管理宝典 [M]. 北京：知识产权出版社，2020.
[11] 岳贤平. 专利交易中专利资产评估研究 [M]. 北京：科学出版社，2009.
[12] 国家保护知识产权工作组. WTO知识产权争端解决机制及案例评析 [M]. 北京：人民出版社，2008.
[13] 朱一飞，冀瑜，范晓宇，等. 标准化法教程 [M]. 厦门：厦门大学出版社，2011.
[14] 崔凤岐. 标准化管理教程 [M]. 天津：天津大学出版社，2006.
[15] 安徽省质量技术监督局，安徽省标准化研究院. 标准化知识与实务 [M]. 北京：中国标准出版社，2014.
[16] 国家标准化管理委员会. 标准化基础知识培训教材 [M]. 北京：中国标准出版社，2004.
[17] 张平，马骁. 标准化与知识产权战略 [M]. 北京：知识产权出版社，2002.
[18] 朱雪忠. 企业知识产权管理 [M]. 北京：知识产权出版社，2007.
[19] 朱雪忠. 知识产权管理 [M]. 3版. 北京：高等教育出版社，2022.
[20] 郭禾. 知识产权法 [M]. 6版. 北京：中国人民大学出版社，2020.
[21] 王兵. 知识产权基础教程 [M]. 3版. 北京：清华大学出版社，2016.
[22] 刘春田. 知识产权法 [M]. 6版. 北京：中国人民大学出版社，2022.
[23] 车辉，李敏. 担保法律制度新问题研究 [M]. 北京：法律出版社，2005.

[24] 全国人大常委会法制工作委员会. 知识产权常用法律法规手册 [M]. 北京：中国民主法制出版社，2003.

[25] 郑成思. 知识产权论 [M]. 3 版. 北京：法律出版社，2003.

[26] 郑友德. 知识产权法 [M]. 北京：高等教育出版社，2004.

[27] 黄勤南. 新编知识产权法教程 [M]. 北京：法律出版社，2003.

[28] 汤宗舜. 专利法教程 [M]. 北京：法律出版社，1988.

[29] 曾陈明汝. 商标法原理 [M]. 北京：中国人民大学出版社，2003.

[30] 黄晖. 驰名商标和著名商标的法律保护 [M]. 北京：法律出版社，2001.

[31] 胡雄伟. 标准之辞源考 [J]. 标准科学，2009 (7)：9-13.

[32] 明茨伯格. 卓有成效的组织 [M]. 魏青江等，译. 北京：中国人民大学出版社，2007.

[33] 松浦四郎. 工业标准化原理 [M]. 熊国凤，薄国华，译. 北京：技术标准出版社，1981.

[34] Brunsson N, Jacobsson B. A world of standards [M]. New York：Oxford University Press，2000.

[35] 王平. 基于多学科观点的标准和标准化基本概念 [J]. 标准科学，2020 (7)：28-38.

[36] 白殿一，王益谊，等. 标准化基础 [M]. 北京：清华大学出版社，2019.

[37] 国家标准化管理委员会，中国标准研究中心. 欧洲共同体新方法指令应用指南——工业产品进入欧洲共同体市场的法律依据 [M]. 北京：中国标准出版社，2002.

[38] 刘春青等. 国外强制性标准与技术法规研究 [M]. 北京：中国标准出版社，2013.

[39] 王平，梁正. 我国非营利标准化组织发展现状——基于组织特征的案例研究 [J]. 中国标准化，2016 (14)：100-110.

[40] 王平. 基于多学科观点的标准和标准化基本概念 [J]. 标准科学，2020 (7)：28-38.

[41] 国家技术监督局. 中国标准文献分类法 [M]. 北京：中国标准出版社，1989.

[42] 王平，于明. 基于分解和集成的制造企业标准化范式：月茨伯格和中村标准化思想的启示 [J]. 标准科学，2021 (12)：6-15.

[43] 薛伟，蒋祖华. 工业工程概论 [M]. 2 版. 北京：机械工业出版社，2015.

[44] 迈克尔·波特. 竞争优势 [M]. 陈小悦，译. 北京：华夏出版社，1997.